Musik 2.0 – Die Rolle der Medien in der musikalischen Rezeption in Geschichte und Gegenwart

Beiträge zur Kulturgeschichte der Musik
Herausgegeben von Rebecca Grotjahn
Band 4

Musik 2.0 – Die Rolle der Medien in der musikalischen Rezeption in Geschichte und Gegenwart

Beiträge zum 24. internationalen studentischen Symposium des DVSM in Detmold 2011

Herausgegeben von Marleen Hoffmann, Joachim Iffland und Sarah Schauberger

Allitera Verlag

Weitere Informationen über den Verlag und sein Programm unter:
www.allitera.de

November 2012
Allitera Verlag
Ein Verlag der Buch&media GmbH, München
© 2012 Buch&media GmbH, München
Umschlaggestaltung: Kay Fretwurst, Freienbrink, unter Verwendung
des Bilds *equalizer,* © rock_junin, www.blingcheese.com
Printed in Germany · ISBN 978-3-86906-307-2

Inhaltsverzeichnis

Marleen Hoffmann / Joachim Iffland / Sarah Schauberger
Vorwort 7

Susanne Binas-Preisendörfer
Medien und Medialität als Herausforderung für Musikwissenschaft
heute 11

Nils Grosch
Das Lied als Medium und Medienprodukt im 16. Jahrhundert 23

Astrid Kerstin Dröse
Lieder im Zeitalter der »Medienrevolution« – Georg Greflingers *Seladons Weltliche Lieder* (1651) 34

Stefanie Rauch
Gedanken zu den medialen Grenzen des Notendrucks 46

Florian Mayer / Elisabeth Treydte
»Das vollkommenste, vielseitigste Musikinstrument des Jahrhunderts« – Zur Rekonstruktion von Medienpraxis in der Frühzeit der Phonographie 61

Joachim Iffland
»Ja, diese Platten waren unsere Richtschnur« – Einflüsse der Medientechnik auf die Musik am Beispiel der Comedian Harmonists und der Revelers .. 74

Marleen Hoffmann
Ethel Smyth (1858–1944) und die BBC – eine zwiespältige Beziehung .. 86

Shelina Brown
This is New Media – Zine Culture, Riot Grrrl Punk, and the Tactics of Third-Wave Feminist Cultural Resistance 101

Andreas Heye
Generation iPod. Musik als Wegbegleiter im Alltag – Eine empirische
Untersuchung zur mobilen Musikrezeption 109

Yvonne Stingel-Voigt
Vom Klang virtueller Welten – Eine Skizze zur Bedeutung von Musik im
Computerspiel 122

Christofer Jost / Seraina Gratwohl
Populäre Musik in Brasilien im Zeichen des Web 2.0 – Eine Bestandsauf-
nahme am Beispiel der *música popular brasileira* (MPB) 134

Katrin Haase
Digitale Distribution klassischer Musik 149

Sarah Schauberger
»Broadcast Yourself« – *YouTube* als Medium der Emanzipation im
E-Gitarrendiskurs? 161

Personenregister 176
Autorinnen und Autoren 180

Vorwort

Rezeption und Produktion von Musik werden seit dem Ende des 20. Jahrhunderts verstärkt mit dem Stichwort »Medium«, explizit den »Neuen Medien« verknüpft. Die Einführung neuer Studiengänge, wie etwa *Neue Musik und Medien* oder *Musikpraxis und Neue Medien*, ist ein Anzeichen dafür, dass das Phänomen der Verbindung von Musik und Medien vermehrt in das Rampenlicht rückt. Der vorliegende Band verfolgt in diesem Kontext das Anliegen, deutlich zu machen, dass der Einfluss von Medien nicht nur im 21. Jahrhundert, sondern von jeher die Musikgeschichte, die Wahrnehmung von und den Umgang mit Musik geprägt hat. Mit der Digitalisierung und den Möglichkeiten des Web 2.0 ist der Einfluss nicht nur vielfältiger geworden, sondern auch verstärkt in den Fokus gerückt.

In der vorliegenden Publikation werden ausgewählte Beiträge des 24. internationalen studentischen Symposiums des Dachverbandes der Studierenden der Musikwissenschaft e. V. (DVSM) dokumentiert, das vom 13. bis 16. Januar 2011 in Detmold stattfand. Der DVSM hat es sich zur Aufgabe gemacht, studentische Symposien zu organisieren und damit die Nachwuchswissenschaftler zu stärken und DoktorandInnen und Absolventen eine Plattform zu geben, auf der es ihnen ermöglicht wird, zu referieren und zu publizieren. Darüber hinaus verfolgt der DVSM das Ziel, mit seinen Symposien neue Forschungsgebiete und methodische Ansätze aufzugreifen, die sich kritisch mit der etablierten Musikwissenschaft auseinandersetzen und einen interdisziplinären Dialog ermöglichen. Insofern stammen die in diesem Band enthaltenen Beiträge vorrangig von Studierenden beziehungsweise Promovierenden, die die Ergebnisse ihrer Abschlussarbeiten oder laufenden Forschungsarbeit präsentieren. Um eine möglichst große Perspektivenvielfalt herzustellen, kommen die Referierenden dieses Symposiums aus den verschiedensten Forschungsbereichen, der historischen Musikwissenschaft, der Popmusikforschung, der Musiksystematik, der musikwissenschaftlichen Genderforschung, der Musikethnologie und den Medienwissenschaften.

Organisiert wurde das Symposium von einer Gruppe von zehn Studierenden aus den Studiengängen Musikwissenschaft sowie Populäre Musik und Medien an der Universität Paderborn und der Hochschule für Musik Detmold unter der Leitung von Dipl.-Kulturwissenschaftlerin Marleen Hoffmann und unter der Supervision von Prof. Dr. Rebecca Grotjahn. Nicht nur das Thema haben die Studierenden selbst erarbeitet, sondern auch die Umsetzung des Themas in ein umfangreiches Symposiumsprogramm nach ihren eigenen Ideen gestaltet, das neben Vorträgen auch Konzerte, eine Podiumsdiskussion und Workshops enthielt. So konnten vielfältige Herangehensweisen an das Thema *Musik 2.0* abgebildet und diskutiert werden. Die Beziehung zwischen Musik, Medien und Rezeption bildete den thematischen Ausgangspunkt für diverse Fragestellungen, u. a.: Welche Auswirkungen hatte die Entstehung und Entwicklung von Medien (Buch- und Notendruck, Tonaufnahme, MP3 etc.) auf den Verlauf der Musikgeschichte und seine Dokumentation? Muss man die Musikgeschichte nicht sogar als Mediengeschichte auffassen? Welche neuen Institutionen, Orte und Rezeptionszusammenhänge erschließen sich uns für Musik durch neue Medienformen und was bedeutet das für die Wahrnehmung und Nutzung von Musik und für ihre Bedeutung im Alltag? Warum setzen sich manche Medien zur Nutzung von Musik bei Produzenten und Rezipienten durch und andere nicht? Wie beeinflussen sich Medien gegenseitig? Wie tief greifend ist der mediale Umbruch in Bezug auf die Musikproduktion und -rezeption, in dem wir uns momentan befinden? Und wie verändert sich die Musik selbst durch neue Medien?

Die eingegangenen Beiträge wurden auf drei Symposiumstage verteilt. Am ersten Tag wurde nach einem Einführungsvortrag (Susanne Binas-Preisendörfer) die musikgeschichtliche Entwicklung von Medien nachgezeichnet, begonnen bei frühen Notendrucken (Stefanie Rauch, Nils Grosch) über die Tonaufnahme und deren Rezeption durch das Publikum und KünstlerInnen (Florian Mayer/Elisabeth Treydte, Joachim Iffland) bis hin zu dem Einsatz von Musik in Computerspielen und dem Phänomen des mobilen Hörens (Yvonne Stingel-Voigt, Andreas Heye). Am zweiten Tag wurde zunächst der Fokus auf die Verwendung neuer Medien im außereuropäischen Raum gelegt (Christofer Jost/Seraina Gratwohl), bevor einzelne Gemeinschaften und ihre Mediennutzung unter die Lupe genommen wurden (Mario Anastasiadis, Shelina Brown). Abschließend wurde beleuchtet, wie einzelne KünstlerInnen mit verschiedenen Medien umgehen und wie sie diese für ihre Ziele einsetzen (Sarah Schauberger, Björn Dornbusch, Marleen Hoffmann). Am letzten Symposiumstag wurden die Auswirkungen und Anforderungen diskutiert, die das Auftreten von jeweils »neuen Medien« auf die Vermarktung und Verbreitung von Musik haben kann (Astrid Kerstin Dröse, Katrin Haase, Alexander Forstner). In die vorliegende Publikation konnten nicht alle Beiträge aufgenommen werden.

In drei Konzerten konnte das Publikum den Konflikt des Medialen im Sinne einer Spannung zwischen Text/Bild versus Musik und herkömmlicher Klangerzeugung versus digital bzw. elektronisch erzeugten Sounds erleben. Dabei präsentierten sich vorrangig KünstlerInnen und MusikerInnen der Universität

Paderborn und der Hochschule für Musik Detmold. Die Band Kommando Elektrolyrik bot in ihrer Literaturperformance eigene Texte dar, die durch elektronische Livemusik untermalt und von den Sprechern inszeniert wurden, wobei teilweise eine Spannung zwischen Text und Musik hergestellt wurde. Die Komponistin Khadija Zeynalova konnte für eine Auftragskomposition gewonnen werden, in der sie mit einer Kombination aus Tonband und Streichquartett experimentierte. Entstanden ist das Werk *Bilder vom Land des Feuers*, in dem sie ihrer Heimat, Aserbaidschan, musikalischen Ausdruck verleiht. Der Pianist Eckhard Wiemann und der DJ Timo Buczka wagten unter dem Titel *Nocturnes* den Versuch, Musikstile zusammenzubringen, die auf den ersten Blick nicht zusammengehören, nämlich Klaviermusik des frühen 19. Jahrhunderts mit loop-orientierten Beats des Techno. Die Band Urlaub in Polen, die in der Paderborner Diskothek Cube spielte, verstand es, ihre Musik, die eine Mischung aus Gitarrenmusik, Elektro und Noiserock darstellt, mit visuellen Effekten ansprechend zu verbinden.

Die Workshops des Symposiums fanden in Kooperation mit dem Erich-Thienhaus-Institut der Hochschule für Musik Detmold (Michael Schubert, Malte Kob, Philip Krause), dem DFG-Forschungsprojekt Edirom (angesiedelt am Musikwissenschaftlichen Seminar Detmold/Paderborn, Johannes Kepper) und *Radical Audio Pool* (angesiedelt am Institut für Kunst/Musik/Textil der Universität Paderborn, Michael Ahlers) statt. Das Wellenfeldsynthese-System, bei dem es sich um ein räumliches Audiowiedergabeverfahren mit dem Ziel, virtuelle akustische Umgebungen zu schaffen, handelt und mit welchem seit 2009 das Konzerthaus und das Erich-Thienhaus-Institut ausgestattet ist, wurde anhand eigens dafür geschaffener Klanginstallationen vorgeführt. Bei der im zweiten Workshop diskutierten Software für digitale Formen wissenschaftlich-kritischer Musikeditionen (Edirom) handelt es sich um einen Versuch, dauerhafte plattformunabhängige digitale Musikeditions-Standards zu entwickeln, um einen effizienten Einsatz neuer Technologien in der Musikphilologie zu erlauben und nicht zuletzt, um eine bessere Vermittlung wissenschaftlicher Erträge in die musikalische Praxis zu erreichen. Michael Ahlers präsentierte in seinem Workshop die Plattform *Radical Audio Pool* (www.radicalaudiopool.de) – ein von der GEMA unabhängiges Musiknetzwerk für MusikerInnen aus der lokalen Popmusikszene in Ost-Westfalen. Anschließend wurden gemeinsame Überlegungen angestellt, inwieweit partizipative Medienangebote der Professionalisierung und der Verbreitung aktueller popmusikalischer Musik dienen und welche Chancen und Grenzen im Vergleich mit größeren Communities, in denen über Musik gesprochen oder Musik vertrieben wird, regionalspezifische Plattformen aufweisen.

In der das Symposium abschließenden Podiumsdiskussion unter dem Titel

»Medienwandel – Chancen und Risiken für die Musikwelt. Ein Ausblick« setzten sich Kulturwissenschaftlerin und Journalistin Sonja Eismann (Wien), Kommunikationswissenschaftler Christoph Jacke (Institut für Kunst/Musik/Textil der Universität Paderborn), Musiklabel-Inhaber Manfred Schütz (Hannover) und die erste Vorsitzende des DVSM Susanne Sackl (Graz) unter der Moderation von Sarah Schauberger und Lilli Ebert mit den Chancen und Risiken neuer Medien und deren Nutzung für das Musikleben auseinander.

Die Aktualität des Themas wurde nicht zuletzt durch das große Interesse unter den Studierenden deutlich. Obwohl die Thematik Musik und Medien momentan noch stärker in der Forschung zu populärer Musik verfolgt wird, konnte das Symposium zeigen, dass der Medienbegriff und die Beschäftigung mit Medien auch für andere Bereiche der Musikforschung fruchtbar gemacht werden können. So bleibt zu hoffen, dass nach der Fokussierung auf die KünstlerInnen, die Werke, die InterpretInnen oder das Publikum nun auch die Medien, die für die Art der Vermittlung der Inhalte von großer Bedeutung sind, als wichtiger Aspekt der Musikgeschichte Beachtung finden.

Abschließend möchte das Herausgeberteam allen AutorInnen danken, ohne deren Beiträge das Symposium und dieser Band nicht möglich gewesen wären. Ein weiterer Dank gilt dem Vorbereitungsteam des Symposiums, das mit großem Einsatz für einen reibungslosen Ablauf und eine gelungene Tagung gesorgt hat, ebenso wie Prof. Dr. Rebecca Grotjahn, die die Studierenden dabei durch ihre Supervision unterstützte und den Symposiumsband in ihre Reihe aufnahm. Für die Unterstützung in Form von Räumlichkeiten, Personal, Technik und weiteren Beiträgen in Form von Workshops o. Ä. möchten wir uns im Namen des gesamten Vorbereitungsteams bedanken bei dem Musikwissenschaftlichen Seminar Detmold/Paderborn, dem Dachverband der Studierenden der Musikwissenschaft e. V., der Hochschule für Musik Detmold, dem Institut Kunst/Musik/Textil der Universität Paderborn, dem Erich-Thienhaus-Institut der Hochschule für Musik Detmold, dem DFG-Forschungsprojekt Edirom, dem Cube und allen MusikerInnen, Bands sowie den Podiumsgästen. Für die finanzielle Unterstützung des Symposiums und der vorliegenden Publikation gilt unser besonderer Dank dem Bundesministerium für Bildung und Forschung, der Fakultät für Kulturwissenschaften der Universität Paderborn, dem AStA der Hochschule für Musik Detmold und dem Fachschaftsrat Musikwissenschaft des Musikwissenschaftlichen Seminars.

Detmold/Paderborn, Juni 2012
Marleen Hoffmann, Joachim Iffland und Sarah Schauberger

Susanne Binas-Preisendörfer
Medien und Medialität als Herausforderung für Musikwissenschaft heute

Im kürzlich veröffentlichten *Journal Wissenschaft und Forschung* der Hochschule für Musik und Tanz Köln stieß ich auf einen kurzen Text, der mich provozierte. Auf Seite 17 schreibt dort Rainer Nonnenmann:

> »An die Stelle gemeinschaftlicher Konzerterlebnisse tritt […] im Zeitalter der technischen Reproduzierbarkeit die Konserve und deren vereinzelter Privatkonsum zu Hause oder unterwegs. Die sonst sekundäre Reproduktion von Musik wurde für einen Großteil der Hörer längst zur musikalischen Primärerfahrung und das über Lautsprecher gelieferte Abbild von Musik zu deren zweiter Natur. In weiten Teilen ihres medialen Auftretens dient Musik heute nicht mehr ästhetischer Erfahrung und Sensibilisierung. Häufig wirkt sie gerade im Gegenteil anästhetisierend. Als fester Bestandteil unseres durchmediatisierten und überästhetisierten Alltags wirkt sie allzu oft betäubend, abstumpfend, entsinnlichend, statt Aufmerksamkeit zu schärfen, Konzentration zu fokussieren und überschüssige Informationen und Reize auszublenden.«[1]

Der Autor plädiert deshalb in seinem Beitrag zum Thema »Musikwissenschaft an Musikhochschulen« insbesondere dafür, die Live-Musik allen professionell damit befassten Akteuren[2] und Multiplikatoren wieder als *die* Möglichkeit umfassender Erkenntnis und Bewusstwerdung zu vermitteln. »Musik soll nicht hörig, sondern hellhörig machen«, referiert er abschließend den Komponisten Helmut Lachenmann.[3] Ich werde einige Schlüsselworte beziehungsweise -begriffe herausgreifen und im Rahmen dieses Beitrages befragen. Dabei geht

---

[1] Rainer Nonnenmann, »Musikwissenschaft an Musikhochschulen«, in: *Journal Wissenschaft und Forschung. Musik im wissenschaftlichen Diskurs*, Hochschule für Musik und Tanz Köln, Wintersemester 2010/11, S. 17–19, hier S. 17. Nonnenmann ist Leiter des Initiativkreises Freie Musik Köln e.V., Dozent an der gleichnamigen Hochschule und freier Journalist für Rundfunk und Zeitschriften Neuer Musik.

[2] Mit der Nennung der männlichen Funktionsbezeichnung ist in diesem Text, sofern nicht anders gekennzeichnet, immer auch die weibliche Form mitgemeint.

[3] Nonnenmann, »Musikwissenschaft«, S. 17.

es mir insbesondere auch um die Verortung, die Spannungsfelder und die Gegenüberstellungen, die Rainer Nonnenmann in seinem Text vornimmt beziehungsweise markiert.

Er spricht erstens vom Zeitalter der technischen Reproduzierbarkeit und nimmt damit Bezug auf eine längst von technologischen Entwicklungen überholte Situation einerseits und auf einen berühmten, jedoch mittlerweile nahezu 70 Jahre alten Aufsatz von Walter Benjamin andererseits: »Das Kunstwerk im Zeitalter seiner technischen Reproduzierbarkeit«.[4] Nonnenmann konstruiert zweitens ein Gegensatzpaar beziehungsweise den Widerspruch zwischen sogenannten Konserven und ihrem vereinzelten Privatkonsum und dem gemeinschaftlichen Konzerterlebnis. Technische Reproduzierbarkeit in Konserven bezeichnet er drittens als sekundäre Reproduktion von Musik und stellt sie einer musikalischen Primärerfahrung, dem gemeinschaftlichen Konzerterlebnis, gegenüber. Lautsprecher liefern seiner Meinung nach viertens ein Abbild von Musik beziehungsweise erzeugen fünftens Musik in ihrer zweiten Natur, die er als betäubend, abstumpfend, entsinnlichend bewertet. Musik aus Lautsprechern fördere Unkonzentriertheit und zerstreutes Nebenbeihören.

Diese Aussagen und das Plädoyer implizieren summa summarum, dass Musik im Kontext von Medien manipulativ und entmündigend wirke, für Verdummung und Vereinzelung sorge und in den Kategorien von Konsum und Privatisierung aufgehe. Aufgeführte Musik wird aufgenommener Musik gegenübergestellt und höher bewertet. Meine Interpretation mag Unterstellungen enthalten und überspitzt formuliert sein, dennoch – und deshalb wähle ich sie hier als Einstieg für diese Darlegungen – enthält sie Aspekte, die den Zusammenhang von Musik und Medien beziehungsweise die Medialität von Musik aus der Perspektive der Musikwissenschaften immer wieder maßgeblich, und das seit längerer Zeit, kennzeichnen.

Eine *Kritik dieser Kritik* hätte aus meiner Sicht zu fragen, welche Prozesse und Phänomene hier eigentlich angesprochen und gemeint sind. Wieso mit solch ungebrochener Beharrlichkeit von bestimmten Akteuren aus Wissenschaft und Musikleben an ihnen Kritik geübt wird. Wieso ein Gegensatz von scheinbar unmittelbarem und mittelbarem Hören von beziehungsweise Umgang mit Musik, aufgeführter und aufgenommener Musik konstruiert wird und schließlich mit welchen Argumenten und Methoden eine Verhärtung der hier proklamierten Fronten wissenschaftlich produktiv gemacht werden kann.

Hinter diesen Fragen verbirgt sich freilich ein ganzes wissenschaftspoliti-

---

4 Walter Benjamin, »Das Kunstwerk im Zeitalter seiner technischen Reproduzierbarkeit (1936/1939)«, in: Ders., *Medienästhetische Schriften*, Frankfurt am Main 2002, S. 351–383.

sches Programm, eine Diskussion im Rahmen des Faches Musikwissenschaft, die vor allem durch solche Perspektiven angestoßen wurde, die nicht originär aus dem Fach, sondern eher aus inter- und transdisziplinären Zusammenhängen kamen und kommen. Diese kann ich hier weder in ihrer Breite noch in ihrer Systematik aufzeigen. Ich werde mich deshalb auf vier Aspekte konzentrieren. Dabei möchte ich Felder solcher Diskussionen und Erkenntnisse aufgreifen, für die es längst selbstverständlich geworden ist, vorurteilsfrei den Zusammenhang von Musik und Medien zu thematisieren und zu erforschen.

Es geht mir im Folgenden um:
1. eine Annäherung an Phänomene und Begriffe des Medialen beziehungsweise der Medien in Musik
2. den Zusammenhang von Musik, Medien und sogenannter Rezeption
3. die Bedeutung von Medien für das Verständnis von Musikgeschichte und -gegenwart
4. den Zusammenhang von Medialität und Performativität

Ich werde diese Teilaspekte nicht Punkt für Punkt abarbeiten, sondern im Laufe meines Beitrages – provoziert durch das Zitat von Rainer Nonnenmann – jeweils fokussieren.

Erste konzeptionelle Überlegungen zu Medien und Medialität im Rahmen von Musikwissenschaft treffen wir dann an, wenn Medien in Form von technischen Apparaturen beginnen, in den Prozess der Erzeugung und der Verbreitung und in den Umgang mit Musik einzutreten. 1938 schrieb Theodor Wiesengrund Adorno in seinem Aufsatz »Über den Fetischcharakter in der Musik«:

> »Es herrscht eiserne Disziplin. Aber eben eiserne. Der neue Fetisch ist der lückenlos funktionierende, metallglänzende Apparat als solcher, in dem alle Rädchen so exakt ineinanderpassen, dass für den Sinn des ganzen nicht die kleinste Lücke mehr offen bleibt. Die im jüngsten Stil perfekte, makellose Aufführung konserviert das Werk um den Preis seiner definitiven Verdinglichung. Sie führt es als ein mit der ersten Note bereits fertiges vor: die Aufführung klingt wie ihre eigene Grammophonplatte.«[5]

Adorno stößt sich an den durch technische Aufnahmen festgelegten und damit seiner Meinung nach offizialisierten Aufführungsidealen, die zu jener Zeit darin bestanden, eine notationsgetreue Wiedergabe (Was ist das eigentlich?)

---

[5] Theodor W. Adorno, »Über den Fetischcharakter in der Musik«, in: Ders., *Dissonanzen. Einleitung in die Musiksoziologie*, hrsg. von Rolf Tiedemann (= Gesammelte Schriften, Bd. 14), Frankfurt am Main 1973, S. 14–50, hier S. 31.

zu erreichen. 1937 hatte Arturo Toscanini die erste Komplettaufnahme der neun Sinfonien von Beethoven mit dem NBC Symphony Orchestra eingespielt, an der sich in Folge ein Großteil der Aufführungen versuchte zu orientieren. Lebendigkeit und Einzigartigkeit (Benjamin bezeichnet dies mit der berühmt gewordenen »Formel« des »Hier und Jetzt«[6]) in der Aufführung schienen für Adorno nunmehr ausgeschlossen. »Die bewahrende Fixierung des Werkes bewirke dessen Zerstörung«[7], so Adorno. Er sieht – hier ähnlich wie Walter Benjamin nur mit anderen Schlüssen – die Aura des Kunstwerkes zerstört. Hegt Benjamin mit dem Eingriff der Apparatur die Hoffnung auf einen Nutzen der entsprechenden Produkte zur Schulung für den Umgang mit der modernen Wirklichkeit (bei Benjamin mithilfe des Films), so trauert Adorno zunächst dem klassisch-romantischen Werkideal und der Unmittelbarkeit der Aufführung nach. Diese Auffassung gegenüber auf Tonträgern fixierter Musik hat er später – angesichts von Opernaufnahmen – revidiert.

Technische Apparatur und kulturindustrielle Fertigung bildeten die Fix- und Kritikpunkte beziehungsweise *das* negative Paradigma, vor dessen Hintergrund Fragen der Medialität von Musik lange Zeit in den Musikwissenschaften weitestgehend ausgespart blieben. Tonträger, die erstmals in der Musikgeschichte die Klangstruktur von Musik selbst als Objekt verfügbar machen, treten gewissermaßen in Konkurrenz zur Partitur als *dem* Objekt der traditionellen an den Parametern von Melodik, Harmonik und Rhythmik orientierten Analyse. Vor den konzeptionellen Konsequenzen der Analyse dieser verschiedenartigen Fixierungs- und zugleich Erzeugungsmodalitäten von Musik haben sich Musikwissenschaftler lange gescheut. Eine Lösung dieses Problems und damit auch ein Verständnis der Bedeutung sowohl von technischen Kommunikationsmitteln im Musikprozess als auch der Medialität von Musik kann aus meiner Sicht gefunden werden, wenn man sich die Funktion und damit die Bedeutung dieser »Aufschreibesysteme«[8] – ein Begriff des Medienwissenschaftlers Friedrich Kittler beziehungsweise unterschiedlicher medialer Schriften – wirklich vor Augen führt und in ihren Konsequenzen für die Gestaltungsmöglichkeiten und Umgangsformen mit Musik befragt.

Der österreichische Musiksoziologe Kurt Blaukopf forderte in den ausgehenden 1960er-Jahren eine sogenannte »Schallplattenwissenschaft«[9]. Denn obwohl

---

[6] Benjamin, »Das Kunstwerk«, S. 354.
[7] Adorno, »Über den Fetischcharakter«, S. 32.
[8] Friedrich Kittler, *Aufschreibesysteme 1800/1900*, München 1985.
[9] Kurt Blaukopf, »Technik, Wirtschaft und Ästhetik der Schallplatte«, in: *Technik, Wirtschaft und Ästhetik der Schallplatte. Symposion auf der »hifi '68 Düsseldorf«*, hrsg. von dems. (= Schriftenreihe Musik und Gesellschaft, Heft 7/8), Karlsruhe 1970, S. 9–12, hier S. 12.

durch das Aufkommen des Rundfunks der Unterschied zwischen live aufgeführter Darbietungsmusik und gesendeter Übertragungsmusik niemandem mehr wirklich entgehen konnte, blendete insbesondere die Historische Musikwissenschaft in ihrem Festhalten an traditionellen Notationsformen und solchen Musikformen, die in diesen Kategorien aufgingen, Fragen zum Zusammenhang der Entwicklung technischer Kommunikationsmittel und den Institutionen ihres gesellschaftlichen Wirksamwerdens weitestgehend aus. Blaukopf versuchte später mit der Einführung des Begriffs der »Mediamorphosen« (Medienevolution!) solchen Prozessen nachzugehen, die sich damals im sozial repräsentativen Gebrauch von Musik im Zusammenhang mit Medien (Rundfunk, Schallplatte) zeigten.[10] Gleichsam war es ihm wichtig darauf hinzuweisen, dass es sich bei den zunehmend massenhaft vorhandenen Medienartefakten eben nicht allein um sekundäre Reproduktionen von eigentlich aufzuführender Musik handelte, sondern dass diese Musikformen schon in ihren Kompositions- und Notationsverfahren medienorientiert waren. Wer sich heute die Geschichte der Aufnahmetechniken oder Tonstudioentwicklung vor Augen führt, wird sehr schnell genau zu diesem Schluss kommen. Mikrofone dienten seit ihrer Erfindung nie nur dazu, Instrumente und Stimmen abhängig von ihrer eigentlichen Lautstärke unabhängig voneinander aufs Band zu fixieren, sondern sie dienten vor allem auch dazu, sehr spezielle – in der Realität der Aufführung so nicht existierende – Raumeffekte zu simulieren beziehungsweise zu konstruieren. Das sogenannte *Crooning* ist hierfür ein immer wieder gern angeführtes Beispiel.

Das Verhältnis von sogenannten reellen und virtuellen, natürlichen und künstlich hergestellten Klängen hat sich im Laufe des vergangenen Jahrhunderts so evident verändert, dass die Frage nach dem Verhältnis von Primär- und Sekundärquellen nicht mehr relevant ist. Eine Ablösung von in der Natur vorkommenden Klängen ist keineswegs erst ein Phänomen des 20. Jahrhunderts. Instrumente – welcher Art auch immer – stellen einen im Zivilisationsprozess angelegten, Jahrhunderte dauernden Ablösungsprozess von den natürlichen Klangumgebungen der Menschen dar. In letzter Konsequenz könnten auch sie als Medien, als Mittler verstanden werden. Und Musik selbst stellt als eine kulturelle Praxis des Hörens, Tanzens, Klangerzeugens auch ein Medium ästhetischer Kommunikation dar.

Es nützt meines Erachtens jedoch wenig, den Begriff der Musik vollständig in dem des Mediums aufgehen zu lassen. Vielmehr scheint es sinnvoll und geboten,

---

[10] Vgl. Kurt Blaukopf, *Beethovens Erben in der Mediamorphose. Kultur- und Medienpolitik für die elektronische Ära*, Heiden 1989, S. 125 und Alfred Smudits, *Mediamorphosen des Kulturschaffens. Kunst und Kommunikationstechnologien im Wandel*, Wien 2002.

Musik eine mediale Qualität zuzugestehen und im Allgemeinen nicht davon auszugehen, dass sie eine textuelle Qualität habe. Ich betone: im Allgemeinen. Im Besonderen mag es unstrittig sein, dass beispielsweise in den europäischen Kunstmusiktraditionen stehende Komponisten für ihre Musik eine intentionale – sprich textuelle – Qualität in Anspruch nehmen und umgekehrt vom Publikum erwarten, dass zumindest ansatzweise diese im Rezeptionsprozess erschlossen und verstanden wird. Häufig stehen ihnen dafür Musikwissenschaftler zur Seite. In Texten, Komponistenporträts und Werkanalysen stellen sie entsprechende Hör- und Deutungshilfen zur Verfügung.

Aber bleiben wir bei der medialen Qualität von Musik im Allgemeinen. Selbst für ein Stück Konzertmusik gilt, dass sehr unterschiedliche Rezeptions- und Aneignungsweisen derselben existieren können. Abhängig von den individuellen und kulturellen Klang- beziehungsweise Musikerfahrungen kann ein Stück so und auch ganz anders gehört werden. Auch ein solches Stück kann eine Art Agens darstellen, mittels dessen die verschiedenen Hörer ganz unterschiedliche Bedeutungen für sich realisieren.

Umso mehr trifft dies für die diversen Formen populärer Musik zu. Aus ihren Umgangskontexten heraus haben sich seit mittlerweile mindestens 20 Jahren geradezu zwangsläufig wissenschaftliche Denktraditionen entwickelt,[11] in denen die Medialität von Klangformen fokussiert wird, nicht allein weil technische Mittler wie Mikrofone, Lautsprecher, Mischpulte, Tonträger, Radio, Video oder Internet eine solch bemerkenswerte Rolle für ihre Produktion, Vermittlung und ihre Nutzung spielen, sondern weil andernfalls die klanglichen Gestaltformen – die Songs, Lieder, Tracks, Beats etc. – in ihrer Funktion eher missverstanden werden.

Wer die mediale Qualität von Musik akzeptiert, stellt sich jedoch neben eine musikwissenschaftliche Denk- und Analysetradition von Musik, die dieselbe als ein Objekt mit immanenter Bedeutungsstruktur im Geist einer repräsentionalistischen Sprachphilologie[12] versteht – Musik als ein Objekt, dessen Gehalt in der Gestalt festgeschrieben, in ihren spezifischen Zeichen repräsentiert scheint und vom Analytiker entschlüsselt werden kann. Nicht der intendierte und rezipierte Gehalt, sondern die Medialität von Musik stellt meines Erach-

---

[11] Verbunden vor allem mit dem Namen und den Aufsätzen von Peter Wicke, vgl. Peter Wicke, »Rockmusik – Dimensionen eines Massenmediums. Weltanschauliche Sinnproduktion durch populäre Musikformen«, in: *Weimarer Beiträge* 33/6 (1989), S. 885–906 und Peter Wicke, *Vom Umgang mit populärer Musik,* Berlin 1993.

[12] Vgl. Sibylle Krämer, »Was haben ›Performativität‹ und ›Medialität‹ miteinander zu tun? Plädoyer für eine in der ›Aisthetisierung‹ gründende Konzeption des Performativen«, in: *Performativität und Medialität,* hrsg. von ders., München 2004, S. 13–32, hier S. 23.

tens den Schlüssel zum Verständnis von konkreten – nicht nur den populären – Musikpraktiken dar. Medialität ermöglicht subjektiv höchst divergente Strategien der Bedeutungsproduktion. Dies zu akzeptieren und entsprechende Modelle des Musikverständnisses zu entwickeln, darin liegen heute wohl die entscheidenden Herausforderungen an Musikwissenschaft.

In diesem Zusammenhang lohnt sich die Kenntnisnahme des Performance-Konzeptes von Erika Fischer-Lichte, die – sie ist von Hause aus Theaterwissenschaftlerin – Kunst, Theater und Musik nicht als Text, sondern als Praxis verstanden wissen will.[13] Dieser Gedanke wird aufzugreifen sein, vor allem auch weil meines Erachtens Performativität und Medialität keinen Widerspruch bilden – zugegeben, eine auf den ersten Blick schwierige Denkfigur.

Hingegen stellt das Verständnis der Geschichte akustischer technischer Kommunikationsmittel eher eine geringere konzeptionelle Herausforderung dar. Hierzu liegen bereits einige sehr interessante Arbeiten zum Beispiel von Heinz Hiebler und Rolf Großmann vor.[14] Und auch die Etappen der Geschichte von Akteuren und Institutionen des Musiklebens, in denen diese technischen Entwicklungen gesellschaftlich wirksam werden, lassen sich mit Blick auf die entsprechenden Quellen einigermaßen lückenlos recherchieren.[15]

Das Forschungsfeld von Musik und Medien hat in den vergangenen Jahren erhebliche Anregungen einerseits aus der sozialwissenschaftlich ausgerichteten Publizistik- und Kommunikationswissenschaft und andererseits aus den Medien- und Kulturwissenschaften erhalten. Freilich legen beide Richtungen unterschiedliche Medienbegriffe zugrunde. Die Publizistik- und Kommunikationswissenschaften verstehen unter Medien technische, professionelle und organisatorische Kommunikationsmittel, wohingegen die Forschungen der Medien- und Kulturwissenschaft auf einem breiteren Medienbegriff basieren.[16]

Im jüngst erschienenen Handbuch *Musik und Medien* wird »eine umfassen-

---

[13] Vgl. Erika Fischer-Lichte, *Ästhetik des Performativen*, Frankfurt am Main 2004.
[14] Heinz Hiebler, »Der Sound zwischen technischen Möglichkeiten und kulturellen Ansprüchen – Eine Medienkulturgeschichte der Tonträger«, in: *Sound. Zur Technologie und Ästhetik des Akustischen in den Medien*, hrsg. von Harro Segeberg und Frank Schätzlein, Marburg 2005 (= Schriftenreihe der Gesellschaft für Medienwissenschaft (GfM), Bd. 12), S. 206–228 und Rolf Großmann, »Signal, Material, Sampling. Zur ästhetischen Aneignung medientechnischer Übertragung«, in: *Übertragung – Transfer – Metapher. Kulturtechniken, ihre Visionen und Obsessionen*, hrsg. von Sabine Sanio und Christian Scheib, Bielefeld 2004, S. 91–110.
[15] Vgl. hierzu für den deutschsprachigen Raum insbesondere Peter Tschmuck, *Kreativität und Innovation in der Musikindustrie*, Innsbruck u. a. 2003.
[16] Vgl. v. a. *Handbuch Musik und Medien*, hrsg. von Holger Schramm, Konstanz 2009.

de Darstellung der Entwicklungsgeschichte der Musik in den einzelnen Medien inklusive des potenziellen Einbezugs von konkreten Inhalten, Formen, Genres, Technologien, Geräten sowie Institutionen, Strukturen und Prozessen der Produktion und des Betriebs« angestrebt.[17] Im Zentrum stehen dabei Erläuterungen zu Musik in den modernen Massen- und Individualmedien wie Radio, Hörspiel, Film, Fernsehen und Internet. In den Blick nimmt die betreffende Publikation ebenso Musik als Gegenstand von Journalismus und Literatur. Schließlich werden auch die erheblichen Veränderungen bei der Gestaltung von Musik mithilfe technischer Medien (Stichwort: Musikproduktion im Studio und Klangkunst) dargestellt.

Die kommunikations- und medientechnologischen Entwicklungen der Geschichte haben tiefe Spuren in den Gestaltungs- und Aneignungsstrategien von Musik hinterlassen. Es fällt deshalb nicht leicht, diesen Zusammenhängen überschaubar und systematisch nachzugehen und sie als Forschungsfeld abzustecken. Wir sind mit einer Fülle von Phänomenen konfrontiert und stehen dabei durchaus auch vor dem Problem, das Gegenstandsfeld Musik und Medien im Kontext der Fachdisziplinen der Musikwissenschaft zu verorten, eben weil mit dem Begriffspaar Musik und Medien auch ein Gegenstandsbereich markiert ist, der sinnvoll weder allein mit historischen, systematischen noch mit ethnographischen Methoden der Erforschung von Musik verständlich wird. Von allem etwas?! Interdisziplinäre Projekte sind mit erheblichen methodischen Herausforderungen beziehungsweise Verständigungsproblemen verbunden, ganz zu schweigen von ihrer wissenschaftspolitischen Sprengkraft. Es scheint immer noch am schlüssigsten und weniger beschwerlich, sich entlang medientechnischer Entwicklungen den entsprechenden ästhetischen Konsequenzen, Aneignungsformen und Veränderungen im Musikleben zuzuwenden. Apparative Erzeugungsprozeduren gelten quasi als konstitutiv für all das, was Mediatisierungsprozessen unterzogen ist.[18]

Der eingangs zitierte Rainer Nonnenmann geht ebenso wie Adorno (noch) davon aus, dass all das, was Medien übertragen, möglichst invariant und stabil gehalten wird. D. h., Medien sind sekundär, es gibt stets ein Außerhalb von Medien. Medien verhielten sich gegenüber der Essenz von Geist, Sprache und Kultur neutral. Technologisch vermittelte Produktions-, Reproduktions-, Verbreitungs- und Aneignungsprozesse wurden und werden aus dieser Perspektive zumeist als »technische Zurüstungen« und »musikalische Standardisierung«

---

[17] Ebd., S. 7.
[18] Vgl. Krister Malms Forschungen in der Musikethnologie. Krister Malm, »Music on the Move: Traditions and Mass Media«, in: *Ethnomusicology* 37/3 (1993), S. 339–352.

gedeutet und kritisiert.[19] Die Rezeption von Musik – der eigentlichen, der primären – schien und scheint durch Medien verstellt, verdeckt, konserviert und in ihrem Verhältnis zum eigentlichen Gegenstand – der Musik in ihrer eigentlichen Essenz – nicht adäquat. Im Umkehrschluss werde nun nur noch diejenige Musik »rezipiert« die ohnehin im industriellen technischen Fertigungsprozess bereits entwertet und gehaltlos sei, z. B. die populäre Musik.

Nun hat es sich insbesondere für das Verständnis von populärer Musik als äußerst wichtig erwiesen, Musiker, Publikum und Musikwirtschaft in ihrer Bedeutung für den Musikprozess beziehungsweise das Diskursfeld populäre Musik gleichermaßen ernst zu nehmen. Musiker und Publikum machen ihre jeweils konkreten, sozial geprägten Erfahrungen zum Ausgangspunkt einer Bedeutung produzierenden kulturellen Praxis. Publika, wie Zuhörer, Konzertbesucher, Tänzer, Fans und Freunde, bezeichne ich deshalb nicht als *Rezipienten*. Sie sind für mich *Akteure, Handelnde* und *Macher*. Der Begriff des Rezipienten impliziert, dass jemand die Bedeutung dessen entschlüsselt, was ein anderer vorgegeben hat. Der Begriff des Rezipienten impliziert auch, dass dessen Verständnis der akustischen Zeichen beziehungsweise ihrer grafischen Korrelate als Repräsentanten von Musik geschult werden muss. Dieses Bild aber entspricht ausschließlich einem Verständnis von Musik als Text, es akzeptiert nicht die medialen Qualitäten von Musik. Das Bild vom Rezipienten entstammt einer linear gedachten Kommunikationskette, deren Aussagen von eben diesen Rezipienten – den Textverständigen – gedeutet werden müssen. Hörer, Fans, Tanzende und Musiker sind jedoch integraler Bestandteil eines performativen und medialen Szenarios, in dem sie immer auch selbst zu Bedeutungsproduzenten werden, ob in durch technische Medien dominierten oder eher nicht durch technische Medien dominierten Zusammenhängen.

Heute, da Medien ubiquitär geworden sind, geht man davon aus, dass, was immer von uns wahrgenommen, kommuniziert und gedacht wird, stets mithilfe von und in Medien wahrgenommen, kommuniziert und gedacht wird. Es gibt kein Außerhalb mehr von Medien. Die seit etwa 50 Jahren – einst angestoßen von Marshall McLuhan – geführte Mediendebatte thematisiert, dass Medien das, was sie übertragen, zugleich auch irgendwie hervorbringen.[20] Ralf Schnell definiert im Metzler Lexikon *Medientheorie und Medienwissenschaft* Folgendes zum Stichwort Medienästhetik:

---

[19] Vgl. das Zitat Adornos im Zusammenhang mit den Schallplattenaufnahmen von Toscanini.
[20] Vgl. Marshall McLuhan, *The medium is the message. An inventory of effects*, New York 1967, in dt. Übersetzung erschienen als: *Das Medium ist die Botschaft*, Dresden 2001.

»Die Medienästhetik ist nicht identisch mit dem, was gesagt wird, sondern sie besitzt ihr charakteristisches Merkmal in der Art und Weise, wie sie ihre Möglichkeiten und Fähigkeiten, ihre Techniken, ihre Mittel zur Verarbeitung von vorgegebenen oder hergestellten Inhalten und Gegenständen einsetzt. Das WIE dieser Wahrnehmung steht deshalb im Mittelpunkt der Medienästhetik.«[21]

Ralf Schnell ist hier ganz nah bei Walter Benjamin, der bereits den Roman als ein Produkt des Buchdrucks verstand, weil er im Zuge der Medienevolution den Wechsel vom gemeinschaftlichen Erzählen zu isoliert produzierten und auch rezipierten Druckerzeugnissen zur Folge hatte. Später erzeugte der Film – so Benjamin – die bis dato gänzlich unbekannten, technisch verfremdeten Sichtweisen auf die Welt, sowohl aus der Perspektive der Kameramänner, Regisseure und Schnittmeister als auch aus der Perspektive der Kinobesucher.[22] In der Gegenwart stellen sich diese Situationen angesichts der Durchsetzung individueller und interaktiver Medien schon wieder in einem ganz anderen Licht dar. Ähnlich tiefgreifende Entwicklungen und Umbrüche lassen sich natürlich auch in der Geschichte und der Gegenwart von Musik auffinden.

Für die Historische Musikwissenschaft selbst gehört zum Beispiel der Zusammenhang von Musik und Medien eigentlich zum Basiswissen. Dies wird ganz besonders deutlich, wenn man sich mit der Funktion und Bedeutung von grafischer Notation beziehungsweise ihrer Entwicklung an der Wende vom 9. zum 10. Jahrhundert befasst, als aus Neumen langsam die frühen Formen der Quadrat- beziehungsweise Choralnotation wurden. Notation war nie nur ein Mittel der Memorierung, Fixierung und Kommunikation, sondern insbesondere eine unabdingbare Voraussetzung für die in den folgenden Jahrhunderten sich entwickelnden Kompositionspraktiken der europäischen Kunstmusikformen.

Bestand die Funktion der Neumen in der Nachschrift des gedanklich Vorgefassten und der Erleichterung und Festigung des Memorierungsprozesses, so ermöglichten die präzisen grafischen Definitionen von singulären Tonorten das Entwerfen von Neuem,[23] also das kompositorische Experiment auf der Basis grafischer, medialer Entscheidungsstrategien. Der schriftliche Außenspeicher Notation wurde zum Arbeitsinstrument des Komponisten, so wie die elektronisch-analoge und später die digitale Mehrspurtechnik zum Werkzeug

[21] Ralf Schnell, Art. »Medienästhetik«, in: *Metzler Lexikon. Medientheorie, Medienwissenschaft*, hrsg. von Helmut Schanze u. a., Stuttgart/Weimar 2002, S. 207–211, hier S. 210.
[22] Vgl. Benjamin, »Das Kunstwerk«.
[23] Vgl. Christian Kaden, »Die Anfänge der Komposition«, in: Ders., *Des Lebens wilder Kreis. Musik im Zivilisationsprozess*, Kassel u. a. 1993, S. 64–103.

der Musikproduktion bzw. des Musikproduzenten, Masteringingenieurs etc. wurde und bisher unbekannte Klangkonzepte (*Wall of Sound*, Klangsignaturen von Musikproduzenten) erzeugte. Jedes ermöglicht vor dem Hintergrund technischer Entwicklungsprozesse beziehungsweise Erzeugungsprozeduren neue Entscheidungsstrategien und eröffnet neue Gestaltungsspielräume. Dabei stehen beide Medienformen (grafische Notation und die diversen der Klangaufzeichnung, Bearbeitung und Wiedergabe) meines Erachtens nicht in Konkurrenz zueinander, sondern sind lediglich Ausdruck ihrer Zeit und entsprechender technischer Möglichkeiten und ihrer historischen Klang- beziehungsweise Musikkonzepte. Die Verweigerung von Klangsinnlichkeit oder aber das Dominantmachen derselben stellt dabei ein wichtiges Kriterium dar.

Die Art der technischen Speicher(medien) erlaubt Rückschlüsse darüber, was an Musik entsteht, wie es entsteht und auch wie damit umgegangen wird. Allerdings bleiben uns insbesondere in Bezug auf den Umgang und die Wahrnehmungsweisen erhebliche Unsicherheiten. Historische als auch individuelle Klangerfahrungen sind kaum dokumentiert beziehungsweise lassen sich jenseits der konkreten Umgangssituationen schwer dokumentieren oder rekonstruieren.

Es gibt erste Überlegungen und Modellierungen mithilfe des Mediendispositiv-Konzeptes,[24] des Affordance-Konzeptes der britischen Medienmusikwissenschaft[25] sowie des weitgreifenden Diskussionszusammenhangs im Rahmen des von der DFG derzeit geförderten Netzwerkes *Sound in Media Cultures/ Klang in den Medienkulturen*, in dem auch Musikwissenschaftler aktiv sind.[26]

Aufführung vs. Aufnahme, Konzert vs. Tonträger, Körper vs. Technik, Performance vs. Medien, Performativität vs. Medialität – sich für das eine zu engagieren und das andere zu verdammen, macht mit Blick auf das Musikleben selbst wenig Sinn. Beide Formen bilden gewissermaßen die zwei Seiten einer Medaille. Dafür gibt es nicht zuletzt in der Gegenwart mannigfache Belege. Musik nimmt verschiedene Existenz- beziehungsweise Realisierungsformen an, die sich keinesfalls ausschließen müssen. Medien können dabei eine Funktion von Performance bilden, Performativität eine Funktion von Mediali-

---

[24] Vgl. Rolf Großmann, »Verschlafener Medienwandel. Das Dispositiv als musikwissenschaftliches Theoriemodell«, in: *positionen – Texte zur aktuellen Musik* 74 (2008), S. 6–9.
[25] Vgl. Eric F. Clarke, *Ways of Listening: An Ecological Approach to the Perception of Musical Meaning*, Oxford 2005.
[26] Internationales Netzwerk *Sound in Media Cultures/Klang in den Medienkulturen*, gegründet von Holger Schulze (Universität der Künste Berlin), Jens Gerrit Papenburg und Maria Hanáček (Humboldt-Universität zu Berlin), http://www.soundmediaculture.net (22.12.2011).

tät. Freilich stellt das durchaus widersprüchliche Verhältnis von Einmaligkeit (zumeist thematisiert im Kontext von Performativität) und technischer Reproduktion (Stichwort Medialität) eine theoretische Herausforderung dar. Kann man – so fragt die Literaturwissenschaftlerin und Philosophin Sybille Krämer in der Einleitung zu der 2004 veröffentlichten Publikation *Performativität und Medialität* – beides zusammen denken?[27] Krämer diagnostiziert eine gewisse Gleichgerichtetheit von Positionen der Performativitäts- und der Medialitätsdebatte. Medien vermitteln etwas und erzeugen das Vermittelte zugleich mit. In Aufführungen – besser Performances – wird nach Fischer-Lichte der Zuschauer/Zuhörer zu einem wichtigen Kollaborateur, er wird zum Macher.[28] Performativitätsdebatte und ein mediales Verständnis von Musik verabschieden sich von der Idee der Repräsentation, genauer üben sie Kritik daran, dass Kunst, Theater oder Musik einem Text gleich gelesen werden könnten, in dem ein Rezipient Zeichen mit Repräsentation identifiziert. Nimmt man in den Musikwissenschaften die Herausforderung von Medien und Medialität ernst, dann gehören die Praktiken des Musizierens, Klangerzeugens, Tanzens, Hörens, des Plattenauflegens, des Daddelns, des Inszenierens im Web 2.0 wie auch die des Produzierens im Studio und auf Bühnen in den Fokus wissenschaftlicher Auseinandersetzung.

---

[27] Krämer, *Performativität*.
[28] Fischer-Lichte, *Ästhetik des Performativen*.

Nils Grosch
Das Lied als Medium und Medienprodukt im 16. Jahrhundert[1]

Polyphones Lied als Medienereignis

Gegen Ende des 15. Jahrhunderts war die süddeutsche Druckindustrie in eine Krise geraten; eine Sättigung des Marktes und ein Mangel an informativem Gehalt, der ertragreich ein Massenpublikum anzusprechen in der Lage war, an »Medienereignissen« also, lassen sich als Ursachen dafür ausmachen.[2] Genau in diesem Moment entdeckten die deutschen Buchdrucker das Lied als Marktsegment. In Augsburg, wo die Buchproduktion um 1500 fast gänzlich zum Erliegen gekommen war,[3] investierte man in Musiktypen nach dem Vorbild Petruccis. Erhard Öglin druckte dort 1507 einen Band mit vierstimmigen Humanistenoden (die *Melopoiae sive harmoniae tetracenticae super XXII genera carminum*) im einbändigen Chorbuchformat. 1511 belastete in Mainz der in der Druckerei seines Bruders beschäftigte Peter Schöffer seinen Hof und verkaufte ihn im Folgejahr ganz, »vermutlich um seinen ersten Musikdruck mit beweglichen Typen [die *Tabulaturen etlicher Lobgesang und Lidlein uff die Orgeln und Lauten*, publiziert 1512] zu finanzieren und eine eigene Druckwerkstatt aufbauen zu können«[4].

---

[1] Dieser Essay dokumentiert Überlegungen meiner Habilschrift *Lied und Medienwechsel im 16. Jahrhundert*, die in der Schriftenreihe *Populäre Kultur und Musik* erscheinen wird. Argumente, die hier nur angerissen werden können, sind dort ausführlich dargestellt. Bewusst werden Begriffe wie Massenkommunikation, populäre Musik, Industrie etc., die in der Regel mit Phänomenen der Gegenwart oder der jüngeren Geschichte assoziiert werden, auf die frühe Neuzeit angewandt. Die medientheoretische Fundierung dieser Tendenzen zeigt, dass sie durchaus auch weiter als üblich in der Geschichte zurückverfolgbar sind, vgl. hierzu etwa vom Autor: »Musik in der Gutenberg-Galaxis. Zu den offenen Grenzen eines musik-kommunikativen Systems«, in: *MusikTheorie* 4 (2010), S. 291–299 sowie Michael Giesecke, *Der Buchdruck in der frühen Neuzeit. Eine historische Fallstudie über die Durchsetzung neuer Informations- und Kommunikationstechnologien*, Frankfurt am Main 1998.

[2] Vgl. Johannes Burkhardt, *Das Reformationsjahrhundert. Deutsche Geschichte zwischen Medienrevolution und Institutionenbildung 1517–1617*, Stuttgart 2002, S. 25f.

[3] Ebd., S. 25.

[4] Andrea Lindmayr-Brandl, »Peter Schöffer der Jüngere, das Erbe Gutenbergs und

In der gleichen Zeit gab ein heute nicht mehr eindeutig identifizierbarer Augsburger Drucker mit einer Veröffentlichung mehrstimmiger Lieder im Stimmbuchformat – aufwändige, weil mehrbändige Alternative zu den synoptisch-einbändigen Chor- und Tabulaturbüchern –, die alsbald durch Arnt von Aich in Köln nachgedruckt wurde,[5] den Startschuss für eine Reihe von Folgepublikationen. Sein Liederbuch brachte zugleich das Stichwort »Lied« ins Spiel, das im darauffolgenden Jahrzehnt den musikalischen Output süddeutscher Drucker dominieren wird – immer vierstimmig, immer im Stimmbuchformat, immer in Bänden, die weit überwiegend, wenn nicht ausschließlich Kompositionen über kurze deutschsprachige weltliche Texte enthalten: »hubsche lieder« finde man in diesem »buechlyn«, so titelt wenig später der Kölner Nachdruck.

In Folge dieser Publikationen etablierten nun Öglin und Schöffer das Liedgenre im polyphonen Mehrphasendruck[6] auf dem Markt. Als wenig später mit dem Einphasendruck eine Technik gefunden wurde, die eine deutlich rentablere Herstellung von Musikdrucken ermöglichte, konnte 1534 der Herausgeber des ersten mit diesem Verfahren hergestellten Lieddruckes bereits von einer »gebreuchliche[n] weis« sprechen, in welcher man derartige »kunstliche gesange [...] verfertigen, un in druck zu bringen« pflegte.[7]

Die Repertoires, die sich in den frühen mehrstimmigen Liedpublikationen finden, waren, soweit nachvollziehbar, höfischen Ursprungs. Die meisten dieser Publikationen fassen Werkgruppen zusammen, die sich durch die Namen der Komponisten oder Herausgeber zumindest zu einem jeweils überwiegenden Teil einem spezifischen Hof zuordnen lassen: Öglins erstes Liederbuch weist wie auch Arnt von Aichs Liederbuch nach Augsburg, Schlicks Tabulaturbuch nach Heidelberg, dorthin ebenfalls die ersten beiden Liederbücher des ehemaligen Heidelberger Chorsängers Georg Forster, Schöffers »erstes« Liederbuch

›die wahre Kunst des Druckens‹«, in: *NiveauNischeNimbus. Die Anfänge des Musikdrucks nördlich der Alpen*, hrsg. von Birgit Lodes (= Wiener Forum für Ältere Musikgeschichte, Bd. 3), Tutzing 2010, S. 283–312, hier S. 291.

5   Vgl. Nicole Schwindt, »Das Liederbuch des Arnt von Aich im Kontext der frühen Lieddrucke«, in: *Das Erzbistum Köln in der Musikgeschichte des 15. und 16. Jahrhunderts,* hrsg. von Klaus Pietschmann (= Beiträge zur Rheinischen Musikgeschichte, Bd. 172), Kassel 2009, S. 109–130.

6   Ottaviano Petrucci hatte um die Wende zum 16. Jahrhundert dieses Verfahren für die Druckreproduktion mehrstimmiger Musik etabliert, bei dem unterschiedliche Bestandteile (Notenlinien, Notenzeichen, Text) in mehreren Phasen nacheinander auf das Papier aufgedruckt wurden. Vgl. ausführlich hierzu: Stanley Boorman, *Ottaviano Petrucci: catalogue raisonné*, Oxford u. a. 2006.

7   Hans Ott, *Der erst Teil. Hundert und ainundzwanzig newe Lieder* [RISM 153417], Nürnberg: Formschneider 1534, D-Mbs, 8°Mus.pr. 35, S. 4.

nach Stuttgart,[8] Egenolffs *Gassenhawerlin* nach Kassel etc. Mühelos und »on allen fleiß« ließen sich solche Lieder, wie Forster berichtet, aus Sammlungen, die direkt oder indirekt auf derartige höfisch geprägte Repertoires zurückzuführen sein mögen, »zusamen klauben«.[9]

Dass sich gerade das Genre des deutschen Liedes hier von Beginn an etablierte, geht u. a. – so im Falle von Öglins Liederbuch von 1512 – auf das politische Programm Kaiser Maximilians als deutsche Antwort auf die Programme burgundisch-französischer Sammlungen zurück. Nicole Schwindt geht davon aus, dass es »auf dem Humus des ambitionierten medialen Programms des Kaisers entstand. Inhaltlich stellt es ein deutsches Analogon zu einem burgundisch-französischen Chansonnier dar, in dem vorwiegend Komponisten aus seiner Kapelle (allen voran Heinrich Isaac und Paul Hofhaimer) den kompositorischen Standard, den franko-flämische Komponisten im Bereich der Chanson etabliert haben, in einem relativ großen Korpus für das deutsche Lied adaptiert haben und eben in einer medial höchst innovativen Form, als Druck, präsentieren.«[10]

Kommerzieller Lieddruck und populäre Kultur

Doch das Lied als Genrebegriff hat in jener Epoche, insbesondere aus der Sicht der städtischen Öffentlichkeit, noch einen anderen Referenzpunkt: Schon seit den 1480er-Jahren war es als Flugblatt und Flugschrift von deutschen Druckereien vertrieben worden; dies waren bislang die Referenzmedien »hübscher« oder »neuer Lieder« überhaupt gewesen. Hier war das Lied primär Bestandteil einer populären Kultur geworden, eng eingebunden in multimediale performative und kommunikative Netzwerke, und somit – aus Sicht der Verleger – ein gewinnversprechendes Marktsegment.

Durch »gewinnorientierte Warenproduzenten« und eine »Serienfertigung von Liedern auf Vorrat«[11] wurde das Lied mittels der Flugschrift zu einer

[8] Vgl. Nicole Schwindt, »Zwischen Musikhandschrift und Notendruck. Paratexte in den ersten deutschen Liederbüchern«, in: *Die Pluralisierung des Paratextes in der Frühen Neuzeit. Theorie, Formen, Funktionen,* hrsg. von Frieder von Ammon u. a., Münster/Berlin 2008, S. 157–186.

[9] Georg Forster, *Ein Außzug guter alter und neuer teutscher Liedlein* 1 (1539), hrsg. von Kurt Gudewill u. a. (= EdM, Bd. 1/20), Wolfenbüttel 1942, S. XXIX.

[10] Nicole Schwindt, »Wahrnehmung des Fremden und Konstruktion des Eigenen im deutschen polyphonen Lied«, in: *Musik und kulturelle Identität. Bericht über den XIII. Internationalen Kongress der Gesellschaft für Musikforschung,* Weimar, hrsg. von Detlef Altenburg, Kassel (i. Dr.).

[11] Rolf Wilhelm Brednich, »Das Lied als Ware«, in: *Jahrbuch für Volksliedforschung* 19 (1974), S. 11–20, hier S. 12.

Ware, bei deren Produktion, wie immer wieder betont worden ist, die kommerziellen Interessen der Druckindustrie bezeichnend im Vordergrund standen: »Die extreme Marktbezogenheit äußerte sich in einer programmatischen Orientierung am Geschmack, den Interessen und den Bedürfnissen der potentiellen Käufer«[12]. Die arbeitsteilige Herstellung und der professionelle Vertrieb dieser Medien sowie die Tatsache, dass es ihre Produktion »nicht mehr auf Bestellung, sondern auf eigenen Vorrat mit dem Ziel des Absatzes«[13] abgesehen hatte, kennzeichnen es weiterhin geradezu als Paradigma einer frühkapitalistischen Medienindustrie, die sich von den Strukturen mittelalterlicher Face-to-face-Kommunikation grundlegend verabschiedete.[14]

Ihr Vertrieb lag, wie Faulstich beschreibt, »bereits vor 1500 überwiegend im ambulanten Handel, durch Kolporteure, Buchführer und Hausierer, in direkter Begegnung mit dem Publikum auf öffentlichen Plätzen, Jahrmärkten, vor Kirchentüren usw.«[15]. Dabei handelte es sich also um Personen, die einen bedeutsamen Anteil nicht nur am Vertriebsnetz hatten, sondern auch an der Kommunikation der in den Flugblättern und Flugschriften enthaltenen Informationen.

Während die früheren Flugblattpublikationen häufig auf Meistertöne verwiesen, deren kommunikativer Radius städtische Teilöffentlichkeiten betraf und deren Bekanntheit selten darüber hinausgegangen sein dürfte, beziehen sich ab den 1520er Jahren Tonangaben in Liedflugschriften überwiegend auf solche Lieder, die bereits im mehrstimmigen Musikdruck erschienen waren. Information, die durch das typografische System generiert und erneuert wurde, knüpfte an Information an, die bereits selbst durch dieses System etabliert worden war, sodass Informationszirkulation zumindest scheinbar monomedial gewährleistet werden konnte: Man setzte die Bekanntheit dieser Musik voraus, wenn man auf sie als Ton verwies, und benötigte immer weniger »Meistertöne« oder andere Referenzpunkte oraler Medienverbünde. Innerhalb weniger Jahre hatte die »große kommunikationstheoretische Erfindung der frühen Neuzeit« das Lied ergriffen: die von dem Medienhistoriker

[12] Werner Faulstich, *Medien zwischen Herrschaft und Revolte. Die Medienkultur der frühen Neuzeit 1400–1700* (= Die Geschichte der Medien, Bd. 3), Göttingen 1998, S. 118.
[13] Ebd.
[14] Wie auch in der Skriptografie, vgl. etwa Michael Giesecke, *Der Buchdruck*, S. 391f.
[15] Faulstich, *Medien*, S. 118. Vgl. auch John L. Flood, »Das Lied im Verlagsprogramm deutscher Drucker des 16. Jahrhunderts«, in: *Lied im deutschen Mittelalter. Überlieferung, Typen, Gebrauch*, hrsg. von Cyril Edwards u. a., Tübingen 1996, S. 335–350, hier S. 347.

Michael Giesecke so genannte »Ermöglichung interaktionsfreier sozialer Informationsverarbeitung«[16]. So erweist sich jenes Genre »Lied«, das das frühe 16. Jahrhundert in Form von Flugschriften, Tabulaturen und mehrstimmigen Musikdrucken präsentierte, als Ergebnis eines folgenreichen Medienwechsels.

Lied im Medienwechsel

Begriffe wie »Medienwechsel« oder »intermediale Transposition«, die verwendet werden zur »Beschreibung von Differenzen [...], die bei Transformationsprozessen in der Medienevolution entstehen«[17], erscheinen hilfreich zur Sensibilisierung zuständiger Referenzdisziplinen für interdisziplinäre mediale Beobachtungen.[18] Dies umso mehr, wenn wir Medien, mit Werner Wolf, »nicht vorrangig [als] einen bloß technisch-materiell definierten Übertragungskanal von Information [...] sondern [als] ein konventionell [...] als distinkt angesehenes Kommunikationsdispositiv«[19] verstehen. Dahingestellt, ob das *prä*-gutenbergsche »Lied« ein wirklich als distinkt anzusehendes Kommunikationsdispositiv war, jenes Dispositiv des *gedruckten* Liedes der ersten Hälfte des 16. Jahrhunderts besaß deutliche Merkmale einer solchen Distinktion, und zwar auf der einen Seite in den Strukturen seiner Kommunikation (Typografeum, Markt, Kolportagesystem des Flugschriftenhandels etc.) und auf der anderen Seite in der stilistischen und strukturellen Faktur, in der es diese Reproduktionsspeicher repräsentierte: die Anzahl und Stilistik der Stimmen, Form und Umfang der Texte, die Anordnung von Musik und Text, die Form und der Umfang der Zusammenstellung etc. Stellen wir uns nur einmal vor, die Drucker und die ihnen zuarbeitenden Herausgeber dieser Zeit hätten handschriftliche Sammlungen wie die Lochamers oder das Glogauer Musikbuch vor sich gehabt und daraus die uns heute bekannten Musikdrucke konstruiert, so wird schnell klar, wie tief die Eingriffe gewesen sein dürften – ihre Tätigkeit ging sicher weit übers Kompilieren, Emendieren und Redigieren hinaus: Die Lieder mussten für einen anonymen Abnehmerkreis hergerichtet, verständlich,

---

[16] Michael Giesecke, *Von den Mythen der Buchkultur zu den Visionen der Informationsgesellschaft. Trendforschungen zur kulturellen Medienökologie*, Frankfurt am Main 2002, S. 17.
[17] Werner Wolf, »Intermedialität: Ein weites Feld und eine Herausforderung für die Literaturwissenschaft«, in: *Literaturwissenschaft: intermedial – interdisziplinär*, hrsg. von Herbert Foltinek und Christoph Leitgeb, Wien 2002, S. 163–192, hier S. 177f.
[18] Vgl. ebd., S. 187f.
[19] Ebd., S. 165.

ja lesbar gemacht werden. »Im großen und ganzen sind gedruckte Texte wesentlich leichter zu lesen als handschriftliche«, so resümiert Walter J. Ong, und die »bessere Lesbarkeit des Gedruckten hat gewaltige Auswirkungen«[20].

Die Lesbarmachung in Manuskripten überlieferter, in spezifischen kulturellen Praktiken meist sozial überschaubarer Milieus verhafteter Lieder für die Reproduktion im gedruckten Buch kommt, im Sinne der Terminologie Ludwig Jägers, einem intermedialen Transkriptionsprozess gleich. Jäger versteht Transkribieren als ein Verfahren zur Wiederherstellung von »Lesbarkeit unlesbar gewordener Ausschnitte«, letztlich als einen Vorgang »intermedialer bzw. intramedialer Bedeutungsgenerierung«.[21] Zu den von Jäger hier erwähnten gekoppelten symbolischen Texturen[22] gehören sowohl die durch das kontaktnehmende Medium Buchdruck determinierten Oberflächenstrukturen als auch das Gesamterscheinungsbild eines musikalisch-textlichen Gebildes in seiner Zuordenbarkeit zum Liedgenre.

So waren die greifbaren Vorlagen teilweise dermaßen fehlerhaft, dass ein Herausgeber wie Forster sich »auch offt verwundert, vnd zum dickermal gelacht deren, so solchen falschen gesang, fuer gerecht achteten, vnd sungen. Derhalb ich's dann manchs mal (damit sie gerecht weren) hab muessen endern«[23]. Bei der Zusammenstellung der Lieder und deren Aufbereitung für die Publikation im ersten Teil seiner *Teutschen Liedlein* musste Forster zudem feststellen, dass in den »Exemplaria, daraus ich's hin und wider geschrieben«, der »Text nicht in allen Liedlin vorhanden«. Er behalf sich damit, dass er »in die Liedlein, darunter wir kein text gehabt (damit sie nicht on text weren), andere text gemacht, Wiewol wir auch mit fleis, als die fast ser vngereumbt gewest, hinweg gethon, vnd andere darfuer gemacht«.[24] Obwohl er »nicht der Text, sonder der Composition halben, die Liedlin in truck gegeben«[25], nahm er Abstand von der uneinheitlichen Zuordnung von Musik und Text, wie er sie offenbar in den Handschriften vorgefunden hat.

Solch ein Zugriff macht das klare Bewusstsein deutlich, für den Zweck der Druckpublikation aus in schriftlicher Form zusammengetragenen Materialien für das Druckmedium etwas Neues zu konstruieren und nicht etwa die-

---

[20] Walter J. Ong, *Oralität und Literalität. Die Technologisierung des Wortes*, Opladen 1987, S. 122.
[21] Ludwig Jäger, »Die Verfahren der Medien. Transkribieren – Adressieren – Lokalisieren«, in: *Die Kommunikation der Medien*, hrsg. von Jürgen Fohrmann und Erhard Schüttpelz, Tübingen 2004, S. 69–79, hier S. 72.
[22] Vgl. ebd.
[23] Forster, *Ein Außzug*, S. XXIX.
[24] Ebd.
[25] Ebd.

ses »bloß« zu edieren und gelegentlich zu vervollständigen oder gar einen der schriftlichen Fassung vorausgehenden Status zu restituieren. Die Handhabung von Text und Musik in den überlieferten Musikhandschriften jener Zeit, wie sie vergleichbar in den Liederbüchern des 15. und frühen 16. Jahrhunderts vorzufinden ist, erschien Forster für die öffentliche Präsentation unzureichend. In der Tat finden sich dort ganz unterschiedliche Modelle für die Zuordnung von Musik und Text: Manche Kompositionen sind ohne Text, manche Liedtexte ohne Musik verzeichnet, gelegentlich verweisen Textincipits oder Tonangaben auf den jeweils fehlenden Anteil, manchmal ist der Text den Musiknoten angehängt. Dass aber der Text konsequent direkt unter die Notenzeilen »applicirt« ist,[26] ist für deutschsprachige Musik ein Novum der Druckpublikationen, zunächst eher experimentell in Peter Schöffers Liederbuch von ca. 1513 (RISM 1513²) und dann durchgängig in den ab 1539 bei Johannes Petreius erschienenen verschiedenen Teilen *frischer Teutscher Liedlein* von Georg Forster.

Einheitlichkeit im Hinblick auf die Bemessung des Umfangs von Text und Stimmen der präsentierten Gattung war schon durch die zuvor gedruckten Ausgaben hergestellt worden. Für eine maßvolle Gestaltung der Textlängen wurden nicht nur, wie dies bei Senfls *Elslein*-Lied im zweiten Forster-Band geschehen sein dürfte, Strophen hinzugedichtet, sondern gegebenenfalls auch bei längeren Texten, so bei *Entlaubet ist der Walde*, kräftig gekürzt. Die Vermutung liegt nahe, dass das Augenmaß hier von dem geleitet wurde, was auf eine Druckseite passte – nicht zuletzt, um dadurch lästiges Blättern zu vermeiden.

Dies lässt sich übertragen auf die in den Handschriften variierende Stimmenzahl (im 15. Jahrhundert überwog hier noch die Dreistimmigkeit, aber auch ein- und zweistimmige Lieder waren darunter),[27] denn durch die Drucke wurde die Vierstimmigkeit geradezu von einem Tag auf den anderen zur »gebräuchliche[n] weis« der musikalischen Liedpublikation[28] – ja zum Standard, der über Jahrzehnte hinweg Gültigkeit behalten sollte. Die Vierstimmig-

---

[26] So die Formulierung bei Heinrich Knaust, *Gassenhawer, Reuter und Bergliedlin*, Frankfurt am Main: Egenolffs Erben 1571, Fotosatz L 97 im Deutschen Volksliedarchiv, Freiburg i. Br.

[27] Andrea Lindmayr-Brandl hebt am Beispiel der Handschrift Wien 18.810, einer wichtigen Hofhaimer-Quelle, im Vergleich mit Forsters Liederdrucken die Uneinheitlichkeit der Anzahl und der Funktion der Stimmen sowie anderer Aspekte hervor: »Paul Hofhaimer und das deutsche Lied«, in: *Gattungen und Formen des europäischen Liedes vom 14. bis zum 16. Jahrhundert,* hrsg. von Michael Zywietz u. a. (= Studien und Texte zum Mittelalter und zur frühen Neuzeit, Bd. 8), Münster 2005, S. 119–146, hier S. 129.

[28] Ott, *Der erst Teil,* S. 4.

keit der Lieder in der Handschrift FX1–4 der Universitätsbibliothek Basel,[29] für die ja Öglins erstes Liederbuch eine direkte oder indirekte Vorlage darstellte, zeigt, wie schnell dieser neue Standard akzeptiert wurde; und schon 1524 war für Luther die Vierstimmigkeit als Bedingung der Annahme seiner Gesänge durch die Zielgruppe der Jugendlichen unumgänglich. Öglin wiederum war in der Entscheidung für eine konsequente Vierstimmigkeit in seiner ersten Liedpublikation – jener »Ämulation eines burgundischen Chansonniers für Kaiser Maximilian«[30] – den gedruckten Chansoneditionen Petruccis aus den ersten Jahren des Jahrhunderts gefolgt.

Bimediale Konfiguration?

Auch mit der Zuordnung von Text und Musik und der Vereinheitlichung des Umfangs beschrieb Forster nur einen Vorgang, den andere vor ihm bereits vollzogen hatten. Dieser wurde aber angesichts der Neuerung im Layout, der vertikal koordinierten Positionierung des Textes direkt unter die Noten, umso notwendiger, da hier nur eine begrenzte Anzahl von Zeilen (entsprechend auch Strophen) Platz hatte. Schon die ersten Musikdrucker besaßen (so Schwindt über Schöffer) ein ausgesprochenes »Problembewusstsein für die Tatsache, dass hier eine sachliche Beziehung zwischen zwei essenziellen Bestandteilen des Liedes besteht«[31]. Oder sollte man eher sagen, dass die Bestandteile im neuen Medium Druck der Herstellung einer solchen optisch erkennbaren Beziehung bedurften, scheint sich Schöffer doch offenbar »verpflichtet gefühlt zu haben, dies optisch festzuhalten«[32]?

Gänzlich ausgeschlossen schien für den Druck die Übernahme der disparaten Zuordnung von Text und Musik, finden wir doch häufig textlose Liednotation oder umgekehrt die ohne Musik aufgeschriebenen Texte in Handschriften – in der Manuskriptkultur wurde oft nur das aufgeschrieben, was nicht durch andere Medien (Parallelüberlieferung, Gedächtnis etc.) speicher- und

---

29   Vgl. hierzu John Kmetz, *Die Handschriften der Universitätsbibliothek Basel. Katalog der Musikhandschriften des 16. Jahrhunderts. Quellenkritische und historische Untersuchung*, Basel 1988 und ders., *The sixteenth century Basel songbooks. Origins, contents and contexts* (= Publikationen der Schweizerischen Musikforschenden Gesellschaft, Bd. 2/35), Bern/Stuttgart 1995.

30   Nicole Schwindt, »Kontrafaktur im mehrstimmigen deutschen Lied des 16. Jahrhunderts«, in: *Jahrbuch der Ständigen Konferenz Mitteldeutsche Barockmusik 2005*, hrsg. von Peter Wollny, Beeskow 2006, S. 47–69, hier S. 54.

31   Schwindt, »Zwischen Musikhandschrift und Notendruck«, S. 11.

32   Ebd.

greifbar war.³³ Während nämlich manchen Nutzern von Liedmanuskripten das Notieren von musikalischer Notenschrift nicht zugänglich war oder vielleicht auch unnötig erschien, da sie »aus dem Kopf« musizieren und singen konnten, wurde anderen das Abschreiben langer Liedtexte lästig, die man ja vielleicht auch anderweitig, in Musikdrucken, Hand- oder Flugschriften, greifen konnte. Ong weist darauf hin, dass mittelalterliche Manuskripte zudem »voller Abkürzungen [sind], die dem Schreiber nützlich sind [Aufwand- und Zeitersparnis! Anm. d. Verf.], für den Leser jedoch erschwerend«³⁴. Ein denkwürdiger Verweis findet sich in der Basler Handschrift FX1–4 bei Ludwig Senfls Lied *Mich wunder ser*: »*Text such in Mentzer Druck*«: Offenbar war dem Benutzer ein Exemplar von Schöffers in Mainz gedruckter Sammlung c.[1515]³ erreichbar, an dem er sich orientieren konnte, wenn ihm einmal der Text oder ein Teil davon entfallen sollte – oder, wenn der Text in einem späteren Stadium überhaupt eine performative Bedeutung erlangen sollte.³⁵ So blieb die Selektion des Geschriebenen im Manuskript auf die durch den Besitzer beziehungsweise Benutzer definierte Notwendigkeit zugeschnitten.

Ein solcher Zustand freilich erschien angesichts der Reproduktion für einen anonymen Abnehmerkreis nicht mehr vertretbar: »Drucken ist am Verbraucher orientiert«³⁶, und so musste schon durch Layout, durch An- und Zuordnung der einzelnen Elemente ein möglichst selbsterklärender Rahmen geschaffen werden, der in der (annähernd) silbengenauen Textunterlegung Forsters gipfelte.

Die Liedgattung, von der Intermedialitätsforschung sinnvoll als Medienkombination apostrophiert, wäre somit »Resultat der Kombination mindestens zweier, konventionell als distinkt wahrgenommener Medien, die in ihrer Materialität präsent sind und jeweils auf ihre eigene, medienspezifische Weise zur (Bedeutungs-)Konstitution des Gesamtprodukts beitragen«³⁷. Folgen wir hingegen gängigen Lexikondefinitionen, so werden wir »Lied« zumeist als »sprachlich-musikalisches Einheitsgebilde« begriffen finden.³⁸ Wiora pointiert: »Lieder der ursprünglichen Art sind nicht sangbare Gedichte, sondern Gesang. Liedhafte Gesänge, die von vornherein aus Wort und Ton bestehen, sind von liedhaften Gedichten zu unterscheiden, die erst nachträglich vertont

---

33 Vgl. Ong, *Oralität und Literalität*, S. 120.
34 Ebd, S. 123.
35 Vgl. Kmetz, *The sixteenth century Basel songbooks*, S. 40.
36 Ong, *Oralität und Literalität*, S. 123.
37 Irina O. Rajewsky, *Intermedialität*, Tübingen 2002, S. 15.
38 So Peter Schnaus, Art. »Lied«, in: *Brockhaus-Riemann-Musiklexikon* (= Digitale Bibliothek, Bd. 38), Berlin 2000 (CD-ROM).

werden.«[39] Indes hat Danuser einen Liedbegriff, der die »Erinnerung an die ursprüngliche Einheit von dichterischer und musikalischer Gestaltung mit sich führt«, als naiv kritisiert.[40] Triftig ist hier der Hinweis, dass die »Entwicklung zu einem synthetischen Kunstlied [...] weder zwangsläufig noch unumkehrbar, noch universal verbreitet« war.[41] Mag man im Falle von ausschließlich durch Primärmedien kommunizierten Liedformen noch irgendwie von einem solchen existenten »Urzustand«[42] ausgehen wollen, so ist eine derartige Vorstellung vom Lied freilich durch ästhetische Muster späterer Epochen (nicht zuletzt das auf Organizität zielende Ideal des 19. Jahrhunderts) geprägt.

Fazit

Michael Giesecke schlägt für die Beschreibung mediengeschichtlicher Vorgänge »drei grundlegende Typen kultureller Prozesse« vor: »Substitution, Akkumulation und Reproduktion. Man könnte sie auch revolutionäre, reformistische und konservative Prozesse nennen«[43]. Giesecke merkt zugleich an, dass diese drei Grundformen in der Praxis meist ineinandergreifen und fließende Übergänge haben.[44] Indes wäre mit Joachim Paech zu fragen, ob intermediale Prozesse als evolutionäre Entwicklung oder, so die Überlegung in Marshall McLuhans *Understanding Media* von 1964, dass »Inhalt jedes Mediums immer ein anderes Medium ist«, als »Transformation eines ›Inhalts‹ [...] in ein anderes Medium« sinnvoll und richtig beschreibbar sind. Paech hält dem entgegen, Intermedialität müsse vielmehr »als ›Wiedereinführung‹ [...], die auf ihrer Seite eine neue Form generiert, neu begründet werden«[45].

Im Hinblick auf mediale Prozesse in der populären Kultur hat Brednich zwar – und dies durchaus im Kontext eines Appells *für* eine medienwissenschaftliche Analyse popularkultureller Phänomene – betont, dass »es die modernen Massenmedien im Grunde genommen nicht vermocht haben, die

---

[39] Walter Wiora, *Das deutsche Lied. Zur Geschichte und Ästhetik einer musikalischen Gattung*, Wolfenbüttel 1971, S. 23.
[40] Hermann Danuser, »Einleitung«, in: *Musikalische Lyrik, Teil 1: Von der Antike bis zum 18. Jahrhundert*, hrsg. von Hermann Danuser (= Handbuch der musikalischen Gattungen, Bd. 8/1), Laaber 2004, S. 11–33, hier S. 15.
[41] Ebd., S. 21.
[42] Ebd., S. 20.
[43] Giesecke, *Von den Mythen der Buchkultur*, S. 34.
[44] Vgl. ebd.
[45] Joachim Paech, »Intermedialität. Mediales Differenzial und transformative Figurationen«, in: *Intermedialität. Theorie und Praxis eines interdisziplinären Forschungsgebietes*, hrsg. von Jörg Helbig, Berlin 1998, S. 14–30, hier S. 19.

direkte mündliche Kommunikation von Erzählstoffen zu beseitigen oder zu beeinträchtigen«[46]. Solche Appelle für ein akkumulatives Medienmodell im Hinblick auf das Verhältnis oraler und typografischer (Massen-)Kulturen darf jedoch eines nicht außer Acht lassen: Das populäre Lied des 16. Jahrhunderts stellt selbst ein Kommunikationsdispositiv dar, das auf netzhaft organisierten beweglichen Wechselbeziehungen unterschiedlicher kommunikativer Elemente aufbaut. Letztlich führt aber jede »Veränderung im Netzwerk« zur »Verschiebung von Peripherie und Zentrum«.[47] Die Etablierung musikalischer Informationsverarbeitung im typografischen System, freilich eine fundamentale Veränderung am »Netzwerk«, führte somit im Falle des Liedes zu einer neuartigen Typologie des intermedial konstituierten Genres, also weniger zu einer »Wiedereinführung« als vielmehr zu einer »neuen Form«.[48]

[46] Rolf Wilhelm Brednich, »Medien als Stifter oraler Kommunikation«, in: *Medien und Kultur. Beiträge zu einem interdisziplinären Symposium der Universität Lüneburg*, hrsg. von Werner Faulstich, Göttingen 1991, S. 16–29, hier S. 27.
[47] Giesecke, *Von den Mythen der Buchkultur*, S. 33.
[48] Paech, »Intermedialität«, S. 19.

Astrid Kerstin Dröse
Lieder im Zeitalter der »Medienrevolution« – Georg Greflingers *Seladons Weltliche Lieder* (1651)

»Die von neuen Medien bestimmte Kommunikationsgesellschaft stellt die Geschichte heute vor neue Herausforderungen. Den Verheißungen und Leistungen der High-Tech-Offensive und ihrer kommunikationswissenschaftlichen Auslegung fehlt der Rückhalt eines historischen Gedächtnisses. Die Informationsgesellschaft kennt ihre eigene Geschichte noch nicht [...]. Die moderne Medienrevolution ist kein einmaliges Ereignis, sie muss sich an ihren Vorläufern messen lassen.«[1]

In der Tat sind viele moderne Phänomene, die beim Übergang zur ›Informationsgesellschaft‹ zu beobachten sind, in ähnlich anmutender Form auch in früheren Epochen erkennbar – so gerade in der Frühen Neuzeit, in der ein medialer Wechsel von einer mündlichen zu einer schriftlichen Kultur stattfand. Besonders interessant sind in diesem Zusammenhang beispielsweise frühneuzeitliche Urheberrechtsdebatten und das Bemühen der AutorInnen um Druckprivilegien. Diesen Aspekt möchte ich in den folgenden Ausführungen aufgreifen und am Beispiel von Georg Greflingers *Seladons Weltliche Lieder* (1651) diskutieren. Einleitend hierzu sollen verschiedene Medien vorgestellt werden, die für die Distribution von Liedern in der Frühen Neuzeit sorgten.

Unter Medien verstehe ich hier im engeren Sinne sekundäre Druckmedien, Medien also, die der Klassifikation von Harry Pross zufolge von Produzentenseite technische Geräte erfordern.[2] Ohne das große Gebiet des medialen Wandels in der Frühen Neuzeit[3] ausführlich zu thematisieren, sollten einige Gesichtspunkte in Bezug auf das 17. Jahrhundert stichwortartig erwähnt werden: Das »Reformationsjahrhundert« lässt sich auch als Zeitalter einer

[1] Johannes Burkhardt, »Einleitung«, in: *Kommunikation und Medien in der Frühen Neuzeit*, hrsg. von Johannes Burkhardt und Christine Werkstetter, München 2005, S. 1.
[2] Vgl. z. B. Harry Pross, *Medienforschung. Film, Funk, Presse, Fernsehen*, Darmstadt 1972, S. 10ff.
[3] Vgl. vor allem den wichtigen Sammelband Burkhardt/Werkstetter (Hrsg.), *Kommunikation*.

medialen »Revolution«[4] begreifen, die mit der heutigen sogenannten »digitalen Revolution« hinsichtlich einiger Merkmale durchaus vergleichbar ist.[5] Die Verbesserung der Drucktechnik, der Nachrichten- und Verkehrssysteme begünstigte die Ergänzung »primärer Medien«, die wie Sprache oder Gestik im direkten zwischenmenschlichen Kontakt eingesetzt werden, durch die genannten »sekundären Medien«. Kommunikation war nicht mehr an einen »face-to-face«-Kontakt geknüpft. Sender und Empfänger konnten nun zeitlich und räumlich verschieden situiert sein. Ähnlich wie die derzeit zu beobachtende Überschneidung von Print- und elektronischen Medien waren die Übergänge von der Vortrags- zur Lesekultur jedoch fließend und Überlagerungen gerade im 17. Jahrhundert noch vielfältig. Es ist daher davon auszugehen, dass auch die Lyrik des frühen und mittleren 17. Jahrhunderts viel stärker, als dies bisher von der Forschung reflektiert wurde, auf Vertonung angelegt war und dass wahrscheinlich der Großteil der Lieder dieser Zeit nicht als Leselyrik betrachtet wurde, sondern auf musikalische Realisation ausgerichtet war, also tatsächlich gesungen wurde. Andererseits geht die mediale Verbreitung auch mit einer zunehmenden Anonymisierung des Rezipientenkreises einher: Ein Text bzw. ein gedrucktes Lied findet Verbreitung, ohne dass der oder die AutorIn konkret darauf Einfluss nehmen kann. Dass diese Entwicklung auch Fragen des Urheberrechts virulent werden lässt, möchte ich später am Beispiel der *Arien* Heinrich Alberts zeigen.

Zunächst jedoch nochmals einige Bemerkungen zum weltlichen Barocklied im deutschen Kulturraum:[6] Das Lied präsentiert sich in der Frühen Neuzeit

---

[4] Vgl. Johannes Burkhardt, *Das Reformationsjahrhundert. Deutsche Geschichte zwischen Medienrevolution und Institutionenbildung 1517–1617*, Stuttgart 2002. Die folgenden Jahre des 30-jährigen Krieges, der Türkenkriege sowie der englische Bürgerkrieg mit der Hinrichtung Karls I. (1649) führten die mediale Revolution durch eine geradezu inflationär auftretende Publikationswelle gewissermaßen zu einem weiteren Höhepunkt. Vgl. z.B. die Studie von Günther Berghaus, *Die Aufnahme der Revolution in Deutschland 1640–1669*, Wiesbaden 1989.

[5] Vgl. Burkhardt, »Einleitung«, S. 1.

[6] Vgl. vor allem Werner Braun, *Thöne und Melodeyen, Arien und Canzonetten. Zur Musik des deutschen Barockliedes*, Tübingen 2004. Aus literaturwissenschaftlicher Sicht sind zu erwähnen: Anthony Harper, *German Secular Song-Books of the Mid-Seventeenth Century. An examination of the texts in collections of songs published in the German-language area between 1624 and 1660*, Aldershot 2003 sowie Achim Aurnhammer und Dieter Martin, »Musikalische Lyrik im Literatursystem des Barock«, in: *Musikalische Lyrik. Teil 1: Von der Antike bis zum 18. Jahrhundert*, hrsg. von Hermann Danuser (= Handbuch der musikalischen Gattungen, Bd. 8/1), Laaber 2004, S. 334–348.

generell als eine vielgestaltige und bedeutende Form der Gebrauchsliteratur, deren Allgegenwärtigkeit sich sowohl auf inhaltlicher (als geistliches bzw. weltliches Lied), funktionaler (zum Beispiel Kirchen-, Studenten-, Hochzeits- und Begräbnislied etc.) als auch auf formaler Ebene, beispielsweise in unterschiedlichsten Vertonungsmöglichkeiten (Generalbassmonodien, polyphone Chorsätze, Kantaten uvm.), manifestiert. Diese Vielfalt spiegelt sich zudem in den Verbreitungsformen des Liedes: Flugblätter und Flugschriften, gedruckte Liedersammlungen, Liederhandschriften sowie Lieder in Romanen und theatralen Aufführungen. Es reicht durch alle Schichten der Gesellschaft, ist Bestandteil höfischer Feste, gehört zur Kultur der städtischen Bürger- und Studentenschaft, aber auch des alltäglichen Lebens.[7] Das Lied stellt somit die vielleicht wichtigste Schnittstelle zwischen Kunst und Lebenswirklichkeit der Frühen Neuzeit dar.

In einem zweiten Schritt möchte ich nun einen Überblick über die für die Verbreitung von Liedern wichtigen Druckmedien geben:[8] Die (auch quantitativ) bedeutendste Form der Liedverbreitung in der Frühen Neuzeit sind die in der Regel anonymen sogenannten »Fliegenden Blätter«, d. h. Flugschriften und Flugblätter.[9] Diese sind meist nicht mit Notendruck ausgestattet – eine Kostenfrage, auch eine Frage der Kompetenz des Setzers bzw. der Notenkundigkeit des anvisierten Publikums. Stattdessen findet man als Tonangaben Textincipits, die anzeigen, auf welche Melodie der gedruckte Text zu singen ist. Verkauft wurden diese Blätter nicht über den Buchhandel, sondern von umherziehenden Händlern, die ihre Lieder werbewirksam auf Marktplätzen vortrugen und dann die Textblätter feilboten. Diese Lieder thematisieren häufig politisches Zeitgeschehen, astronomische Ereignisse wie Kometenerscheinungen und diverse Kuriosita (Abb. 1).

---

[7] Vgl. *Das Lied im süddeutschen Barock*, hrsg. von Bernhard Jahn und Jörg Krämer (= Morgen-Glantz, Bd. 14), Frankfurt am Main 2004, S. 11ff. [Einleitung].

[8] Folgende Ausführungen referieren: Dieter Lohmeier, »Die Verbreitungsformen des Liedes im Barockzeitalter«, in: *Weltliches und Geistliches Lied des Barock. Studien zur Liedkultur in Deutschland und Skandinavien*, hrsg. von Dieter Lohmeier und Bernt Olsson, Amsterdam 1979, S. 45–65 und Anthony Harper, »Zur Verbreitung und Rezeption des weltlichen Liedes um 1640 in Mittel- und Norddeutschland«, in: *Studien zum deutschen weltlichen Kunstlied des 17. und 18. Jahrhunderts*, hrsg. von Gudrun Busch und Anthony Harper, Amsterdam/Atlanta 1992, S. 35–52.

[9] Vgl. u. a. Wolfgang Adam, »Das Flugblatt als kultur- und literaturgeschichtliche Quelle der Frühen Neuzeit«, in: *Euphorion* 84 (1990), S. 187–206 und Rolf Wilhelm Brednich, *Die Liedpublizistik im Flugblatt des 15. bis 17. Jahrhunderts*, 2 Bde., Baden-Baden 1974f.

Abb. 1: Flugblatt-Lied mit Tonangabe (»Warum betrübst du dich mein hertz«) auf eine Himmelserscheinung in Augsburg (1621, SSB Augsburg, 2° Cod. Aug. 127, Bl. 107, abgedruckt bei: Brednich, *Die Liedpublizistik*, Bd. 2, Abb. 94).

In Bezug auf Flugschriften, die meist den Umfang eines halben Bogens im Oktavformat haben, ist hervorzuheben, dass sie der Verfügungsgewalt der AutorInnen entzogen waren und ein beliebtes Medium für Raubdrucke darstellten – zum Ärger von DichterInnen und KomponistInnen, bedeutet doch ein unerlaubtes »Gemeinmachen« der eigenen Werke nicht nur finanziellen Schaden, sondern unter Umständen auch eine Beeinträchtigung des künstlerischen Renommees.

Unter ganz anderen Bedingungen entstanden und verbreiteten sich Lieder in einzelnen Gelegenheitsdrucken, also Auftragswerken gehobener Schichten zum Anlass von Hochzeiten, Todesfällen und Glückwünschen aller Art.[10] Casualcarmina waren meist keine Verlags- oder Buchhandelsartikel. Wurde ein solches Lied gedruckt, erhielt in der Regel die Adressatin oder der Adressat das Hauptkontingent und nutzte die entsprechende Gelegenheit (z. B. Hochzeit) zur Verteilung unter den Anwesenden. Bisweilen wurden Casualcarmina auch versandt, sodass die Adressatin oder der Adressat unter Beweis stellen konnte, öffentlich besungen worden zu sein. AutorInnen leiteten ihre Werke gerne als Beglaubigung ihres poetischen Fleißes an literarische KollegInnen und Kenner weiter. Auf diesem Weg konnten diese Lieder beispielsweise in Sammeldrucken sogar in den öffentlichen Verkauf kommen.

Das uns wohl geläufigste Publikationsmedium des Liedes ist das Buch, meist in Oktavformat. Dabei zählen Liedersammlungen neben z. B. Katechismen und Schulbüchern zu den am schlechtesten überlieferten Buchtypen. Denn es handelt sich um Gebrauchsliteratur, die größtenteils relativ billig produziert wurde. Wir haben es oft mit anonymen Anthologien zu tun, in denen – meistens unautorisiert – populäre Lieder zusammengestellt worden waren und die blumig anmutende Titel wie *Das Venusgärtlein*[11] oder *Poetisch-Musicalisches Lust Wäldlein*[12] tragen.

Anders verhält es sich mit Liederbüchern, die unter dem Namen einzelner AutorInnen oder KomponistInnen veröffentlicht worden sind. Eine aufwändige Gestaltung mit Titelkupfer, Paratexten wie Vorreden und Widmungsgedichten sowie Notenmaterial demonstriert bereits rein formal den Kunstanspruch dieser Werke. Viele dieser Liederbücher erreichten verhältnismäßig hohe Auflagenzahlen. Ihr Erfolg hing nicht zuletzt mit der Durchsetzung einer

---

[10] Vgl. Wulf Segebrecht, *Das Gelegenheitsgedicht. Ein Beitrag zur Geschichte und Poetik der deutschen Lyrik*, Stuttgart 1977, S. 191f.

[11] *Venus-Gärtlein: Oder Viel Schöne/außerlesene Weltliche Lieder: allen züchtigen Jungfraue[n] und Jungen-Gesellen zu Ehren […]*, Hamburg 1659.

[12] *Poetisch-Musicalisches Lust Wäldlein das ist Arien oder Melodeyen Etlicher theils Geistlicher, theils Weltlicher, zur Andacht, guten Sitten, keuscher Liebe und Ehren-Lust dienender Lieder*, o. O., o. J.

neuen musikalisch-literarischen Gattung zusammen: dem Generalbass-Lied.[13] Im Unterschied zu dem wenig kunstvollen Repertoire wandernder Liedersänger zeichnen sich diese Lieder durch Verbindung von Singstimme und instrumental zu realisierendem Generalbass aus. Die Texte – häufig pastoralen oder satirischen Inhalts – verlangen also zu ihrer musikalischen Umsetzung eine gewisse gesangliche bzw. instrumentale Versiertheit. Somit sind sie in einem anderen sozialen Kontext zu situieren: nämlich in dem privaten Bereich der Hausmusik des höheren Bürgertums, der städtischen Kaufmanns- und Universitätskreise.

Exemplarisch für diesen Typus möchte ich Georg Greflingers Sammlung *Seladons Weltliche Lieder* vorstellen. Greflinger, gebürtiger Oberpfälzer, gehört zu jenen bedeutenden Dichtern des 17. Jahrhunderts, deren Leben und Werk noch kaum erschlossen sind.[14] Er war als Zeitchronist hervorgetreten, seine poetische Beschreibung des 30-jährigen Krieges wurde noch von Lessing hoch gelobt.[15] Als ein frühes Beispiel für eine freie schriftstellerische Existenz erkannte Greflinger auch das Potenzial des neuen Mediums Zeitung und gründete mit dem *Nordischen Mercurius* in Hamburg eines der bedeutendsten Periodika des 17. Jahrhunderts. Die Wirren und Grauen des Krieges trieben Greflinger durch das ganze Reich und über seine Grenzen hinaus. So gelangte er um 1640 nach Danzig, wo er bald Einlass in die Kreise der wohlhabenden, kunstfreudigen Patrizier und Kaufleute fand. Es waren vor allem Gelegenheitsdichtungen, mit denen er sich empfehlen und etablieren konnte. Greflinger zeigte dabei schon hier, wie später in Hamburg, ein gutes Gefühl für das, »was ankommt«; eine Beobachtung, die auch für die Herstellung seiner Liedsammlungen aufschlussreich gewesen sein könnte.

Greflingers Sammlung *Seladons Weltliche Lieder*[16] erschien zwar erst 1651,

[13] Vgl. Lohmeier, »Die Verbreitungsformen«, S. 58.
[14] Die einzige umfassende Monografie zu Greflinger stammt aus dem späten 19. Jahrhundert: Wolfgang von Oettingen, *Über Georg Greflinger von Regensburg als Dichter, Historiker und Übersetzer,* Straßburg/London 1882. Darüber hinaus existieren einige neuere Aufsätze, z. B.: Anthony Harper, »Der Liederdichter Georg Greflinger«, in: *Regionaler Kulturraum und intellektuelle Kommunikation vom Humanismus bis ins Zeitalter des Internet. Festschrift für Klaus Garber,* hrsg. von Axel E. Walther (= Chloe, Bd. 36), Amsterdam/New York 2005, S. 211–238 und Franz Heiduk, »Georg Greflinger – Neue Daten zu Leben und Werk«, in: *Daphnis* 9 (1980), S. 191–208.
[15] Vgl. *Gotthold Ephraim Lessings sämtliche Schriften. Dritte, auf's neue durchgesehene und vermehrte Auflage besorgt durch Franz Muncker,* Bd. 16, hrsg. von Karl Lachmann, Leipzig 1902. S. 238 [Kapitel: »Zur Gelehrten Geschichte und Literatur«].
[16] *Seladons [= Georg Greflinger] Weltliche Lieder. Nechst einem Anhang Schimpff vnd*

als Greflinger bereits fünf Jahre in Hamburg lebte, ist aber vermutlich zum Großteil in Danzig entstanden oder zumindest stark von dem Liedrepertoire geprägt, das in Königsberg und dessen weiterer Umgebung verbreitet war. Der Kupferstich zeigt das Liebespaar Seladon, so Greflingers Schäfername, und Flora in einer allegorischen Landschaft (Abb. 2).

Abb. 2: Titelkupfer zu Greflingers Liederbuch *Seladons Weltliche Lieder*. Unter dem Schäfernamen Seladon bzw. Celadon wurde er in Rists Dichtergesellschaft *Elbschwanenorden* aufgenommen.

In einem umhegten Garten erhebt sich ein Palmenbaum, in der Emblematik das Symbol für Beständigkeit und Treue – ein Leitthema der Sammlung. Die Lieder handeln von mannstollen Witwen und Nonnen, lüsternen Greisen und spröden Jungfrauen, von Ehehassern oder lassen Ehebefürworter zu Wort kommen, rekurrieren auf petrarkistische Topoi und Volksliedmotive.

Am Ende der Vorrede dieses Liederbuches geht Greflinger nach poetologischen Reflexionen auf die musikalische Komponente der Sammlung ein: Zum einen wird die intendierte, musikalische Realisation erwähnt, zum anderen stellt Greflinger in Aussicht, für die nächste Messe in Frankfurt »etwas besser als dieses gegenwärtige« zu liefern, nämlich eine geistliche Dichtung, die er mit »anmüthigsten Melodeyen« versehen will.[17] Wie ist diese Bemerkung zu verstehen?

Zunächst entschuldigt diese Ankündigung das Verfassen weltlicher Lieder, das von den AutorInnen traditionell als

Ernsthaffter Gedichte, Franckfurt am Mayn, verlegt von Caspar Wächtern 1651.
[17] Ebd., S. 8.

weniger ernst zu nehmende Kunstausübung eingeschätzt wurde. Zum anderen wird suggeriert, dass Greflinger selber auch die Aufgabe des Tonsetzers übernimmt; er selbst werde die Verse mit Melodien versehen, heißt es, und zwar mit besseren als den vorliegenden. Dass hier eine apologetische Topik mitschwingt, ist deutlich. Ein wenig verwunderlich mutet jedoch das Urteil über die Melodien der vorliegenden Sammlung an. Denn Greflinger hat von den 31 mit Notendruck versehenen Melodien fünf Tonsätze von dem in Königsberg wirkenden Johann Weichmann und zwölf von Heinrich Albert, weitere aus anderen Sammlungen übernommen,[18] sodass nur noch acht nicht identifiziert sind und somit Originalkompositionen sein könnten.

Das rege Interesse der Danziger Patrizier und Kaufmannschaft an geselliger Unterhaltung durch gemeinschaftliches Singen und Musizieren wird ihm, der sich als hoch professioneller Marktstratege vor allem als Herausgeber einer erfolgreichen Wochenzeitung erweist, in seinen Jahren in Danzig nicht entgangen sein. Vor allem nicht, welches Repertoire ankam. Hier ist in erster Linie auf Heinrich Alberts *Arien und Melodeyen*[19] hinzuweisen, die eines der reichsten und wichtigsten Repertoires dessen, was man als deutsche Liedkunst des 17. Jahrhunderts bezeichnen könnte, verkörpern.[20]

An einem Beispiel möchte ich abschließend zeigen, wie eng sich die Greflinger-Sammlung an dem Königsberger Kassenschlager orientierte. Betrachten wir Greflingers satirisches Lied XI im dritten Teil der Sammlung: *An einen Ruhmredigen* (Abb. 3).

---

[18] Vgl. Kurt Fischer, »Gabriel Voigtländer. Ein Dichter und Musiker des 17. Jahrhunderts«, in: SIMG 12 (1910/11), S. 17–93.

[19] Heinrich Albert, *Erster [bis Achter] Theil der Arien oder Melodeyen etlicher theils Geistlicher/theils Weltlicher/zu guten Sitten vnd Lust dienender Lieder [...]*, Königsberg 1638 [bis 1650], Einleitung von Hermann Kretzschmar, hrsg. von Eduard Bernoulli, 2 Bde., Reprint Leipzig 1903 und 1904 (= Denkmäler deutscher Tonkunst, Bd. 12/13), Graz/Wiesbaden 1958.

[20] Vgl. Klaus-Jürgen Sachs, »Heinrich Alberts Arien oder: ›Die Würde der viel schönen Texte‹ und die stilistische Vielfalt ihrer Vertonungen«, in: *Aneignung durch Verwandlung. Aufsätze zur deutschen Musik und Architektur des 16. und 17. Jahrhunderts,* hrsg. von Wolfram Steude, Leipzig 1998, S. 150–173; vgl. auch Hermann Kretzschmar, *Geschichte des neuen deutschen Liedes*, Hildesheim 1966, S. 17ff.; Günther Müller, *Geschichte des deutschen Liedes vom Zeitalter des Barock bis zur Gegenwart,* München 1925, S. 77ff. und Richard Th. Hinton, *Poetry and song in the German baroque. A Study of the Continuo Lied*, Oxford 1963, S. 42–52.

Abb. 3: *An einen Ruhmredigen* aus *Seladons Weltliche Lieder*, S. 133ff.

Das »à-la-mode«-Gebaren des angesprochenen bezopften Kavaliers wird konterkariert und in Kontrast zu einer volkstümlich anmutenden, mit Sprichwörtern versehenen und von mittlerem bis humilem Stil geprägten Sprachebene gesetzt. Die syntaktisch-semantische Zweiteilung ist auch auf musikalischer Ebene zu beobachten.[21] In den Takten 1–4 folgt nach dem Hochton *d''* auf der Negationspartikel des Imperativs eine tonleiterartige Abwärtsbewegung zurück zu *g*, gefolgt von einer wiederum über einen Quintraum führenden Abwärtsbewegung zu *d*. Die zweite Einheit setzt wiederum mit dem Hochton *d''* ein und mündet in einer Wellenbewegung auf dem Grundton (das Lied steht in d-dorisch). Stimmig zum Text fällt in der zweiten Einheit die Tugendforderung des »Maßes« auf das zwischen den beiden Außentönen *d* und *g* stehende *b*. Die letzte Kadenz nach g-Moll wird im Nachspiel mit leichter Variation im Bass wiederholt und bekräftigt die Aussage des letzten Verses somit instrumental. Stellt man sich eine Aufführungssituation vor, ermöglichen diese Takte, die ja im Ablauf des Strophenliedes auch die Funktion eines kleinen Zwischenspiels haben, den Scherz der Strophe nachzuvollziehen und bei gelungener Interpre-

---

[21] Die musikalische Analyse orientiert sich an Sachs, »Heinrich Alberts Arien«, S. 156.

tation des Sängers vielleicht in das spöttische »ho ho« der zweiten Strophe einzustimmen.

Kommen wir zurück auf die Frage nach dem »Einfluss« der Königsberger Lieder in Greflingers Sammlung. Im ersten Teil von Alberts *Arien* steht an 14. Stelle ein Generalbass-Sololied mit dem Lateinischen Lemma *Officiosus Amor* (Abb. 4).

Abb. 4: *Officiosus Amor* aus Heinrich Alberts Arien (s. Anm. 19)

Das Gedicht stammt von Simon Dach und handelt von der Liebeswerbung um eine Nymphe. Der Tonsatz ist identisch mit Greflingers *An einen Ruhmredigen*. Greflinger borgte seine Melodie also unverkennbar bei Albert, ohne dies anzugeben. Und zwar nicht nur in diesem Fall: Gut ein Drittel aller Tonsätze findet man auch bei Albert. Auf diese Tonsätze schrieb Greflinger offenbar neue Texte: Ein paradigmatisches oder spezifisches Verfahren? Sowohl als auch. Parodien und Kontrafakturen waren in der frühneuzeitlichen Liedkultur natürlich ein verbreitetes Phänomen. Auch andere weltliche Liedichter verwendeten fremde Melodien ohne Herkunftsangabe, allerdings handelte es sich dann sehr oft wie bei Gabriel Voigtländer um modifizierte, anonyme Tanzmelodien. Albert selber griff bisweilen auf bestehende Kompositionen zurück, nennt jedoch in diesen Fällen sorgfältig den Komponisten.[22]

[22] Vgl. Leopold Hermann Fischer, »Fremde Melodien in Heinrich Albert's Arien«, in: *VfMw* 2 (1886), S. 467–481.

Man könnte vermuten, dass es trotzdem wenig sinnvoll ist, diese Spur zu verfolgen. Greflinger orientierte sich an dem erfolgreichen Zeitgenossen und nutzte dabei die Popularität von Alberts Liedern, bezeugte dadurch seine Kunstverständigkeit und zollte zugleich dem Vorbild Anerkennung. Auf den zweiten Blick erscheint der Sachverhalt aber komplizierter: Auf die Idee, die offensichtlichen »Erfolgsmelodien« Alberts für eigene Zwecke zu nutzen, waren bereits andere gekommen. Raubdrucke en masse kursierten im Nord- und Ostseeraum, was den Königsberger Komponisten geradezu zur Weißglut getrieben haben muss. Er gehörte nicht zu jenen seiner Kollegen, die ihre Brötchen im Dienste eines kunstsinnigen Fürsten verdienten oder ihre Musenfreude in den Feierabendstunden praktizierten. Albert hatte die *Arien* im Selbstverlag publiziert; Raubkopien und dergleichen waren für ihn durchaus existenzbedrohend![23] Hinzu kam, dass eine erfolgreiche Raubkopie wegen zahlreicher Fehler in Tonsatz und Textabschrift seiner Reputation als professionellem Musiker schadete. Albert schritt ein. Er erlangte ab 1646 zunächst ein kurfürstliches Druckprivileg, das den Nachdruck im Einflussgebiet des Fürsten untersagte, dann ein königliches und schließlich noch ein kaiserliches Druckprivileg mit entsprechend größerem Geltungsraum.

Auch Greflinger war kein Feierabendpoet. Er gilt als ein frühes Beispiel für eine freie schriftstellerische Existenz und entsprechend dichtete und schrieb er »marktorientiert«. Er kannte die Melodien aus Königsberg, die durch die mehrfachen Auflagen der *Arien* stark verbreitet waren, und wusste um ihre offensichtliche Popularität. Gewiss war ihm auch Alberts »urheberrechtliche« Absicherung bekannt. Ging er deshalb sozusagen speziell vor? Publizierte Greflinger seine Sammlung daher im entfernten Frankfurt und nicht in Danzig oder in Hamburg? An Druckmöglichkeiten und Absatzmarkt mangelte es hier nicht. Aber da war der mittlerweile argwöhnisch gewordene Albert, der den nord- und nordostdeutschen Markt mit Argusaugen beobachtete und bei unrechtmäßigem Nachdruck u. a. in Danzig schon mehrfach Vernichtung des Materials erwirkt hatte.

Vielleicht bot die Publikation in Frankfurt auch die Möglichkeit, mit der im Albert-Stil verfassten Liedersammlung an den Erfolg der *Arien* in anderen

---

[23] Hansjörg Pohlmann zeigt in seiner Studie, dass »die Komponisten schon seit der Renaissance ein stark ausgeprägtes, modernen Vorstellungen nahekommendes Urheberrechtsbewußtsein entwickelt hatten und es wider Erwarten auch verstanden, ihre wertvollsten Urheberinteressen gegen alle Schwierigkeiten durchzusetzen [...]« (Geleitwort). Zu Alberts eigener Sicherung gegen Plagiatsverdacht siehe Hansjörg Pohlmann, *Die Frühgeschichte des musikalischen Urheberrechts (ca. 1400–1800). Neue Materialien zur Entwicklung des Urheberbewußtseins der Komponisten*, Kassel u. a. 1962, S. 45.

Reichsteilen anzuknüpfen. Dieser Gesichtspunkt ist durchaus plausibel, denn auch Greflingers Erfolg als Kasualdichter und Zeitungsherausgeber unterstreicht, dass er in vielen Bereichen die Geschmacksnorm seines Rezipientenkreises optimal bedienen konnte.

Möglicherweise hätte ihn noch das kaiserliche Druckprivileg, das in der Freien Reichsstadt am Main Gültigkeit besaß, in Schwierigkeiten bringen können, doch dies war anscheinend nicht der Fall. Allzu viel hätte Albert ohnehin nicht mehr ausrichten können: Die *Weltlichen Lieder* erschienen 1651, in diesem Jahr starb der Königsberger Komponist.

Zusammenfassend lässt sich sagen: Die Allgegenwärtigkeit und große Bedeutung des Liedes in der Frühen Neuzeit, insbesondere im 17. Jahrhundert, entsprechen den vielfältigen medialen Verbreitungsformen, die ihrerseits in verschiedenen sozialen Kontexten stehen. Die Distribution durch gedruckte Medien bringt frühe Urheberrechtsdebatten mit sich. Das Beispiel Heinrich Alberts zeigt dabei, dass bereits in der Frühen Neuzeit beachtenswerte Rechtsvorstellungen über Urheberbefugnisse existierten. Die Lieder in Georg Greflingers Sammlung *Seladons Weltliche Lieder* erweisen sich bei Analyse des Notenmaterials zum Großteil als nicht gekennzeichnete Übernahmen von Albert. Wie man diesen Sachverhalt historisch zu bewerten hat bzw. interpretieren kann, muss ich an dieser Stelle (noch) offen halten.[24] Jedenfalls bleibt festzuhalten, dass Greflingers Liederbücher uns einen Hinweis geben können, welches Repertoire in der Mitte des 17. Jahrhunderts in bestimmten bürgerlichen Kreisen populär war und wie ein kluger Marktstratege mit dem richtigen »Riecher«, ein wenig poetischem Talent und musikalischem Sachverstand eine freie schriftstellerische Existenz gründen konnte.

---

[24] In meinem Dissertationsprojekt »Georg Greflinger und das weltliche Lied im 17. Jahrhundert« beschäftige ich mich u. a. mit diesen Fragestellungen.

Stefanie Rauch
Gedanken zu den medialen Grenzen des Notendrucks

»So wie sprachliche Zeichen und Symbole nur Abbilder der Welt, nicht aber die Welt selbst sind, so stellen auch Medien nur Abbilder und Teile der Welt dar.«[1]

Ohne in die Tiefen musikphilosophischer Gedanken einzutauchen und etwa über die in diesem Kontext anklingenden Ideen Platons, der Pythagoreer, Hegels oder Schopenhauers nachzusinnen, mag es als eine Grundeigenschaft des Medialen verstanden werden, Informationen im weitesten Sinne auf unterschiedliche Art und Weise außerhalb des Jetzt und außerhalb einer direkten Unmittelbarkeit kommunizierbar zu machen. Durch die Wahl des Mediums kann nicht nur der Versuch unternommen werden, zeitliche oder inhaltliche Grenzen, die in der Natur eines »Abbildes« liegen, zu nivellieren, sondern auch, sich anderer Wahrnehmungskanäle des Menschen zu bedienen und dadurch den Informationstransfer zu verbessern.[2] Um die Welt oder zumindest bestimmte Aspekte – »Teile« – der Welt auch mittelbar sichtbar, fühlbar, lesbar, hörbar oder in einer sonstigen Form erlebbar, sprich kommunizierbar, zu machen, kommen je nach Medium oder »Medieninhalt« verschiedene Zeichen und Symbole zum Einsatz, die letztendlich zwar nur ein ungenaues »Bild« vermitteln können, das sich aber durch Kombination mit anderen Medien präzisieren lässt.

Notendruck, und zwar verstanden als Medium und nicht als Medientechnik,[3]

---

[1] Heinz W. Burow, »Mediengeschichte der Musik«, in: *Handbuch der Mediengeschichte*, hrsg. von Helmut Schanze (= Kröners Taschenausgabe, Bd. 360), Stuttgart 2001, S. 347–372, hier S. 349.

[2] Man erwäge hier vielleicht den systemtheoretischen Ansatz Niklas Luhmanns.

[3] Vgl. Knut Hickethiers Mediendefinition: »Medien definieren sich durch drei zentrale Aspekte, die miteinander zusammenhängen: a) ihre spezifischen medialen (ästhetischen) Eigenschaften, die im Begriff der ›Medialität‹ zusammengefasst werden, b) ihre Technik und c) ihr Gebrauch und ihre Institutionalisierung innerhalb der Gesellschaft. Sie bilden den Zusammenhang, durch den Bedeutungen, Themen, Inhalte medienspezifisch aufbereitet und vermittelt werden«. Knut Hickethier, *Einführung in die Medienwissenschaft*, Stuttgart/Weimar 2003, S. 25.

hat zum Ziel, Musik zu kommunizieren – also »weiterzugeben« und reproduzierbar zu machen. Für diesen Zweck wird sie in Zeichen übertragen und wie bei anderen Medien kann dies auch mit dem Notendruck nur zum Teil erreicht werden. Da das Medium selber nicht nur vermittelnde, sondern gleichzeitig auch verschleiernde oder gar störende Funktion einnehmen kann, mögen Überlegungen zu den dem Medium innewohnenden, den sozusagen inhärenten charakteristischen Eigenschaften – also zu der Medialität[4] des Notendrucks – zu einem erweiterten Verständnis dieses widersprüchlichen Phänomens beitragen.[5]

Ähnlich wie »die Materialität von Sprache«[6] in dem in der Medienwissenschaft mit all seinen Kritikpunkten geführten Diskurs um Oralität und Literalität[7] eine entscheidende Rolle spielt, sind entsprechende grundsätzliche Aspekte sowie auch bestimmte damit verbundene kulturelle Schlussfolgerungen ebenfalls für das Phänomen Musik feststellbar. Das Analogon zur Mündlichkeit der Sprache stellt quasi eine direkte, unmittelbare Klanglichkeit in

---

[4] Vgl. ebd., S. 26: »Im Gegensatz zum Begriff des ›Mediums‹, der sich stärker mit einer gegenständlichen Form und der institutionalisierten Struktur verbindet, meint der Begriff Medialität zum einen eine Eigenschaft, die für alle Medien in gleicher Weise determinierend ist. Das Mediale ›an sich‹ ist damit etwas Medienübergreifendes, etwas Grundsätzliches, das die mediale Kommunikation insgesamt bestimmt. Zum anderen meint der Begriff das als typisch genommene Set von Eigenschaften, das für einzelne Medien als konstitutiv angesehen wird. [...] Dieses Medienspezifische ist keine verabsolutierte, historisch unveränderbare oder gar ontologische Struktur. [...] Mit der Medialität wird also eine bestimmte Qualität (als ein Set von Eigenschaften) verstanden, die historisch an eine kulturelle Situation gebunden ist.«

[5] Guerino Mazzola nähert sich der Komplexität von Musik in ihren unterschiedlichen medialen ›Abbildern‹, indem er in seinem Buch – Guerino Mazzola, *The topos of music. Geometric logic of concepts, theory and performance*, Basel/Boston/Berlin 2002, S. 10 – unter anderem folgender Grundannahme nachgeht: »To understand music as a whole, you have to specify simultaneously its levels of reality, its semiotic character, and its communicative extension. Being a fact of music means having these three perspectives or ontological coordinates. Omitting any one of these determinants is an abstraction (though not an aberration) from the full ontology.« Dieser Ansatz sei an dieser Stelle lediglich erwähnt, da Mazzola interessante Einsichten aufzeigt, jedoch nicht explizit die Medialität einbezieht.

[6] Sybille Krämer, »Mündlichkeit/Schriftlichkeit«, in: *Grundbegriffe der Medientheorie*, hrsg. von Bernd Stiegler und Alexander Roesler, Paderborn 2005, S. 192–199, hier S. 192.

[7] Vgl. unter anderem Krämer, »Mündlichkeit/Schriftlichkeit« oder Hickethier, *Einführung*, S. 26–29.

Traditionen unnotierten Musizierens dar – beispielsweise bei Situationen des sogenannten Improvisierens –, während Schriftlichkeit sowohl für Sprache als auch für Musik in gleicher Weise in Manuskript- sowie in Druckform existiert. Die Übergänge zwischen mündlicher oder klanglicher Unmittelbarkeit und fixierter Schriftlichkeit scheinen fließend zu sein, wie Abbildung 1 verdeutlichen soll.[8]

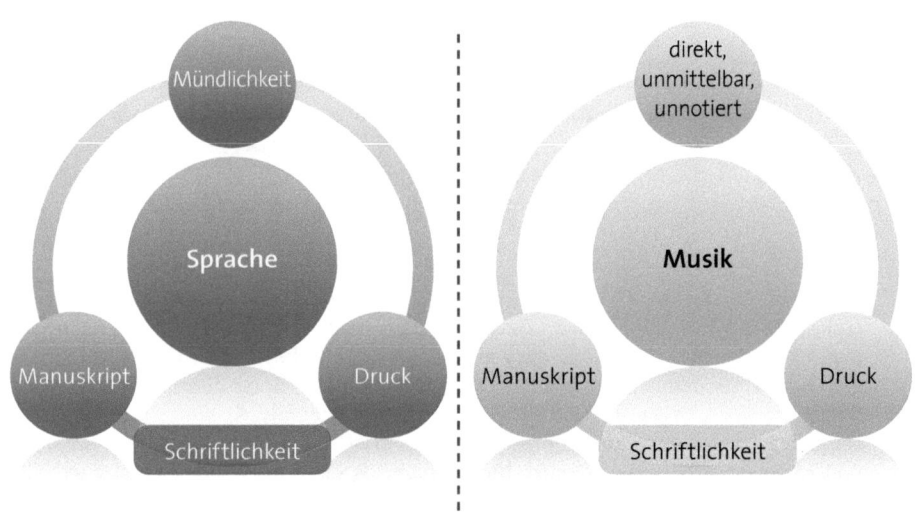

Abb. 1: Unmittelbarkeit und Schriftlichkeit bei Sprache und Musik

Vielmehr noch als bei Sprache und Schrift steht in der schriftlich-grafischen Realisierung von Musik ihre durch die schriftliche Fixierung intendierte In-Klang-Setzung im Zentrum, sodass es zu einer Art Pendeln zwischen Klang und Notenschrift – also zu einem stetigen Medienwechsel – kommt. Überspitzt ausgedrückt ist »[d]er Notentext [...] ein stummes und in gewissen Grenzen isomorphes Abbild der erklingenden Musik und damit keine Musik im ur-

---

[8] Andere mediale Formen von Sprache und/oder Musik, die natürlich in Erweiterungen der Betrachtung relevant wären, werden an dieser Stelle explizit ausgeblendet, beispielsweise die akustische Aufzeichnung.

sprünglichen und wesentlichen Sinn, sondern ein mediales Vorstadium«⁹ oder Zwischenstadium, wenn man den Kreislauf aus erklingender, fixierter und wiedererklingender Musik betrachtet. An seine Grenzen stößt das schriftliche Medium, weil – wie auch bei dem Konnex Sprache – Schrift – in notierter Musik bestimmte Elemente nicht erfasst werden können.¹⁰ Konkret wird es zum Beispiel bereits bei den Parametern Rhythmus und Tonhöhe deutlich, die differenzierten Regeln des Notenstichs bieten da keine Abhilfe; denn weder war beispielsweise die Praxis des »Inégalement« im 17./18. Jahrhundert in seiner Exaktheit notierbar, noch lässt sich die bei der Klaviermusik des 19. Jahrhunderts übliche Agogik fixieren oder die Tonhöhe bei einem Vibrato mit dem musikalischen Zeichensystem unmissverständlich angeben. Einerseits werden Worte – also das Medium der Sprache – hinzugezogen, um im Notentext signalartig auf Derartiges hinzuweisen. Andererseits gehört es zur Voraussetzung der In-Klang-Setzung von notierter Musik, mithilfe mündlicher Unterweisung das Hören geschult zu haben und mit tradierten Konventionen derart vertraut gemacht worden zu sein, dass sie als intrinsische Fähigkeiten beim Musizieren automatisch eingesetzt werden können. Genauso wie »[m]an zum Buch [greift], und indem man etwas schreibt oder liest, [...] man – auch ohne ein explizites Wissen über diese laufende Prägung des eigenen Denk- und Wahrnehmungsapparats – buchförmig [denkt]«¹¹, bleibt der Zugang zur Musik über die Notenschrift ein spezifischer und ein durch das Zeichensystem beschränkter. Der in Abbildung 1 dargestellte sich stetig wiederholende, fließende Medienwechsel von unmittelbarer zu mittelbar erfassbarer Musik ist also mitnichten ein Kreislauf. Den tatsächlichen Abläufen wird der Vergleich mit einem Trichter – wie in Abbildung 2 – vielleicht eher gerecht.

---

9   Burow, »Mediengeschichte«, S. 350.
10 Vgl. beispielsweise folgende Äußerung Franz Liszts aus dem Jahr 1856: »Obschon ich bemüht war, durch genaue Anzeichnungen meine Intentionen zu verdeutlichen, so verhehle ich doch nicht, dass Manches, ja sogar das Wesentlichste, sich nicht zu Papier bringen lässt.« Franz Liszt, *Musikalische Werke*, Serie 1, Bd. 1, hrsg. von der Franz Liszt-Stiftung, Leipzig 1907, zitiert nach Johannes Kepper, *Musikedition im Zeichen neuer Medien. Historische Entwicklung und gegenwärtige Perspektiven musikalischer Gesamtausgaben*, Norderstedt 2011, S. 12.
11 Nikolaus Wegmann, »Buchdruck. Technik und kultureller Wert«, in: *Einführung in die Medienkulturwissenschaft*, hrsg. von Claudia Liebrand u. a. (= Einführungen: Kulturwissenschaft, Bd. 1), Münster 2005, S. 166–172, hier S. 171.

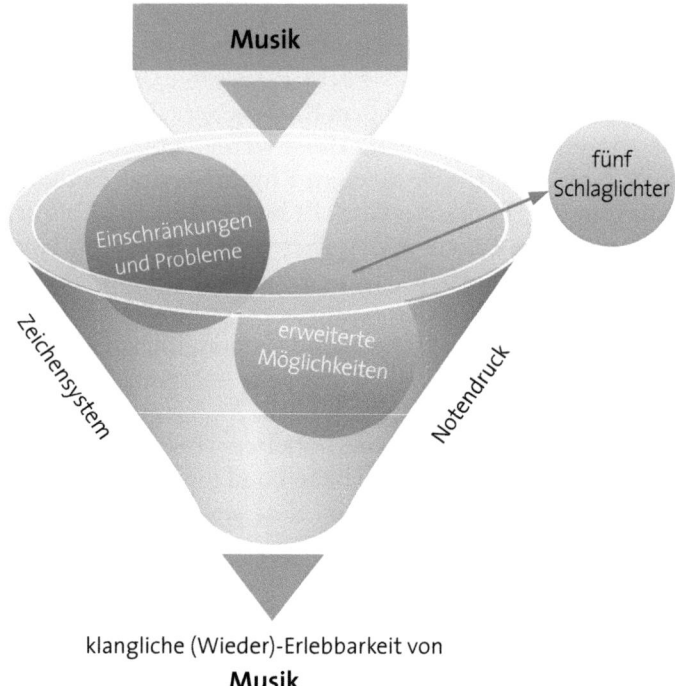

Abb. 2: Von der Musik zur (Wieder-)Erlebbarkeit von Musik

Die Materialität von Musik erfährt ebenso wie die von Sprache durch die Schriftlichkeit Einschränkungen, aber auch komplexe Erweiterungen,[12] die andere Formen von Klanglichkeit, klanglicher Kommunikation und Kommunikation über Klang ermöglichen.[13] Das hängt nicht zuletzt damit zusammen, dass gerade das Medium des Notendrucks durch die technischen Neuerungen des 18. Jahrhunderts in großem Maße geprägt wurde, sei es im Typendruck durch die »vollständige [...] Zerlegbarkeit der Notentypen«[14] – erfunden von Johann Gottlob

[12] Einen kurzen, zusammenfassenden Überblick über die Geschichte der Notation mit ihren Problemen und Entwicklungen gibt Burow, »Mediengeschichte«, S. 354–359.
[13] Vgl. auch die Ausführungen zum Medienbegriff bei Rudolf Stöber, *Mediengeschichte. Die Evolution »neuer« Medien von Gutenberg bis Gates. Eine Einführung*, Bd. 1, Wiesbaden 2003, S. 10f.
[14] Richard Schaal, Art. »Notendruck«, in: MGG 1, Sachteil, Bd. 9, Kassel 1961, Sp. 1667–1695, hier Sp. 1687.

Immanuel Breitkopf –, im Notenstich durch das Verwenden von Pewterplatten und »Stahlstempel[n] an Stelle des Stichels zum Schlagen der Notenköpfe«[15], eingeführt von John Walsh, oder sei es durch die Erfindung der Lithographie von Alois Senefelder im Jahr 1798. Vollständig lassen sich die Erweiterungen, die die Musik durch den Notendruck erfährt, an dieser Stelle nicht darstellen – einen kurzen Einblick mögen fünf »Schlaglichter« geben, die natürlich eines ohne das andere und ohne viele weitere, die unerwähnt bleiben müssen, nicht aufzuzeigen wären. Man denke erstens an die groß besetzten Orchesterwerke des westeuropäischen 19. Jahrhunderts, deren Entstehung, Aufführung bzw. Aufführbarkeit und Überlieferung in rein direkt-musikalischer Tradition schwer vorstellbar sind. Man denke zweitens an die Institutionen des öffentlichen und halböffentlichen Musiklebens, die den äußeren Rahmen für Musik bieten und mit einem im Laufe der Zeit immer dichter werdenden Aufführungskalender einen wachsenden Bedarf an verfügbarer Musik möglichst ohne hohe Fehlerquotienten entwickelten. Man denke drittens an die Möglichkeit, Musikdrucke in höherer Stückzahl herzustellen und damit ein neues Publikum anzusprechen, sowie an die wichtige Rolle, die dabei zum Beispiel die zahlreichen Lied-, Chor- und Potpourridrucke des 19. Jahrhunderts einnahmen. In Wechselwirkung von Angebot und Nachfrage entstand schon im Laufe des 18. Jahrhunderts einhergehend mit der Herausbildung von neuen, ökonomisch gut ausgestatteten Bevölkerungskreisen in Großbritannien und in Paris peu à peu eine neue Form des Musikmarktes.[16] Vereinfacht gesprochen werden über das Medium des Notendrucks nicht nur Noten zum Musizieren erstellt, sondern es werden neue Aufführungskontexte erschlossen und es setzt stärker als bei Manuskriptkopien der Prozess ein, der gemeinhin Kanonbildung genannt wird: Bestimmte Werke werden vermehrt verbreitet und können sozusagen eine kulturelle Tradition formen, an der weite Kreise der Bevölkerung teilhaben.[17]

[15] Ebd., Sp. 1689.
[16] Vgl. Charles Humphries und William Charles Smith, *Music publishing in the British Isles from the beginning until the middle of the nineteenth century. A dictionary of engravers, printers, publishers, and music sellers, with a historical introduction*, London 1954, S. 29: »It is evident that before Walsh the younger died in 1766, new vigorous firms were coming into existence. The first financial and cultural effects arising from the Industrial Revolution were being felt in music as in other arts. A new middle class, with money to spend, was rapidly expanding, and the entrants into it were anxious to educate their children and give them advantages of culture and refinement.«
[17] Weiteren Einblick geben beispielsweise folgende Arbeiten: Humphries/Smith, *Music publishing* sowie *Music publishing in Europe 1600–1900. Concepts and issues, bibliography*, hrsg. von Rudolf Rasch (= Musical Life in Europe 1600–1900. The Circulation of Music, Bd. 1), Berlin 2005.

Viertens denke man an die Möglichkeit der intellektuellen Auseinandersetzung mit Musik, wie sie etwa durch den Druck sowohl von kleinformatigen und preislich erschwinglichen Taschenpartituren als auch von Gesamt- oder Denkmälerausgaben mit wissenschaftlichem Anspruch erreicht wird. Und man denke fünftens an neue kompositorische Wege, die eng mit der Visualisierung von Klang zusammenhängen, wie zum Beispiel in der Zeit nach dem Aufbrechen der Tonalität oder bei der Dodekaphonie, wo jedem Stück mit der Reihe ein eigenes neues System zugrunde gelegt wurde. Diese neue Art von Musik wäre ohne den Notendruck kaum denkbar, geschweige denn kommunizierbar.

Über diese »Schlaglichter« hinausgehend zeichnet jedoch noch etwas anderes die Medialität des Notendrucks aus: Es ist eine besondere Durchlässigkeit zum Medium Sprache, die in bestimmten Erscheinungsformen an Intermedialität grenzt und eine konmediale Reflexion über ebendiese Möglichkeiten und Probleme ermöglicht. Sprache wird in Notendrucken in unterschiedlichem Maße verwendet, von wenigen Anmerkungen im Notentext bis hin zu einer Sonderform – dem Lehrwerk für Musik im Allgemeinen, für ein Instrument oder für die Stimme. Schon seit dem ausgehenden 17. Jahrhundert findet sich dafür in den Katalogen Londoner und Pariser Musikverleger eine eigene Kategorie, in der sie neben anderen nach Besetzungen oder Gattungen sortierten Notendrucken aufgelistet werden.[18]

Demzufolge wäre ein solches Lehrwerk eher als dem Medium Notendruck zugehörig einzuordnen denn als »einfaches« intermediales Phänomen zu beschreiben. Macht man ferner einen kleinen Ausflug in den Notendruck als Medientechnik, so fällt auf, dass Notendrucke und Lehrwerke häufig von oder für die gleichen Personen hergestellt – meist gestochen –, gedruckt und verkauft wurden, wie es etwa bereits bei John Playfords *A booke of new lessons*

---

[18] Als ein Beispiel von vielen aus der Zeit zwischen 1750 bis 1790 in Paris sei hier der Katalog genannt, der in der dort vermutlich im Jahr 1767 erschienenen *Méthode très facile pour apprendre à jouer de la mandoline à quatre cordes* von Giovanni Battista Gervasio (US Wc MT602.A2 G3) auf S. 2 abgedruckt wurde; es handelt sich um das Angebot des Druckers Bouïn, zu dem sich bei Cecil Hopkinson, *A Dictionary of Parisian Music Publishers 1700–1950*, London 1954 auf S. 16 folgender Eintrag findet: »Au Gagne-Petit • 18 Jun. 1748 First Licence found • 1769–75 Rue St. Honoré, près St. Roch à côté des Ecuries de Mgr. • 1775–83 Ditto • 1784 504 Rue St. Honoré, prés St. Roch.«

for the cithern and gittern[19] aus dem Jahr 1652 der Fall war.[20] Medientechnisch rangieren Lehrwerke also auch im Bereich der Notendrucke, obwohl inhaltlich das Miteinander oder Nacheinander von gedruckter Sprache und gedruckter Musik dominiert. Das klangliche (Wieder-)Erlebbarmachen von Musik wird dem Rezipienten also sowohl über die Semiotik der Musiknotation als auch über die deskriptiven Möglichkeiten schriftlich notierter Sprache näher gebracht. Die Autoren handeln nach der zuvor als Problematik des Mediums festgestellten Erkenntnis, dass der Notendruck alleine nicht ausreicht und nicht ohne weitere sprachliche Ausführungen auskommt und dass die Medialität des Notendrucks auf der theoretischen Kenntnis des verwendeten Zeichensystems basiert, die durch das Medium der Sprache – mündlich oder schriftlich – zuvor vermittelt werden muss.

Die schriftlichen Instruktionen richten sich nicht nur im 18. Jahrhundert oft – wie gerne im Titel vermerkt – an Amateurkreise und die Autoren versuchen wortsprachlich-schriftlich eine direkte mündliche Vermittlung zu ersetzen, etwa durch Formen wie dem platonischen Dialog. Neben Ausgaben, in denen Sprache offensichtlich dominiert wie bei Leopold Mozart oder Johann Joachim Quantz und die daher weniger deutlich dem Medium Notendruck zuzuordnen sind, gibt es diverse, in denen ein weniger umfangreicher wortschriftlicher Teil – der wiederum mit Bildern und Noten vermischt ist – einem größeren musikalischen vorgeschaltet ist, wie die Abbildungen 3 und 4 exemplarisch zeigen.

---

[19] Der vollständige Titel lautet: »A booke of new lessons for the cithern & gittern containing many new and excellent tunes, both easie and delightfull to the practitioner. With plain and easie instructions, teaching the right use of the hand, and perfect tuning of both instruments, never before printed, Loundon: printed by T.H. for John Benson and John Playford, and to be sold at their shops, in St. Dunstans Church-Yard, and in the Inner Temple, near the church door, 1652«, in: *Early English Books Online,* http://eebo.chadwyck.com.proxy.nationallizenzen.de/search (25.07.2011).

[20] Da es sich hierbei offenbar um eine gängige Praxis handelte, wird an dieser Stelle auf Beispiele verzichtet; es sei zum Beispiel auf die Ausführungen von Axel Beer oder Klaus Hortschansky zum Subskriptionsverfahren und zur Situation im deutschsprachigen Mitteleuropa verwiesen: Axel Beer, »Composers and Publishers: Germany 1700–1830«, in: Rasch (Hrsg.), *Music publishing,* S. 160–181, insbesondere S. 166–175; Klaus Hortschansky, »Pränumerations- und Subskriptionslisten in Notendrucken deutscher Musiker des 18. Jahrhunderts«, in: *Acta Musicologica* 40 (1968), S. 154–174 oder Klaus Hortschansky, »Formen populärer Musikrezeption im Deutschland des 18. Jahrhunderts«, in: *Bühnenklänge. Festschrift für Sieghart Döhring zum 65. Geburtstag,* hrsg. von Thomas Betzwieser u.a., München 2005, S. 457–469.

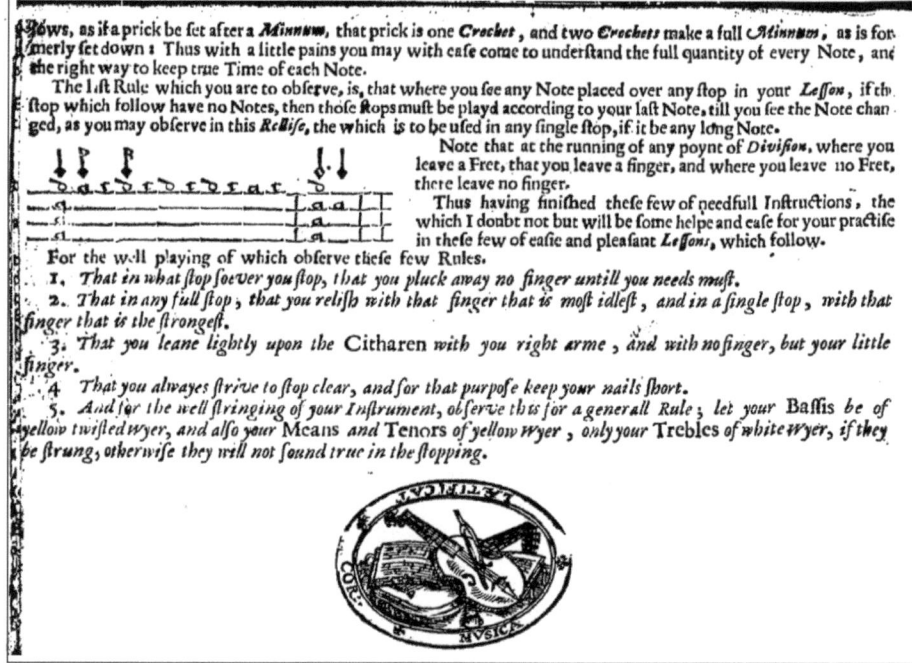

Abb. 3: John Playford, *A booke of new lessons for the cithern & the gittern*, London 1652

Die Autoren bestimmen in solchen Fällen nicht nur, wie – im Sinne von: auf welche Weise – musiziert werden soll, das heißt etwa welche instrumental- oder vokaltechnischen Spezifika beherrscht werden sollten und wann diese wie einzusetzen sind, sondern sie erleichtern durch ihr Notenangebot auch den Zugang zum »Was«, also zu der in Klang zu bringenden Musik an sich. Damit reagieren sie gleichzeitig auf die Notwendigkeit, dass spezifische Kenntnisse und Fähigkeiten entwickelt werden müssen, damit das Medium Notendruck überhaupt entschlüsselt werden und als Informationsträger für Musik fungieren kann:

1. Verschiedene Zeichensysteme werden vermittelt – die des Notendrucks genauso wie die des Instruments oder der Stimme.
2. Nicht alle musikalischen Parameter sind mit dem Zeichensystem erfassbar und darstellbar, deshalb wird Sprache helfend eingesetzt.
3. Es müssen Wege der In-Klang-Setzung bekannt sein bzw. bekannt gemacht werden, indem instrumenten- oder gesangsspezifische Kompetenzen weitergegeben werden.

Um dieses Phänomen zu verdeutlichen, könnte eine Vielzahl verschiedener Lehrwerke herangezogen werden. Beispielhaft seien hier zwei *Methoden* für die Mandoline ausgewählt, die damals – ähnlich der Harfe[21] – in Paris und London zum Modeinstrument für die Dame avancierte: Im Jahr 1768 wurden diese beiden Drucke innerhalb eines Monats veröffentlicht,[22] und zwar von zwei Mandolinisten, die sich in Paris unter anderem als Musiker und als Lehrer verdingten – Pietro Denis und [Gabriele] Leone[23]. Ihre jeweilige Intention

[21] Vgl. z. B. den Aufsatz von Robert Adelson und Jacqueline Letzter, »For a woman when she is young and beautiful – The Harp in Eighteenth-Century France«, in: *History Herstory. Alternative Musikgeschichten*, hrsg. von Annette Kreutziger-Herr und Katrin Losleben, Köln/Weimar/Wien 2009, S. 314–335.
[22] Vgl. James Tyler und Paul Sparks, *The Early Mandolin* (= Early Music Series, Bd. 9), Oxford 1989, S. 90; die *Methodes* erschienen laut *Annonces, affiches et avis divers* im April und Mai 1768.
[23] Der Vorname des Pariser Autors und Mandolinenvirtuosen Leone wurde seit den 1970er Jahren immer wieder diskutiert – vgl. unter anderem Tyler/Sparks, *The*

für den Druck, nämlich, dass sie das Erlernen des Instrumentes ohne Lehrer, das heißt ohne begleitenden Musikunterricht, ermöglichen wollen,[24] formulieren sie direkt am Beginn der Publikation:

> »Sollicité par diverses Persones de distinction de donner au Public une Méthode par laquelle ceux qui jouent du Violon puissent *apprendre seuls et sans le secours d'aucun Maître à jouer de la Mandoline à quatre cordes,* je vais mètre ici par écrit tout ce qui peut être entendu de ceux qui ne connoissent pas cet Instrument et leur servir. [...] Ceux qui ne connoissent pas l'Instrument, n'ont besoin que de quelque chose de très court et de très clair.«[25]

Early Mandolin, S. 87, Fußnote 5 oder Hervé Audéon, »Un manuscrit de Trois Sonates pour le clavecin de Leoni«, in: *Bulletin de l'atelier d'études sur la musique française des XVIIe & XVIIIe siècles* 6 (1996), S. 10–11. Überzeugend belegte Jean-Paul Bazin in seinem Vortrag *Gabriele Leone: Entwurf seines Lebenslauf* [sic!] auf dem III. Internationalen Mandolinen-Symposium in Trossingen am 2. Oktober 2004, dass es sich bei dem Mandolinisten wohl tatsächlich um den Gabriele Leone handelt, die Autorin ist Jean-Paul Bazin für die Übersendung des vorgetragenen Textes zu Dank verpflichtet. Bei Gabriele Leone handelt es sich nicht nur um einen neapolitanischen Mandolinisten, der sich als Spieler, Lehrer und Schreiber diverser Stücke für das Instrument verdiente, sondern um einen Musiker und Manager, der für Felice Giardinis Londoner Betrieb der Italian Opera am Haymarket 1763 als Agent nach Italien ging und dann mit diesem 1764 in einen Rechtsstreit verwickelt wurde – vgl. Gabriele Leone, *Réponse à un avertissement très-insolent, qui fut inséré dans une des gazettes publiques (le Public Advertiser) du 9me de May 1764. par Felice Giardini [...],* London 1764, in: *Eighteenth Century Collections Online,* Gale Document Number: CW110255676, http://find.galegroup.com.proxy.nationallizenzen.de/ecco/infomark.do?&contentSet=ECCOArticles&type=multipage&tabID=T001&prodId=ECCO&docId=CW110255676&source=gale&userGroupName=igbv&version=1.0&docLevel=FASCIMILE (25.07.2011) sowie Curtis Price, Judith Milhous und Robert D. Hume, *The Impresario's Ten Commandments. Continental Recruitment for Italian Opera in London 1763–64,* London 1992. Danach scheint er sich in Paris niedergelassen zu haben, wo er in den Diensten von Louis-Philippe II., Joseph de Bourbon, Duc de Chartres stand und vielleicht auch bei einer der diversen Englandreisen diplomatische Aufträge ausführte. Im Jahr 1785 – Giardini hatte London seit einem Jahr verlassen – publizierte Leone eine englische Fassung der besagten *Methode* in London (GB Lbl b.123). Zu Leone siehe auch die Hinweise bei Peter Holman, *Life after Death. The Viola da Gamba in Britain from Purcell to Dolmetsch,* Woodbridge 2010, S. 158f.

[24] Ähnliches findet sich auch beispielsweise bei Giovanni Fouchetti, *Methode pour apprendre facilement à jouer de la Mandoline [...].* Paris 1771, F-Pn Cu. 48 auf S. 18: »Je crois que voila à peu près tout ce que est nécessaire pour apprendre à bien jouer de la Mandoline sans le secours d'un Maître.«

[25] Pietro Denis, *Methode Pour apprendre à Jouer de la Mandoline Sans Maître [...],*

Abb. 4: Giovanni Fouchetti, *Methode Pour apprendre facilement á jouer de la Mandoline [...]*, Paris 1771, FPn Cu. 48, S. 16[26]

      Paris 1768, F-Pn Cu. 57, S. 3. Hervorhebungen nicht im Original.

[26] Ab S. 18 beginnt in Fouchettis *Methode* ein vierzehn Seiten umfassender reiner Notenteil; das Lehrwerk besteht also nahezu zur Hälfte aus gedruckten Noten

>»Vivement solicité par quelques personnes que les difficultés des Instruments ont rebutées, de *donner des Regles pour la Mandoline,* je me suis déterminé à le faire, soit *a cause du défaut de Maîtres capables* de bien montrer un Instrument dans les Pays où il est peu connu, soit encore parce que j'ai cru devoir *remedier à un traité deffectueux* qu'on a déja donné à ce sujet.«[27]

Die zwei Autoren verwenden in einem ersten Teil der jeweiligen Ausgabe die beschriebene intermediale Kombination aus Wortsprache und Musiknotation und fügen danach einen umfangreichen Notenteil an. Beide gingen offenbar von einem Publikum aus, das mit der allgemeinen Notenschrift vertraut war; denn auf den acht bzw. 19 Seiten vor dem reinen Notenteil führen Denis und Leone nicht nur in das Instrumentalspiel auf der Mandoline ein, sondern bringen den Rezipienten auch das dazugehörige Zeichensystem nahe, ohne jedoch die Notenschrift einzubeziehen. Bei Leone finden sich konsequenterweise im 46-seitigen Notenteil genau diese instrumentenspezifischen Zeichen wieder, die gleichzeitig Träger bestimmter und ausführlich beschriebener musikalischer Informationen – wie etwa Schwerpunktbildungen oder Betonungen – sind, Denis hingegen nimmt lediglich an wenigen Stellen Eintragungen vor.[28] Hingegen verfolgt er am Ende seiner Ausführungen vehement seine ursprünglich vertretene Skepsis der schriftlichen Instruktion gegenüber und wirbt für seinen Unterricht:

[27] und zur anderen Hälfte aus Text und Noten. [Gabriele] Leone, *Methode Raisonnée Pour passer du Violon à la Mandoline [...] Sans maître [...]*, Paris 1768, F-Pn Cu. 55 und Cu. 56, S. 1. Hervorhebungen nicht im Original.

[28] Vielleicht hat unter anderem diese Tatsache dazu beigetragen, dass Leone es als eines seiner Ziele darstellt, die Fehler bereits erschienener Lehrwerke – nämlich derjenigen von Denis und der bereits erwähnten von Giovanni Battista Gervasio aus dem Jahr 1767 – zu berichtigen. Sicherlich ging es nicht zuletzt darum, seine Vorreiterrolle für das Instrument Mandoline zu betonen; denn er geht sogar noch weiter und warnt auf S. 19 seiner *Methode* davor, das Instrument zu unterschätzen und den Regeln eines »berühmten neapolitanischen Scharlatans« zu folgen: »C'est un erreur que de croire la Mandoline aisée. Ceux qui se proposent de la montrer en douze leçons tiennent Sans doute leurs principes et [...] par conséquent leur Musique de quelque fameux Coureur Napolitain. Mais il est bien plus aisé de reconnoitre en eux le vrai Portrait d'un charlatan, et l'esprit d'interôt, que d'apprendre même a mettre cet instrument d'acord en si peu de tems.« Ob nun Leone damit tatsächlich Denis oder eher Gervasio – der seine Schule immerhin als *Méthode très facile Pour apprendre à Jouer de la Mandoline à quatre Cordes* bezeichnete – meinte, ist nach derzeitigem Forschungsstand schwer zu entscheiden. Jean Paul Bazin verwies in seinem Vortrag *Gabriele Leone* darauf, dass auch Denis' Lehrer Giuseppe Giuliano gemeint gewesen sein könnte.

»Voila tout ce que l'on peut écrire pour être entendu. De plus longs discours, que d'autres et moi pourrions faire, ne serviroient qu'a embrouiller ceux qui ne savent rien. *L'œil d'un bon Maître vaut mieux que tous les discours.* Au surplus, je m'oblige en *six leçons* de poser la main et de faire éxécuter tout ce que j'ai avancé, moyennant *trente six livres* qui me seront païes en commençant.«[29]

Notendrucke – und zwar hier in der besonderen Form des musikalischen Lehrwerks mit relativ großem Notenanteil – sind nicht nur in ihrer Funktion als Träger und Vermittler musikalischer Informationen zu verstehen, sondern auch über ihre intermediale Durchlässigkeit. Die Medialität gerade dieser Art von Drucken ist in dem Gegensatz gefangen, als Publikationsform gewählt und beworben zu werden, obwohl die Autoren die Unzulänglichkeit des Mediums formulieren und damit gleichsam selber einen medialen Subtext »enthüllen«. Die medialen Grenzen des Notendrucks waren schon im 17. und 18. Jahrhundert – über elitäre durch Musik sozialisierte Kreise hinaus – bekannt, wurden als problematisch empfunden und vor allem mithilfe von Sprache und zusätzlichen Zeichensystemen erweitert – oder abstrakt formuliert: Den medialen Einschränkungen wird durch intermediale Erweiterung in Form von Medienkombination begegnet. Schriftlich fixierte Musik kann dadurch besser in einer der Ausgangsform gleichenden Weise in Klang gesetzt oder eine erste In-Klang-Setzung kann ermöglicht werden. Auch wenn »[g]rundsätzlich [...] davon ausgegangen werden [kann], dass Medien als Kommunikation organisierende Einheiten immer gesellschaftlich institutionalisiert sind, weil sie bei den Benutzern kulturell verankertes Wissen um ihre Funktion und ihren Gebrauch voraussetzen und nur bestimmte Umgangsweisen mit den Medien ermöglichen«[30], so begegnet der Notendruck in der Sonderform bestimmter Lehrwerke auf besondere Art und Weise den speziellen medialen Anforderungen, die an die Rezipienten gestellt werden. Das Trichterbild von Abbildung 2 ist demzufolge um die Komponente der verschriftlichten Wortsprache – als dem offenbar naheliegenden »Kombinationsmedium« – zu Abbildung 5 zu vervollständigen.

---

[29] Denis, *Methode*, S. 10. Hervorhebungen nicht im Original.
[30] Hickethier, *Einführung*, S. 31.

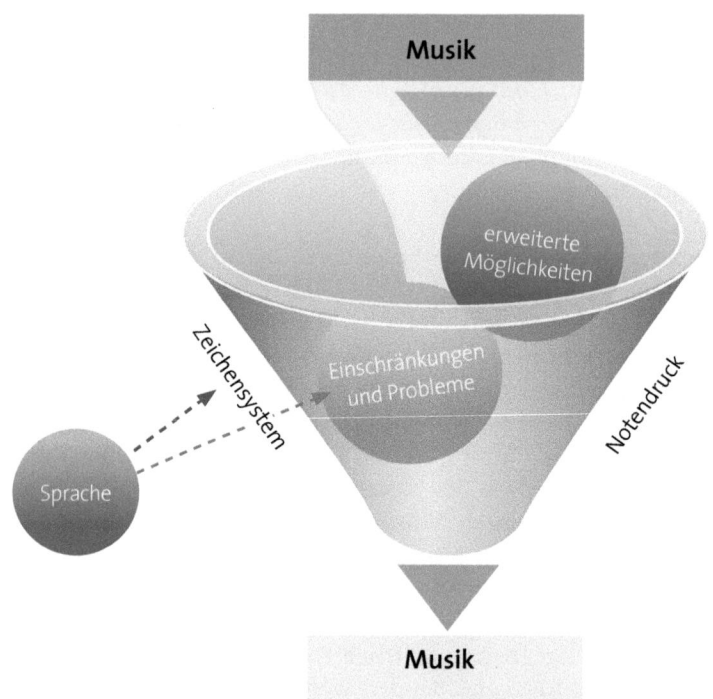

Abb. 5: Von der Musik zur (Wieder-)Erlebbarkeit von Musik – Erweiterung

Florian Mayer / Elisabeth Treydte
»Das vollkommenste, vielseitigste Musikinstrument des Jahrhunderts« – Zur Rekonstruktion von Medienpraxis in der Frühzeit der Phonographie[1]

Der Umgang mit akustischen Reproduktionsmedien ist heute eine Selbstverständlichkeit. Zu Beginn des 20. Jahrhunderts führte die Reproduktion von Schall jedoch zu Erfahrungen, die in hohem Maße irritierten. In einer historischen Untersuchung betrachten wir daher den Zeitpunkt, zu dem mit dem Grammophon das erste musikalische Reproduktionsmedium erfolgreich zur Markteinführung gelangte.

Erste Erfahrungen mit der noch neuartigen Maschine haben wir anhand der Hauszeitschrift der Deutschen Grammophon AG, *Die Stimme seines Herrn*, rekonstruiert.[2] Diese erschien erstmals 1909 und enthält Interviews und Portraitartikel zu den ersten GrammophonkünstlerInnen, Anekdoten, Gedichte und Abbildungen, die das Grammophon thematisieren. Noch vor jedem vereinheitlichenden Diskurs über dieses musikalische Medium, oder über musikalische Reproduktion im Allgemeinen, ist hier eine Vielzahl von Umgangsweisen und Deutungen erkennbar, mit denen das Phänomen verstanden und genutzt wird. Prinzipiell haben diese frühen Deutungen und Umgangsweisen noch alle eine Chance auf allgemeine Anerkennung. In diesem Beitrag möchten wir ihre Vielfalt anhand von Beispielen aufzeigen und in

---

[1] Der Text ist im Rahmen des von Prof. Dr. Marion Saxer geleiteten und durch die Förderung der Geschlechterstudien der Goethe-Universität Frankfurt unterstützten Forschungsprojekts »Frau und Technik in der Frühzeit der Phonographie« entstanden und stellt einen von den Autoren entwickelten methodischen Ansatz vor. Inhaltliche Anregungen aus einem im Sommersemester 2011 von Frau Saxer durchgeführten Seminar zur Sozialgeschichte der Phonographie und aus Diskussionen im Forschungsprojekt sind eingeflossen. Eine ausführliche Publikation mit einer detaillierten Auswertung der Zeitschrift *Die Stimme seines Herrn* ist in Vorbereitung.
[2] Untersucht wurden die ersten Jahrgänge (1909 bis 1918), abgedruckt in: *Die Stimme seines Herrn. Nachdruck der Ausgabe Berlin 1909–1918*, 2 Bde., hrsg. von Hermann Holzbauer (= Schriften der Universitätsbibliothek Eichstätt, Bd. 16/I–II), Tutzing 1992.

ihrem historischen »Geworden-Sein« rekonstruieren. Im Laufe unserer Arbeit haben wir ein theoretisches Modell entwickelt, welches dazu in der Lage ist, die Logik der Erfahrung des Neuen an der akustischen Reproduktion zu erfassen und die darauffolgenden Deutungsmuster zu verstehen. Dieses werden wir zunächst explizieren. Dabei fassen wir die Wahrnehmung des Neuen durch das Begriffspaar von Krise und Routine, welches Vertreter der Objektiven Hermeneutik ins Zentrum ihrer Theorie der Praxis rücken. Um die Spezifik entstehender Deutungen nachzuvollziehen, greifen wir außerdem auf Bourdieus Praxistheorie zurück.

Musikalische Reproduktion als Anlass krisenhafter Erfahrung

Der Begriff der »Krise« wird durch Vertreter der Objektiven Hermeneutik (unter anderem) im erkenntnistheoretischen Kontext gebraucht, um den Sachverhalt zu beschreiben, wenn »die erfahrbare Welt als unbestimmtes X[3] in unsere Aufmerksamkeit [tritt], so daß wir reagieren müssen«.[4] Für das Erfahrungssubjekt (»uns«) ist diese Unbestimmtheit beunruhigend, schon deswegen, weil es nicht einschätzen kann, ob das X mit Gefahren oder mit Annehmlichkeiten für es verbunden ist. Sofort versucht es also, das X zu bestimmen – als was, ist dabei grundsätzlich noch offen. Ist ein Bestimmungsversuch vorgenommen, dann muss er sich in der Realität bewähren. So lange, bis dies gelingt, gerät der oder die Wahrnehmende immer wieder in erneute Krisen mit anschließendem Bestimmungsversuch, sobald er oder sie an einer unzulänglichen Deutung in der Praxis scheitert.[5] Bewährt sich aber ein Bestimmungsversuch auf Dauer, dann verfestigt er sich zu einer Routine,[6] wird zu einer Art zweiten Natur.[7] Eine solche routinemäßige Wahrnehmung des X lässt es nur noch als ein bereits Bestimmtes ins Bewusstsein treten.[8] Das Subjekt ist dadurch für die Zukunft entlastet von der bewussten Bestimmung; die Wahrnehmung des X ist nicht mehr krisenhaft.

---

[3] X vertritt hier, wie in der Prädikatenlogik, die Stelle eines Wahrnehmungsgegenstandes.

[4] Ulrich Oevermann, »*Krise und Routine« als analytisches Paradigma in den Sozialwissenschaften (Abschiedsvorlesung)*, 28. April 2008, www.ihsk.de/publikationen/Ulrich-Oevermann_Abschiedsvorlesung_Universitaet-Frankfurt.pdf (10.06.2011), S. 19.

[5] Hätten wir etwa ein Grammophon als eine Süßspeise bestimmt, so würde spätestens der Versuch des Verspeisens die Fehlerhaftigkeit dieser Einschätzung offenbaren und ihre Korrektur erzwingen.

[6] Vgl. Oevermann, *Krise*, S. 9.

[7] Pierre Bourdieu würde sagen: Das Deutungsmuster wird *habitualisiert*.

[8] Vgl. Oevermann, *Krise*, S. 21.

In Bezug auf das Grammophon lässt sich diese Situation der Wahrnehmungskrise modellhaft rekonstruieren. Dabei kann es nicht darum gehen, die empirische Situation, wenn jemand zum ersten Mal ein Grammophon hört, in allen Details zu beschreiben, sondern nur darum, das Wesentliche dieser Situation zu erfassen und damit nachvollziehen zu können, welcher Sinngehalt in den andernfalls oft nur als abwegig erscheinenden frühen Deutungen akustischer Reproduktion verborgen liegt.[9]

Nehmen wir also an, dass ein Mensch der 1890er-Jahre Gesang in Sopranlage hört. Er verfügt, wenn er auch schon vorher Sängerinnen gehört und gesehen hat, über eine Wahrnehmungsroutine für solche Fälle. Das, was er hört, tritt daher als bereits Bestimmtes in sein Bewusstsein: Er hört es als eine Sängerin. Nun nimmt er auch 20 Jahre später wieder ein vergleichbares Klangereignis wahr, und es dringt wieder in derselben Form an sein Bewusstsein. Wenn er sich jedoch daraufhin umsieht, ist nirgends eine Sängerin oder ein Sänger aufzufinden.[10] Der Klang kommt diesmal aus einem Metalltrichter. Oder denken wir uns die Situation genau umgekehrt, sodass er das Grammophon zuerst zu Gesicht bekommt. Wird die Platte in Bewegung gesetzt, ist jedoch eine menschliche Stimme zu hören und er kann als ihre Ursache nichts anderes als das Gerät ausmachen.

Unabhängig von der zeitlichen Abfolge der akustischen und der optischen Wahrnehmung ist das Subjekt der Wahrnehmung hier einer Paradoxie ausgesetzt, und seine alten Wahrnehmungsroutinen führen es in eine Krise. Einerseits nimmt es in Reaktion auf den akustischen Reiz eindeutig eine Sängerin wahr. Andererseits verrät sein Auge ebenso eindeutig, dass es es mit einem technischen Gerät und nicht mit einer Sängerin zu tun hat. Es können nicht beide Wahrnehmungen zugleich richtig sein. Um der Paradoxie zu entkommen, muss das Klangereignis beziehungsweise das technische Gerät in einer anderen Form bestimmt werden als bisher, also ein neues und adäquates gedankliches Konstrukt entworfen werden. Dabei ist der oder die Wahrnehmende zunächst wenig festgelegt: Da die Hörsituation nicht nur für ihn bzw. sie eine qualitativ neue ist, fehlt außer einer eigenen Wahrnehmungsroutine auch ein allgemeiner Diskurs über akustische Reproduktion, der ein begrenztes Feld möglicher Deutungen bereitstellen könnte. Verschiedene Personen nähern sich daher zur etwa gleichen Zeit mit sehr unterschiedlichen Deutungen an das Phänomen an.

[9] Aus Platzgründen verzichten wir in diesem Aufsatz auf eine systematische Darstellung der in der Zeitschrift genannten Hörsituationen, welche natürlich wesentlich reichhaltiger sind als unser Modell.
[10] Diesen Aspekt diskutiert Mark Katz ausführlicher unter dem Begriff der »Invisibility«. Vgl. Mark Katz, *Capturing Sound. How technology has changed music*, Berkeley u. a. 2004, S. 21–29.

Krisenbewältigung durch Rückgriff auf habitualisierte Deutungsmuster

Obwohl die beschriebene Krisensituation prinzipiell für subjektiv beliebige Deutungen offen ist, lassen sich in der untersuchten Zeitschrift gewisse Regelmäßigkeiten der Deutung erkennen. Diese werden verständlich, wenn man sich die strukturell ähnlichen Rahmenbedingungen vor Augen führt, unter denen die Deutungen entwickelt werden. Wir können sie in ihrer Entstehung durch einen Rückgriff auf Pierre Bourdieus Praxistheorie begreifen.

Bourdieu beschreibt als kennzeichnend für jede Praxis, dass sie ein »Ort der Dialektik [...] von objektivierten und einverleibten Ereignissen der *historischen* Praxis«[11] sei. Neben der bereits im Modell dargestellten Struktur der konkreten Erfahrungssituation wären also in diesem Sinne die Beschaffenheit des Gerätes selbst und seiner klanglichen Produkte zu untersuchen, als »objektivierte Ereignisse« von Erfindung und (kultur-)industrieller Herstellung von Grammophon und Schallplatte, von musikalischer Komposition und Interpretation. Die »einverleibten Ereignisse historischer Praxis«, auf der anderen Seite, bezeichnet Bourdieu als »Habitus«, als ein »System von dauerhaften und erzeugenden erworbenen Dispositionen«[12], »die sich in jedem Organismus in Gestalt von Wahrnehmungs-, Denk- und Handlungsschemata niederschlagen«[13].

Welche Ereignisse wie »einverleibt« bzw. habitualisiert werden, ist nicht beliebig, sondern hängt wesentlich von Daseinsbedingungen ab, die z. B. Angehörige einer Kultur, einer Generation oder eines gesellschaftlichen Milieus gemein haben. Daher ergeben sich ähnliche Wahrnehmungs-, Denk- und Handlungsschemata bei Menschen, die unter ähnlichen Bedingungen aufwachsen.[14] Die Schemata sind nicht als starr zu denken: Sie sind übertragbar auf neuartige Situationen,[15] die in irgendeiner Weise als ähnlich zu bereits bekannten Situationen wahrgenommen werden. Durch sie können »unendlich viele und (wie die jeweiligen Situationen) relativ unvorhersehbare Praktiken von dennoch begrenzter Verschiedenartigkeit erzeugt werden«[16].

Bei der ersten Deutung unseres Materials war ganz in diesem Sinne aufge-

---

[11] Pierre Bourdieu, »Strukturen, Habitusformen, Praktiken«, in: *Sozialer Sinn*, Frankfurt 1987, S. 97–121, hier S. 98. Hervorhebung nicht im Original.
[12] Ebd., S. 99.
[13] Ebd., S. 101.
[14] Dies hat Pierre Bourdieu in empirischen Studien umfassend belegt. Vgl. zum Beispiel: Pierre Bourdieu, *Die feinen Unterschiede. Kritik der gesellschaftlichen Urteilskraft*, Frankfurt am Main 1982.
[15] Vgl. Bourdieu, »Strukturen«, S. 98–101.
[16] Ebd., S. 104.

fallen, dass sich ein großer Teil der auf das Grammophon bezogenen Praxis durch ihren Bezug zu typischen gesellschaftlichen Erfahrungen aus der Zeit vor der technischen Reproduktion von Schall verstehen lässt. Um die Krise der Erfahrung des Neuen zu bewältigen, wird auf Handlungs- und Deutungsmuster zurückgegriffen, die sich in als ähnlich wahrgenommenen Situationen bewährt haben (und die daher habitualisiert wurden). Oft werden dabei ältere Deutungsmuster miteinander kombiniert oder der neuen Situation angepasst. Da diese älteren Deutungsmuster in früheren Diskursen verhandelt werden, können wir sie daraus rekonstruieren. Die Themen derjenigen Diskurse, in denen die für das Grammophon relevanten Deutungsmuster aufscheinen, sind: Situationen der Aufführung von Musik (auf der Opern- und Konzerthausbühne, auf dem »Brettl«, wie im bürgerlichen Hause), Bildung und kultureller Fortschritt, technischer Fortschritt und Modernisierung, bildende Kunst und Fotografie, das Jenseits (Religion und Spiritismus), Arbeit und Freizeit und Lebendiges und Totes.

Vorgehensweise

Die Regelmäßigkeiten der entwickelten Deutungsmuster erlauben es uns, sie anhand einiger Idealtypen zu erfassen,[17] die wir zu diesem Zweck auf Grundlage unserer Lektüre gebildet haben. Diese Idealtypen leisten eine »abstrahierende Zusammenfassung dessen, was mehreren konkreten Erscheinungen [hier: Textpassagen in der Zeitschrift, Anm. d. Verf.] gemeinsam ist«[18], während jedoch nicht im Umkehrschluss angenommen werden darf, dass die konkreten Erscheinungen in den Idealtypen ganz aufgehen. Idealtypen sind Begriffsbildungen, die Merkmale der empirisch feststellbaren Deutungsmuster zusammenfassen und ordnen, wenn diese Merkmale als Bestandteile einer eigenständigen Sinneinheit verstehbar sind. Empirisch auftretende Deutungsmuster bewegen sich dagegen nicht in der Reinheit der Typen, sondern sie enthalten oft (nur) Elemente eines oder mehrerer analytisch unterscheidbarer Typen.

Im Folgenden werden wir einige der Formen der Auseinandersetzung mit dem Grammophon zur Darstellung bringen, die wir in folgende Typen gefasst haben: *Transzendenz, Anthropomorphisierung, Bühne im eigenen Heim,*

---

[17] Vgl. zum Begriff des Idealtypus: Max Weber, »Die ›Objektivität‹ sozialwissenschaftlicher und sozialpolitischer Erkenntnis«, in: *Wirtschaft und Gesellschaft*, hrsg. von Johannes Winkelmann, Tübingen 1968, S. 146–214.

[18] Ebd., S. 193.

Werkzeug der Automatisierung, Reproduktion und Wiedergabequalität.[19] Diese erscheinen uns entweder als besonders geeignet, um zentrale Tendenzen in der Zeitschrift zu zeigen, oder um Unterschiede des damaligen Diskurses von einem heute üblichen Verständnis musikalischer Medien zu veranschaulichen. Auf diese Weise wollen wir, ohne dabei auf statistische Repräsentativität oder Vollständigkeit abzuzielen, einen oft vergessenen Möglichkeitsbereich der Deutung reproduzierten Klangs darstellen, und wir hoffen, damit auch zur Debatte über die neuen Medien von heute beizutragen.[20]

Frühe Deutungsmuster zur Phonographie

Nachdem wir im vorherigen Teil unser methodisches Vorgehen beleuchtet haben, beschäftigen wir uns im Folgenden mit dem konkreten empirischen Gegenstand. Hier findet sich in der ersten Ausgabe der *Stimme seines Herrn* vom November 1909 ein Interview mit einer international bekannten Sängerin der damaligen Zeit, Emmy Destinn. In Bezug auf das Erleben des Grammophons heißt es da: »Ich kann mir den eigentümlichen Reiz denken, den eine solche Wiedergabe auf den Schöpfer ausübt. Die Stimme ohne den Körper hat etwas Mystisches, etwas Ueberweltliches.«[21] Und auch an anderen Stellen der Zeitschrift lassen sich ähnlich mystifizierende Umschreibungen für die Tonwiedergabe aus dem Grammophon finden: »aus dem Trichter trat eine weisse Gestalt, in bläuliches Licht getaucht.«[22] Gemeinsam haben diese Aussagen, dass sie eine jenseits der sinnlich erfahrbaren Dinge liegende Welt, eine Erfahrung von *Transzendenz*, thematisieren. Die Erfahrung der akustischen Wiedergabe scheint in diesen Aussagen nicht durch technische Errungenschaften erklärbar zu sein. Es scheint, als wäre der erste Kontakt mit diesem Medium, mit den physisch nicht fassbaren Klängen, so überwältigend gewesen, dass sich das Phänomen nur als Übernatürliches begreifen und akzeptabel machen lässt. Das Hören der »Stimme ohne den Körper«[23] ist charakterisiert durch eine Aufzeichnung und Wiedergabe des sonst so flüchtigen Schalls, ohne den oder die VerursacherIn in menschlicher Gestalt identifizieren zu können. Dies widerspricht den bis dato gemachten Erfahrungen, den Grundsätzen der sinnlich erfahrbaren Welt: »[D]ie Stimme ist ›materialisiert‹ worden. [...] Was bisher un-

---

[19] Zur leichteren Lesbarkeit haben wir diese in den entsprechenden Passagen kursiv gesetzt.
[20] Zugleich dienen die folgenden Abschnitte der Prüfung unseres Deutungsmodells.
[21] Holzbauer (Hrsg.), *DieStimme*, Bd. I, S. 3.
[22] Ebd., S. 117.
[23] Ebd., S. 3.

greifbar im Raume schwebte, hat Form gewonnen. [...].«[24] Diese »Materialisierung« verlangt den RezipientInnen immer wieder neue Interpretationen ab und auch hier fasst der Redner seine Ungläubigkeit über diese Möglichkeiten nur wenige Momente später in folgende Worte: »Homunkulus! Komm' doch und zeige, wie der Teufel mit der Technik spasst!«[25] Der Teufel selbst wird hier als Auslöser für das Ungreifbare angerufen, als seien Technik und rationaler Menschenverstand zur Produktion eines Reproduktionsmediums nicht fähig.

Diese Art von Erklärungsversuchen für die Wiedergabe des Schalls hält sich erstaunlich hartnäckig und spielt zum späteren Zeitpunkt, mit dem Auftreten des Radios, weiterhin eine Rolle. Der Schallreproduktion haftet auch zu Zeiten des Radios das Unheimliche an, wie etwa der 1930 veröffentlichte Artikel »Spuk und Radio« von Günther Stern (später: Günther Anders) belegt.[26]

Demgegenüber stehen zahlreiche Deutungsversuche, die ausschließlich auf die innerweltliche Ursache der Stimmwiedergabe abzielen. In diesen Aussagen finden sich keine Geister oder Teufel als Auslöser, sondern die ZuhörerInnen beschreiben ihre Erfahrungen zum Beispiel durch Deutungsmuster aus dem Bereich sozialer Beziehungen: Das Grammophon wird »zu einem Hausgenossen, zu einem guten Freund, der für die Unterhaltung der ganzen Familie sorgt. Er ist auch nicht anspruchsvoll und verschlingt nicht die großen Kosten einer Sommerreise. [...] [W]enn man Abwechslung haben will, muss man ihm nur eine neue Platte kaufen, die man gerne hören will.«[27] Hier wird dem Grammophon eine Eigenart zugeschrieben, durch die es quasi zu einem Bestandteil der Familie werden kann. Es wird *anthropomorphisiert*, nimmt menschliche Züge an. Es singt, spielt und macht Freude.[28] In manchem Falle wird es gar zum Retter des gesellschaftlichen Abends im Salon – nicht zuletzt auch dadurch, dass es den Pianisten am Abend des Hausballs ersetzen kann.[29] Man schätzt es als Freund und Unterhalter.

Das Grammophon wird aber nicht nur zum Freund stilisiert, sondern es erweckt bei anderen HörerInnen auch den Eindruck, dass »[d]ie Künstler der Mailänder Scala, der Pariser Grossen Oper, des New-Yorker-Metropolitan-Houses [...] nicht mehr Leute [waren], von deren Erfolgen man in der Zeitung las; durch die Platte wurde die persönliche Bekanntschaft vermittelt [...]«[30].

Dieses Motiv der persönlichen und nicht vermittelten Beziehung zum Künst-

---

[24] Ebd., S. 93.
[25] Ebd.
[26] Günther Stern, »Spuk und Radio«, in: *Anbruch (Wien)* 12/2 (1930), S. 65f.
[27] Holzbauer (Hrsg.), *Die Stimme*, Bd. II, S. 530.
[28] Vgl. Holzbauer (Hrsg.), *Die Stimme*, Bd. I, S. 2.
[29] Vgl. ebd., S. 48f.
[30] Ebd., S. 7.

ler findet sich ebenfalls in der Beschreibung eines Höreindrucks, »als ob der Sänger neben einem stände«[31]. Durch die empfundene Unmittelbarkeit wird es den GrammophonbesitzerInnen möglich, sich eine »*Bühne im eigenen Heim*«[32] zu erschaffen und damit auf direktem Wege Konzerte der aktuellen SängerInnen quasi nach Hause zu holen. Durch das Grammophon ist das Klangereignis nun nicht mehr lediglich im aufwändig zu erreichenden Konzertsaal, sondern auch auf dem eigenen Sofa zu jeder Zeit zu genießen. Damit werden die BesitzerInnen der Platten gleichzeitig (vermeintliche) TeilhaberInnen an einem bis dato exklusiven Kreis der KonzertgängerInnen. So suggeriert diese »Bühne im eigenen Heim« eine persönliche Bekanntschaft mit den Gesangsstars – trotz deren tatsächlicher Abwesenheit.

Ebenfalls auf die sinnliche Wahrnehmbarkeit der Präsenz von Musizierenden reagiert ein weiteres Deutungsmuster, welches etwa im folgenden Zitat zu beobachten ist: »Ahnt man, dass die tausend haarscharfen, schwarzen Rillen [...] die Stimmen von Toten lebendig werden lassen? [...] Der Tote singt!«[33] Oder in der Deutung des Grammophons als der »Mechanisierung der Unsterblichkeit«[34]. Wer hier auf der *Bühne im eigenen Heim* stets noch in sinnlicher Präsenz erscheint, ist bereits verstorben. Diese Möglichkeit, die Stimme über den Tod ihrer leiblichen Quelle hinaus zu bewahren, wird bereits in Edisons Patentschrift zum Phonographen erwähnt. Wie Jonathan Sterne rekonstruiert, ist das Motiv der Speicherung der Stimme über den Tod des Sprechers hinaus das Bestimmende zur Zeit der ersten Tonaufnahmen.[35] In der untersuchten Zeitschrift spielt es gegenüber anderen Deutungen jedoch eine eher geringe Rolle – was auch daran liegen mag, dass keine populären SängerInnen der Deutschen Grammophon AG im untersuchten Zeitraum verstorben sind.

Die Deutungen der *Anthropomorphisierung*, *Bühne im eigenen Heim* und Unsterblichkeit gehen von der Eigenart des Grammophons aus, eine Stimme wie ein Mensch abzusondern. Mehr auf dem Charakter des Grammophons als Automat liegt der Fokus bei einem anderen Typus von Praxis, der im folgenden Zitat thematisiert wird: »Eine Instruktionsstunde wird in Zukunft genau so verlaufen, wie die andere [...]. [Denn e]s erging der Befehl, vom 1. ab, die Leutnantsstellen nach und nach bei sämtlichen Armeekorps eingehen zu lassen und dafür auf den Kasernenhöfen und in den Instruktionsstuben ›Grammophone‹ aufzustellen.«[36] Außerdem wird vorgeschlagen, das Grammophon

[31] Ebd., S. 40.
[32] Ebd., S. 20. Hervorhebung nicht im Original.
[33] Ebd., S. 92.
[34] Holzbauer (Hrsg.), *Die Stimme*, Bd. II, S. 22.
[35] Vgl. Jonathan Sterne, *The Audible Past*, Durham/London 2003, S. 287.
[36] Holzbauer (Hrsg.), *Die Stimme*, Bd. II, S. 244.

als Ersatz für parlamentarische Redner, Lehrer, häusliche Erzieher, für Ansager am Bahnhof, Stenographen und Musiker zu nutzen.[37] Der Kern dieser Umgangsweise ist ausgedrückt in folgender Behauptung dazu, »[w]as weiter die Uebertragung der erzieherischen Tätigkeit vom Lehrer auf ein mechanisches Hilfsmittel anlangt [...]. Der durch allerlei Pflichten und Vorschriften an sich bereits arg überlastete Lehrer kann eine Erleichterung seines Berufs, der doch sicher auch eine ganze Anzahl Mechanisches mit sich bringt, gerade nach dieser Richtung hin nur freudig begrüssen [...]«[38]. Hier wird an einen Prozess angeknüpft, der seit dem 19. Jahrhundert besonders die Entwicklung wirtschaftlicher Produktionsverhältnisse bestimmt: Es wird zunächst menschliche Tätigkeit als mechanischer Ablauf interpretiert. Daraufhin wird der Anteil aus dieser Tätigkeit herauspräpariert und standardisiert, der im Hinblick auf die Erledigung festgelegter, repetitiver Aufgaben unentbehrlich ist.[39] Hiermit ist es möglich, diese an einen technischen Apparat zu delegieren.[40] Es handelt sich um die Fortsetzung dieses Industrialisierungsprozesses im kulturellen Bereich, wenn die Zeitschrift die Tätigkeit eines Lehrers als mechanisch interpretiert und daher vorschlägt, sie solle durch ein Grammophon erledigt werden. Es erscheint als *Werkzeug der Automatisierung.*

Dieser Typus der Deutung ist von Beginn an prekär, durch seinen Gegensatz zu humanistischen Idealen der Kultur einerseits, wie andererseits durch die pragmatische Bedingung, dass menschliches Kommunikationsverhalten in der Regel wenig standardisierbar ist, etwa im Vergleich zu den zur Anfertigung eines Werkstücks notwendigen Bearbeitungsschritten. Dies führt dazu, dass Deutungen dieses Typus äußerst selten vorgeschlagen werden. Die oben angeführten Beispiele der ersetzten Parlamentsredner und Soldaten sind als antiparlamentarische beziehungsweise antimilitaristische Satire zu verstehen, beide erscheinen in Aprilheften.

---

[37] Vgl. ebd. und Holzbauer (Hrsg.), *Die Stimme*, Bd. I, S. 8, 27, 49, 351 und 400.
[38] Ebd., S. 27.
[39] Wer mehrfach Ähnliches hergestellt hat (und sei es auch nur zwei Mal eine Tasse Filterkaffee) weiß, dass weder die zur Herstellung durchgeführten Bewegungsabläufe noch das Ergebnis von Natur aus exakt gleich ausfallen. Eine Standardisierung der Handgriffe und Produkte findet in der wirtschaftlichen Produktion vor dem 19. Jahrhundert nur in vergleichsweise geringem Maße statt.
[40] Über unsere Beispiele hinaus beschreibt Gauß ähnliche Vorgänge für phonographische Diktiergeräte. Vgl. Stefan Gauß, *Nadel, Rille, Trichter. Kulturgeschichte des Phonographen und des Grammophons in Deutschland (1900–1940)*, Köln 2009, S. 338–345. Sterne stellt in der wissenschaftlichen und ingenieursmäßigen Auseinandersetzung mit dem Hören seit dem frühen 19. Jahrhundert eine gleich gerichtete Bewegung fest. Vgl. Sterne, *Audible Past*, S. 31–58.

Wir haben inzwischen einige der frühen Versuche dargestellt, mit denen die Paradoxie der Stimme ohne ihre unmittelbare Ursache aufgelöst wird. Die heute übliche Deutung von Klangereignissen, die eine solche Paradoxie nicht mehr wahrnehmen lässt, muss gegenüber dem bisher Genannten als trivial erscheinen. Sie findet sich etwa bei der Sängerin Frieda Hempel, als sie schreibt: »[Ich] freue mich über die ganz vollendete Wiedergabe der von mir gesungenen Cadenzen.«[41] Expliziter ist dieses Deutungsmuster in einer aktuellen Monografie zur Kulturgeschichte der Phonographie formuliert: »Die Identifizierbarkeit der beiden Wirklichkeiten [Original und Reproduktion] bildet eine notwendige Voraussetzung für die Vorgänge der Sinnproduktion im technisch reproduzierten Musikkonsum.«[42] Entscheidend für dieses Deutungsmuster ist die Annahme zweier Situationen, wobei der Apparat im Moment der Reproduktion etwas wiedergibt, was zuvor produziert und aufgenommen wurde.[43]

Der Begriff der Reproduktion erfreut sich im späten 19. Jahrhundert eines weiten Anwendungsfeldes und gehört zum Beispiel in der Biologie, der Ökonomie, aber auch in psychologischen Lerntheorien und in der bildenden Kunst zum Standardvokabular.[44] Als habitualisiertes Deutungsmuster ist die Reproduktion damit weniger an spezifische (historische) Erfahrungen gebunden, als es bei den anderen bisher vorgestellten Deutungen der Fall ist. Dies mag zur historischen Stabilität und zur bis heute allgemeinen Verbreitung dieses Interpretationsmusters einiges beigetragen haben: Die Präsenz von Musizierenden etwa wird bei der Wahrnehmung von Musik einfach deswegen nicht mehr unterstellt, weil die zugrunde liegende Erfahrung historisch überholt ist. Die musikalische Sozialisation findet in der Regel nicht (nur) durch anwesende MusikerInnen statt, sondern weitgehend durch medial vermittelte Musik. Menschen in unserem Kulturkreis erlernen daher von vornherein Wahrnehmungsroutinen, um zu entscheiden, ob MusikerInnen anwesend sind oder ob es sich um eine musikalische Reproduktion handelt. Der Unterschied ist in den meisten Situationen hörbar, oder es kann ohne weiteres Nachdenken aus

---

[41] Holzbauer (Hrsg.), *Die Stimme*, Bd. I, S. 350.
[42] Gauß, *Nadel*, S. 277.
[43] Der Begriff des Originals ist hier nicht zwingend, er taucht in der Zeitschrift nur selten auf.
[44] Über den Weg dieses Deutungsmusters zum Grammophon lässt sich auf Grundlage der Zeitschrift die Hypothese aufstellen, dass zuerst eine Übertragung des Begriffs der Reproduktion aus dem Bereich der bildenden Kunst zur fotografischen Reproduktion vorgenommen worden war. In einem zweiten Schritt wird die phonographische (*klang-schriftliche*) Reproduktion in Anlehnung an die fotografische (*licht-schriftliche*) gedeutet.

Kontextwissen (wo bin ich, wer ist noch da usw.) erschlossen werden, ob etwa ein Sänger oder ein Grammophon das Schallereignis absondert.

Mit Sterne und Wicke lässt sich gegen die Adäquatheit des Begriffspaares von Original und Reproduktion (bzw. Kopie) argumentieren, dass aufgrund der technischen Bedingungen der Aufnahme nicht einfach ein vorhandenes Original reproduziert werden kann, sondern eine neuartige Situation der Aufführung erzwungen wird, die sich deutlich von der Situation im Orchestergraben oder auf der Bühne unterscheidet.[45] Die von uns bereits aufgeführten anderen Deutungsmuster verweisen darauf, dass selbst der Begriff der Reproduktion nur eine von vielen Möglichkeiten bietet, um das Grammophon zu verstehen.

Erst im Anschluss an ein Bewusstsein dieser Zweiheit von Original und Reproduktion werden einige weitere Thematisierungen des Grammophons möglich. So ist man bemüht, »[...] den Unterschied zwischen Original und Reproduktion allmählich so gut wie ganz zu beseitigen [...]«[46], indem »das Bestreben der Konstrukteure [...] dahin [geht], heute den Ton natürlicher und mehr dem Original-Ton gleich zu machen, wovon er die Wiedergabe sein soll«[47]. Die Rezipienten sind sich eines Unterschiedes vom Original zur Reproduktion durchaus bewusst und befinden sich gleichzeitig im optimistischen Glauben, dass die Reproduktion mit genug technischem Geschick mindestens äquivalente, wenn nicht gar bessere Tonerzeugnisse im Vergleich zum Original hervorbringen kann. Bis dahin unterstehen beiderlei Qualitäten, die der Aufnahme und die der einmaligen künstlerischen Präsentation, einem permanenten Vergleichen und Abwägen, wobei das Grammophon im Hinblick auf seine *Wiedergabequalität* bewertet wird.

Manches Mal erscheint es, als überträfen die Qualität und die technische Vervollkommnung der Reproduktionen die Originale: »Bei der Mitteilung durch das ›Grammophon‹ tritt [zur kräftigen deutschen Männerstimme] noch die penible Haltung der Membran hinzu, die als unerbittlicher ›Merker‹ gegen jede kleine Intonationsschwankung reagiert.«[48] Um diese Prüfung der Qualität noch anschaulicher zu machen, greift man zu Vergleichen mit anderen Disziplinen und führt aus, dass »die Wiedergaben [...] von geradezu vorbild-

---

45 Vgl. Sterne, *Audible Past*, S. 235–238 und Peter Wicke, »Das Sonische in der Musik«, in: *PopScriptum* 10 (2008), S. 1–21, www2.hu-berlin.de/fpm/popscrip/themen/pst10/Wicke.pdf (10.06.2011). Auch Gauß setzt den Begriff des »Originals« teilweise in Anführungszeichen, womit er sich anscheinend ebenfalls davon distanzieren möchte.
46 Holzbauer (Hrsg.), *Die Stimme*, Bd. I, S. 6.
47 Ebd., S. 45.
48 Holzbauer (Hrsg.), *Die Stimme*, Bd. II, S. 62.

licher Plastik und Reinheit [sind], das Nebengeräusch [...] so gut wie ganz beseitigt worden [ist]; wie bei einer künstlerisch ausgeführten Photographie finden wir die charakteristischen Einzelzüge wieder, welche die Individualität ausmachen.«[49] Solcherlei Vergleiche und Prüfungen der Aufnahmen gibt es zahlreiche und oftmals wird die Reproduktion als annähernd qualitativ gleichwertig dem Original gegenüber betrachtet. Hinter vielen Aussagen scheint die Überzeugung zu stehen, dass das Original durch seine Reproduktion seinen individuellen Klangcharakter keineswegs verliert, er – im Gegenteil – noch besser zur Geltung kommen kann.

Erstaunlich ist, wie unermüdlich in der Zeitschrift darauf hingewiesen wird, dass die Klänge des Grammophons als Reproduktion einem bereits zuvor Existierenden entsprechen, dass jedoch niemals von einem musikalisch experimentellen Umgang mit der Maschine oder mit den Platten berichtet wird. Lediglich an einer einzigen Stelle in der Zeitschrift wird angedeutet: »Wäre dann nicht die Möglichkeit erschlossen, auf solcher Platte einen Sänger von einem unbegrenzten Timbre zu konstruieren?«[50] In dieser unbeantworteten Frage ist ein Hinweis auf Gestaltungsmöglichkeiten enthalten, die erst weit in der Zukunft genutzt werden und zum damaligen Zeitpunkt im Gedankenexperiment bloßes Erstaunen hervorrufen. Tatsächlich werden seitens der Hörenden keinerlei Versuche zum kreativen Umgang mit den Platten vorgenommen. Somit kann auch kein Spielraum für eine musikalische Veränderung oder Weiterentwicklung an dem neuen Medium erschlossen werden, die beispielsweise zerbrochene und neu zusammengefügte Platten hervorrufen könnten.[51] Die RezipientInnen scheinen in der Rolle der Konsumierenden zu verharren, ohne einen kreativen Umgang mit dem Medium anzustreben. Und dies, obwohl das Grammophon als das »vielseitigste Musikinstrument des Jahrhunderts«[52] bezeichnet wird und man daher aufgrund anderer historischer Beispiele hätte annehmen können, dass auch durch dieses neue Instrument schnell musikalische Innovationen angestoßen werden.

Perspektiven

Wir haben rekonstruiert, wie die »Stimme ohne den Körper« zu Beginn des 20. Jahrhunderts die gewohnte Art, musikalische Reize wahrzunehmen, in eine Krise führt. Daraufhin werden unterschiedlichste Lösungsversuche in Form

---

[49] Hozbauer (Hrsg.), *Die Stimme*, Bd. I, S. 8.
[50] Ebd., S. 93.
[51] Joachim Ifflands Beitrag zu diesem Tagungsband zeigt, wie die akustische Reproduktion sich jenseits solcher kreativer Intentionen dennoch auf musikalisches Schaffen auswirkt.
[52] Holzbauer (Hrsg.), *Die Stimme*, Bd. I, S. 8.

von neuen Deutungen und Praktiken entwickelt, in Auseinandersetzung mit der Struktur der Situation und durch Anpassung zuvor habitualisierter Deutungen, die sich heute durch Rückgriff auf ältere Diskurse zu anderen Themen rekonstruieren lassen. Das Deutungsmuster, das sich schließlich durchsetzt – die konsequente Prädikation von Schallereignissen als reproduziert oder nicht reproduziert (später auch mit den Begriffen von Live- oder aufgenommener Musik)[53] –, erlaubt einen unproblematischen Verzicht auf eine anwesende menschliche Ursache des Schalles.

In diesem Beitrag sollte deutlich werden, dass die heute vorherrschende Art der Wahrnehmung medial vermittelter Musik nur eine von vielen denkbaren Möglichkeiten ist. Es ließe sich noch eine eingehendere Rekonstruktion der spezifischen Habitusformen vornehmen, aus denen verschiedene Deutungen des Grammophons entwickelt wurden. Erst dadurch würde es möglich, verschiedene Praktiken sozial zu verorten und gleichzeitig das angewandte theoretische Modell durch die Suche nach damit nicht erklärbaren Deutungen und Praktiken weiter zu überprüfen. Um die heutige Dominanz des Deutungsschemas der *Reproduktion* in ihrem historischen »Geworden-Sein« zu verstehen, wäre auch die allmähliche Durchsetzung dieses Deutungsmusters im Diskurs über das Grammophon als sozialer Prozess nachzuzeichnen.

[53] Vgl. Sarah Thornton, *Club Culture*, Cambridge 1995, S. 34–51.

Joachim Iffland
»Ja, diese Platten waren unsere Richtschnur« – Einflüsse der Medientechnik auf die Musik am Beispiel der Comedian Harmonists und der Revelers

»Flüchtig eilt die Zeit unwiederbringlich unsrer Liebe./Fern von diesem lausch'gen Ort entweicht die flücht'ge Zeit.«[1] Als die Comedian Harmonists kurz vor ihrer erzwungenen Trennung im Jahr 1935 mit dieser eingedeutschten Version der »Barcarole« aus *Hoffmanns Erzählungen* ihre letzte Schallplattenaufnahme machten, war dies ihre mindestens 166. Einspielung.[2] Die »Flüchtigkeit« der Musik kann von MusikerInnen zu Beginn des 20. Jahrhunderts erstmals überwunden werden – ein Aspekt, der im Kontext von *Musik 2.0* längst zur Selbstverständlichkeit geworden ist. Der Aufnahmetechnik ist es letztendlich zu verdanken, dass die »verklungene« Musik der Comedian Harmonists nicht flüchtig blieb, sondern die Zeit überdauerte und bis in das 21. Jahrhundert hinein in vielfältiger Weise rezipiert wird. Denn bereits in den 1920er-Jahren nahm die Schallkonservierung einen bedeutenden Platz in der Überlieferung von Musik ein, was zur Folge hatte, dass keine Arrangements der Comedian Harmonists zu deren aktiven Zeiten in den Druck kamen.[3] Den Comedian Harmonists und ihren musikalischen Vorbildern leistete die Medientechnik in den späten 1920er- und frühen 1930er-Jahren aber nicht nur distributive Dienste, sie hatte auch einen nicht unbedeutenden Anteil an deren musikalischer Entwicklung. Zur Verdeutlichung dieser These soll hier an Mark Katz angeknüpft werden, der in seiner Arbeit *Capturing Sound* Ansätze bereitstellt, wie und warum die Schallkonservierung das musikalische Leben beeinflusst.[4] Eine solche mediale

[1] Comedian Harmonists, »Barcarole«, Musik: Jacques Offenbach, dt. Text: Julius Hopp, Arrangement: Erwin Bootz, in: *Comedian Harmonists. Das Original 3. Fünf Originalarrangements der Comedian Harmonists*, hrsg. von Ulrich Etscheit und Julian Metzger, Kassel 2000, S. 18–21.
[2] Vgl. Andreas Schmauder, *Irgendwo auf der Welt. Die Schallplatten der Comedian Harmonists und ihrer Nachfolgegruppen*, Freiburg i. Br. 1999, S. 62.
[3] Auch Autographe sind nur wenige überliefert. Vgl. Peter Czada und Günter Große, *Comedian Harmonists. Ein Vokalensemble erobert die Welt* (= Reihe Deutsche Vergangenheit, Bd. 102), Berlin ³1998, S. 190.
[4] Mark Katz, *Capturing Sound. How technology has changed music*, Berkeley/Los Angeles 2004, S. 3.

Prägung und Beeinflussung des musikalischen Geschmacks sowie des musikalischen Schaffens besteht im 21. Jahrhundert als kaum hinterfragter Bestandteil einer Musikerkarriere. Um darzustellen, dass diese Funktion den Medien immanent ist und unabhängig von ausgereifter Technik, nahezu grenzenlosen Bearbeitungsmöglichkeiten und hoher Kaufkraft schon früh das musikalische Schaffen beeinflusste, sollen an dieser Stelle im Sinne von Katz' Definition einige der unzähligen »phonograph effects«[5] in der Musikkultur der 1920er- und 1930er-Jahre aufgespürt werden. In drei Schritten werde ich am Beispiel der Comedian Harmonists veranschaulichen, dass Musik und auditive Medien zu Beginn des 20. Jahrhunderts nicht unbeteiligt nebeneinander standen. Als Erstes ist aufzuzeigen, dass die steigende geografische Verbreitung und die neuen distributiven Möglichkeiten die Musik beeinflussen konnten. In einem weiteren Schritt soll dann die Leitbildfunktion auditiver Medien betrachtet werden, die als Anschauungsobjekt und Paradigma das musikalische Schaffen von Künstlern prägen. Abschließend stehen die Auswirkungen der medientechnischen Defizite auf den musikalischen Inhalt im Fokus. Dabei werden hier vor allem die Kapazität der Tonträger und der konservierbare Frequenzbereich im Blickfeld stehen.

Die Comedian Harmonists: Karriere und mediale Erfolge

Die Comedian Harmonists fanden sich 1926/27 in Berlin auf Initiative von Harry Frommermann (Tenor/Tenorbuffo) zusammen. Nach einigen Personalwechseln gelangte das Ensemble 1929 als Gesangsquintett mit Pianist zu seiner Stammbesetzung.[6] Der eigentliche Karrierestart der Sänger kann auf den 1. September 1928 datiert werden. Sie nahmen ein Engagement bei dem Berliner Revue-Veranstalter Erik Charell (Erich Karl Löwenberg) an, der der Gruppe, die sich zuvor Melody Makers nannte, schließlich ihren Namen gab.[7] In seinen Shows sangen sie zunächst die Intermezzi der Revue *Casanova* und entwickelten daraufhin das *Tempo-Varieté*, ein eigenes Konzertprogramm, mit dem sie im Januar 1930 erstmals abendfüllend als autarke Gesangsgruppe

---

[5] Ebd. Zu Katz' Ergebnissen vgl. dort vor allem S. 8–84.
[6] Harry Frommermann (Tenor), Asparuch Leschnikoff (Tenor), Roman Cycowski (Bariton), Erich Collin (Bariton), Robert Biberti (Bass), Erwin Bootz (Piano).
[7] Zu den Gründungsjahren vgl. Eberhard Fechner, *Die Comedian Harmonists. Sechs Lebensläufe*, Weinheim/Berlin 1988, S. 145–188. Das Buch dokumentiert von Fechner geführte Interviews mit den Sängern aus dem Jahr 1976: *Die Comedian Harmonists. Sechs Lebensläufe. Eine Dokumentation von Eberhard Fechner*, Dokumentation, DVD 393643798X ARD-Video (produziert vom NDR 1976, wiederveröffentlicht 2003).

in Leipzig debütierten. In den folgenden Jahren waren sie in Deutschland, Europa und schließlich in Amerika auf unzähligen Bühnen und hunderttausenden Schallplatten zu hören.[8]

Das Karriereende der originalen Comedian Harmonists markiert die eingangs zitierte Plattenaufnahme der »Barcarole«. Das nationalsozialistische Regime untersagte zunehmend ihre Auftritte und verhinderte ihre mediale Präsenz, sodass sich das Ensemble ab 1932 dem kulturpolitischen Druck beugte.[9] Die Musiker mussten Konsequenzen ziehen, konnten sich jedoch nicht zu einer einheitlichen Lösung durchringen: Drei Mitglieder, denen die Aufnahme in die Reichsmusikkammer verweigert wurde, emigrierten zunächst nach Wien und schließlich nach Paris, um als Comedy Harmonists in europäischen und außereuropäischen Ländern ihre Karriere fortzusetzen. Die übrigen drei Mitglieder blieben in Deutschland und versuchten als Meistersextett trotz weiter steigender Einschränkungen der musikalischen Arbeit an frühere Erfolge anzuknüpfen.[10]

Unabhängig von ihrer Medienpräsenz muss das Bühnenkonzert als Haupteinnahmequelle der Comedian Harmonists betrachtet werden, da sie während ihrer Karriere bis zu 150 Konzerte im Jahr organisierten. Dadurch konnte jeder Einzelne von ihnen – je nach Auftragslage – 500 bis 8 000 Mark pro Monat verdienen.[11] »Das war die Spitze. 8 000 Mark in einem Monat für jeden von uns, das war die Spitze«,[12] erinnerte sich Robert Biberti (Bass) im Rahmen

---

[8] Vgl. Czada/Große, *Comedian Harmonists*, S. 40ff., und Thorsten Ahrend, »Sechs Herren im Frack. Der Start der Comedian Harmonists begann in Leipzig«, in: TRIANGEL. Programmjournal MDR-Kultur 9 (1998), S. 10–17. Zu den Verkaufszahlen der Schallplatten vgl. Schmauder, *Irgendwo*, S. 24.

[9] Wie Andreas Schmauder verdeutlicht, hinderte dies jedoch noch 1940 deutsche Besatzungstruppen in Frankreich nicht daran, dort von der französischen Filiale von His Masters Voice verkaufte deutschsprachige Platten der Comedian Harmonists zu erwerben. Vgl. Schmauder, *Irgendwo*, S. 22.

[10] Zum Karriereende und den Nachfolgegruppen vgl. Fechner, *Comedian Harmonists*, S. 214, 224ff., 253–308 und Czada/Große, *Comedian Harmonists*, S. 57–128.

[11] Wie sich Robert Biberti erinnerte, war man schon zuvor auf höchste Wirtschaftlichkeit bedacht: »Und wenn dann einmal einer von ihnen [den Varieté-Direktoren, Anm. d. Verf.] anrief, und wissen wollte, was die Truppe kostet, dann waren wir sehr darauf bedacht, daß unser ›Büro‹, also dort wo wir tagsüber hausten, daß es dort möglichst lärmvoll zuging. Sobald das Telefon klingelte, improvisierten wir ein allgemeines Stimmengewirr, einer hieb wie wahnsinnig auf die Tasten der Schreibmaschine, [...] nur damit es ordentlich klapperte.« Robert Biberti, in: Fechner, *Comedian Harmonists*, S. 176.

[12] Biberti, in: Fechner, *Comedian Harmonists*, S. 203. Vgl. ebd., S. 198.

von Eberhard Fechners Dokumentation. Der wirtschaftliche Erfolg und die Bekanntheit der Gruppe wurden von dem neuen Medium Schallplatte (zusammen mit Film und Rundfunk) zusätzlich gefördert. Die Lizenzeinnahmen aus Plattenverkäufen, die von 1928 bis 1935 an das Ensemble gezahlt wurden, belaufen sich auf 112 178,57 Mark und brachten der Gruppe damit erhebliche Zusatzeinnahmen.[13] Soweit rekonstruierbar, erreichte im Jahr 1932 die Zahl der jährlich verkauften Tonträger im In- und Ausland einen Spitzenwert von 224 693 Platten.[14] Obwohl der deutsche Plattenmarkt von 1929 bis 1935 vergleichbar zur Entwicklung in den USA infolge der Weltwirtschaftskrise stetig einbrach, verkauften sich die Tonträger der Comedian Harmonists konstant – der Zenit war 1932 erreicht.[15] Mit steigendem Einfluss der Nationalsozialisten ging der Verkauf ab 1933 stetig zurück.[16] Hinzu kamen Einladungen zu Rundfunksendungen und Auftritte in diversen Filmen wie beispielsweise *Gassenhauer* oder *Die Drei von der Tankstelle*.[17] Mit dieser Unterstützung wurden die Comedian Harmonists ab 1930 im europäischen Ausland bekannt, traten vermehrt außerhalb Deutschlands auf und hatten 1934 ein Gastspiel in den USA, bei welchem sie überwiegend im Hörfunk auftraten.[18]

Dieser Auslandserfolg der Comedian Harmonists führte schließlich zu einem »phonograph effect«, denn der Export von Plattenaufnahmen bewirkte auch musikalische Anpassungen: 1931 näherten sich die Comedian Harmonists an ihr »neues« Auslandspublikum an und spielten in andere Sprachen übersetzte Versionen ihrer Lieder ein. So nahmen sie im August 1931 für die Plattenfirma Odeon *The Way with every Sailor* und *Les Gars de la Marine* als englische und französische Version von *Das ist die Liebe der Matrosen* auf.[19] Die übersetzten Interpretationen sind somit Folgen der medial gestützten Bekanntheit im Ausland und des Willens, dort Absatzmärkte für ihre Platten zu erschließen. Wirtschaftliche Interessen beeinflussten demnach – bedingt durch das Medium Schallplatte – ihre Musik.

---

[13] Vgl. Fechner, *Comedian Harmonists*, S. 170 und 203.
[14] Vgl. Schmauder, *Irgendwo*, S. 24 und Czada/Große, *Comedian Harmonists*, S. 46 und 49.
[15] Zur Entwicklung des Plattenmarktes vgl. etwa Peter Tschmuck, *Creativity and Innovation in the Music Industry*, Dordrecht 2006, S. 42f.
[16] Vgl. Schmauder, *Irgendwo*, S. 24.
[17] Vgl. Fechner, *Comedian Harmonists*, S. 191; Czada/Große, *Comedian Harmonists*, S. 54f. und Joe Hembus und Christa Bandmann, *Klassiker des deutschen Tonfilms 1930–1960*, München 1980, S. 25.
[18] Vgl. Fechner, *Comedian Harmonists*, S. 190–212 und Czada/Große, *Comedian Harmonists*, S. 51 und 63–71.
[19] Vgl. Schmauder, *Irgendwo*, S. 43.

Das Vorbild: The Revelers

Der Einfluss der Medientechnik auf die Musik reicht jedoch noch weiter. Bis 1930 traten die Comedian Harmonists in Deutschland mit dem Namenszusatz »Die deutschen Revellers« auf.[20] Die Idee zur Gründung eines solchen Gesangsensembles war also nicht frei erfunden, sondern von einer Inspiration geleitet, zu der die Schallplatte den entscheidenden Beitrag leistete. Ab 1925 war das amerikanische Gesangsquartett The Revelers durch Schallplatten in Deutschland bekannt, gab hier jedoch bis 1927/28 (dem Gründungszeitraum der Comedian Harmonists) noch keine Bühnenkonzerte.[21] 1928 sangen die Revelers in Wien und in weiteren europäischen Städten; nach Deutschland kamen sie lediglich, um die *Pressa*, die Internationale Presseausstellung in Köln, zu besuchen.[22] Schon damals wies die *Neue Freie Presse* (Wien) darauf hin, dass die Schallplatte dem persönlichen Auftreten der Musiker vorauseilte, und verkündete:

> »Eine Tatsache, die vorläufig noch einzig dasteht: die Grammophonplatte als Begründerin eines Weltruhmes. Während bisher die Schallplatte immer erst nach dem persönlichen Erfolg des Künstlers in Aktion treten konnte, zeigt sich das Verhältnis bei den ›Revelers‹ umgekehrt. Vor zwei Jahren wurden in Deutschland die ersten Aufnahmen der ›Revelers‹ in den Handel gebracht. Niemand kannte den Namen dieser Sänger, kein Nimbus irgendwo errungenen Erfolges ging diesen Platten voraus.«[23]

Eine unmittelbar nach den Wiener Konzerten arrangierte Europatournee für das Jahr 1929 führte die Revelers auch auf deutsche Bühnen.[24] Deren Musik kannten die Comedian Harmonists aber bereits seit 1925 und Harry Frommermann fühlte sich offenbar sehr bald dazu animiert, diese Musik ins Deutsche zu übertragen. 1975 machte er rückblickend klar: »Tatsache ist, die Revellers existierten auf Platten der Elektrola schon im Jahre 1925. Ich machte

---

[20] Vgl. Schallplattenreklame von Odeon-Electric, 1928, abgedruckt in Czada/Große, *Comedian Harmonists*, S. 41. Vgl. ebd., S. 50. Im deutschen Sprachraum war die Schreibweise oft Revellers statt Revelers.

[21] Vgl. Anonym, »Die ›Revelers‹ in Wien«, in: *Badener Zeitung* 66 (18.08.1928), S. 4 und Czada/Große, *Comedian Harmonists*, S. 13f. und 40.

[22] Vgl. Anonym, »(Die ›Revelers‹ in Wien!)«, in: *Neue Freie Presse* (21.08.1928), S. 9.

[23] Ebd. Hervorhebung im Original gesperrt.

[24] Vgl. Anonym, »Die Revelers kommen wieder!«, in: *Neue Freie Presse* (24.08.1928), S. 10. Hier trafen die Comedian Harmonists und die Revelers erstmals aufeinander. Vgl. Czada/Große, *Comedian Harmonists*, S. 40.

zuviel Quatsch auf Jessners Schauspielschule mit ewigen Dudeleien im Stil der Revellers, nachdem Asta Nielsen mich auf sie aufmerksam machte, – und flog raus. Die Idee, so etwas zu machen, lag in der Luft!«[25] In diesem Fall standen Frommermanns Hang zur Jazzmusik und seine Vorliebe für die Revelers unter keinem guten Stern. Mit seiner Vermutung, das deutsche Publikum würde sich auch weiterhin für diese Musik begeistern, wenn sie von einem deutschsprachigen Ensemble gesungen wurde, hatte er jedoch bekanntermaßen recht.

Bei der Ensemblegründung sowie der Stilfindung stand also ein Vorbild aus den fernen USA Pate, welches durch das Medium Schallplatte ermöglicht und vermittelt wurde. Auch bei der folgenden Probenarbeit spielten die Schallplatten der Revelers eine wichtige Rolle, denn der gesuchte Gesangsstil war für die teils an Berliner Hochschulen ausgebildeten Sänger vollkommen neu. Jazz wurde dort – im Gegensatz zum Hoch'schen Konservatorium in Frankfurt am Main – nicht unterrichtet.[26] Sänger standen vielmehr noch unter dem Einfluss, lautes, vom Orchester begleitetes Singen zu erlernen. Den neuen von der Schallplatte initiierten Gesangsstil mussten die Comedian Harmonists erst lernen:

> »Jeder meiner Kollegen glaubte, mit voller Stimme ›donnern‹ zu müssen und ordentlich Resonanz zu zeigen. Sie waren noch gewohnt, mit ihrer Stimme, über ein Orchester hinweg, ein Theater zu füllen. Darum klangen unsere ersten Versuche auch noch wie die Proben eines altmodischen Männerquartetts. Mühselig mußten wir die Tugend erlernen, Zurückhaltung zu üben, um hören zu können, was der Nebenmann sang. So begannen wir, fast im Flüsterton zu singen und konzentrierten uns lediglich auf den Text. [...] Wir brauchten Monate, bis wir die ersten drei, vier Sachen einstudiert hatten.«[27]

Zur beginnenden Probenarbeit im Jahr 1928 erinnert sich Harry Frommermann: »Daß eine große Arbeit vor uns lag, war uns schon vorher klar [...]. Es war ja alles Neuland für uns. Dabei half uns das ständige Anhören der Re-

[25] Harry Frommermann an Robert Biberti, 18.09.1975, in: Fechner, *Comedian Harmonists*, S. 147. Noch in den 1970er-Jahren stritten sich Frommermann und Biberti in diesem Briefwechsel darum, wer die eigentliche Idee zur Gründung der Comedian Harmonists gehabt habe. Vgl. ebd.
[26] An der Berliner Musikhochschule wurden beispielsweise Erwin Bootz (Klavier), Erich Collin (Tenor) und für kurze Zeit auch Harry Frommermann ausgebildet, Asparuch Leschnikoff (Tenor) studierte am Stern'schen Konservatorium. Vgl. Dietmar Schenk, *Die Hochschule für Musik zu Berlin. Preußens Konservatorium zwischen romantischem Klassizismus und Neuer Musik, 1869–1932/33* (= Beiträge zur Universitäts- und Wissenschaftsgeschichte, Bd. 8), Stuttgart 2004, S. 236f. und Fechner, *Comedian Harmonists*, S. 36f.
[27] Harry Frommermann, in: Ebd., S. 150f.

vellers-Platten, denen wir die Art der Tongebung abzulauschen versuchten.«[28] Die Schallplatte diente also als musikalisches Vorbild und ersetzte in gewissem Maße die persönliche Unterweisung durch einen Lehrer oder die schriftliche Anleitung eines Lehrbuchs oder eines Notendrucks.[29]

Darüber hinaus diente die Schallplatte der Selbstkontrolle der Musiker – ein Nutzen, der bereits Ende des 19. Jahrhunderts erkannt wurde und der im Fall der Comedian Harmonists explizit zur musikalischen Entwicklung beitrug.[30] Roman Cycowski (Bariton) erinnert sich: »Wir haben uns die Platten [die eigenen, Anm. d. Verf.] angehört und haben gemerkt: Oh, das ist nicht gut! Das müssen wir ausbessern, das müssen wir so machen und das so. Und so haben wir gelernt. Später haben wir sogar von jedem Lied zuerst eine Platte gemacht, denn damit konnten wir uns kontrollieren.«[31] Das wiederholte Hören der eigenen Platten und der Platten der Vorbilder hatte also Auswirkungen auf die musikalische Arbeit oder, wie Mark Katz betont: »[T]he repeatable record became a crucial pedagogical tool for jazz musicians.«[32] Dadurch wurde nicht nur die konservierte, sondern auch die live aufgeführte Musik von der Medientechnik beeinflusst, auch ohne dass auf einer Bühne schon Übertragungs- oder Aufnahmetechnik zur Anwendung kam. Denn der Gesang konnte erstmals im Vorfeld mithilfe der Technik vom Musiker selbst kontrolliert und modifiziert werden – eine Anpassung, die durch das Urteil eines Zuhörers anders ausfallen kann als durch das Urteil des Musikers selbst.

Auswirkungen der Technik: Tonträgerkapazität und Frequenzbereich

Sowohl die Revelers als auch die Comedian Harmonists erhoben in ihrer Laufbahn von vornherein den Anspruch, die gesungenen Stücke akustisch zu

[28] Ebd., S. 151.
[29] Die Comedian Harmonists sangen Kompositionen diverser Komponisten. Die Arrangements schrieben jedoch Erwin Bootz und vor allem Harry Frommermann. Vgl. Schmauder, *Irgendwo*, S. 27–62 und Fechner, *Comedian Harmonists*, S. 150, 153 und 269.
[30] Dieser Effekt trat unmittelbar nach der Entwicklung der Tonträger auf. So war 1889 in der *Saalezeitung* zu lesen: »Der praktische Werth des Phonographen trat dabei insofern deutlich hervor, daß bei der Wiederholung des Gesanges durch den Apparat der Sängerin Gelegenheit geboten war, ihre eigene Stimme als Zuhörerin aus der Ferne vernehmen, prüfen und kontrollieren zu können.« *Saalezeitung*, 4. Beilage zu Nr. 215 (15.09.1889), zitiert nach Thomas Wilke, »Der Ton läuft. Zur Reproduzierbarkeit historischer Hörräume«, in: *Rundgänge der Mediengeschichte*, hrsg. von Matthias Buch, Florian Hartling und Sebastian Pfau, Wiesbaden 2010, S. 191–203, hier S. 200.
[31] Roman Cycowski, in: Fechner, *Comedian Harmonists*, S. 169.
[32] Katz, *Capturing Sound*, S. 84. Vgl. ebd., S. 77.

konservieren.³³ Dabei spielt unweigerlich die Technik der Medien eine gewisse Rolle. Zunächst soll ein Blick auf die Kapazität der nutzbaren Tonträger geworfen werden. Handelsübliche Schallplatten mit 78 Umdrehungen hatten eine Spielzeit von 3 bis 4½ Minuten, wonach sich die zur Konservierung vorgesehene Musik unweigerlich richten musste.³⁴ Somit blieb bei den Comedian Harmonists der Wunsch nach Plattenaufnahmen in einer weiteren Hinsicht nicht ohne Folgen: »Fast alle unsere Nummern waren sehr kurz, höchstens dreieinhalb Minuten, wegen der Länge der Platten«, erinnerte sich Roman Cycowski.³⁵ Musikstücke wurden also gezielt gekürzt beziehungsweise kurze Kompositionen wurden ausgewählt, um das Repertoire sowie die Arrangements der möglichen Aufnahmekapazität anzupassen. Es stand also nicht die Frage im Vordergrund, was aus dem vorhandenen Repertoire akustisch konservierbar war. Vielmehr wurde selektiert, welche Stücke in welcher Gestalt im Hinblick auf aufnahmetechnische Aspekte für das Repertoire geeignet waren. Das Medium Schallplatte hatte für die Musiker also auch aus Kapazitätsgründen einen nicht unerheblichen Einfluss auf die Auswahl und die Gestaltung ihrer Stücke. Für HistorikerInnen birgt dieser Aspekt heute die Gefahr, das Repertoire von Künstlern wie den Comedian Harmonists ausschließlich aufgrund der vorhandenen Tonaufnahmen zu beurteilen. Was sich nicht auf Platten konserviert wiederfindet, sei es aufgrund der Überlieferung oder wegen tatsächlich ausgebliebenen Tonaufnahmen, wurde nicht gesungen – ein Urteil, das allzu schnell gefällt werden kann und stets überprüft werden sollte.

Inwiefern die Bühnenarrangements der Comedian Harmonists im Gegensatz zu den Studioversionen ausgebaut und verlängert wurden, ist noch nicht untersucht und kann nach der bekannten Quellenlage schwer rekonstruiert werden. Sicher ist nur, dass entsprechende Verlängerungen vorgenommen wurden, denn für Bühnenauftritte wurde zusätzlich geprobt, »weil dort viele Extempores vorgesehen waren«³⁶ – so die Erinnerung Roman Cycowskis. Die Auftrittsweise des Ensembles lässt sich beispielsweise in dem Kurzfilm *Kreuzworträtsel* (1931) erkennen, in dem die Comedian Harmonists mitwirkten. Der Film lässt erahnen, dass es sich bei ihren Konzerten nicht um reine Vor-

---

33 Zu den Revelers vgl. Art. »Revelers«, in: *Encyclopedia of Recorded Sound*, Bd. 2, hrsg. von Frank Hoffmann und Howard Ferstler, New York u. a. 2005, S. 920.
34 Vgl. dazu Guido Heldt, »Die Ausdehnung des musikalischen Kosmos«, in: *Geschichte der Musik im 20. Jahrhundert: 1925–1945*, hrsg. von Albrecht Riethmüller (= Handbuch der Musik im 20. Jahrhundert, Bd. 2), Laaber 2006, S. 105–130, hier S. 111.
35 Roman Cycowski, in: Fechner, *Comedian Harmonists*, S. 181.
36 Cycowski, in: Ebd.

tragsabende handelte, sondern dass auch Bühnenkomik und eine amüsante Ausgestaltung der Interpretationen wichtig für das Auftreten des Ensembles waren.[37]

Neben der Kapazität der Tonträger hatte auch der technisch aufnehmbare Frequenzbereich Einfluss auf die Musik. Hierzu muss noch einmal auf die Revelers zurückgekommen werden. Die Comedian Harmonists, »die als Vokal-Jazzband mit köstlich geschulten Stimmen«[38] in aller Munde waren, orientierten sich an einem Gesangsstil, der in Amerika von den Revelers geprägt wurde und gewissermaßen unter dem dort bekannten Vorbild des A-cappella-Barbershop-Quartetts stand.[39] Im Jahr 1917 wurde auf Wunsch der Plattenfirma Victor Records das Gesangsquartett Shannon Four gegründet, aus welchem 1925 die Revelers hervorgingen. Diese Ensembles verfolgten musikalisch leicht unterschiedliche Wege: »The Shannon Four sang a more traditional quartet style; the Revelers a jazzy modern style.«[40] Letztere passten sich somit den neuen, vom Jazz beeinflussten Stilen und Geschmacksrichtungen an und versuchten sich an einem »new quartet style, informal and swinging«[41]. Während die traditionelleren Songs der Shannon Four durchaus von mehreren Instrumenten begleitet wurden, sangen die Revelers mit einem Pianisten. Einen Anreiz hierzu könnte die Medientechnik gegeben haben: Der eigentlich instrumental gespielte Jazz gewann in dieser Zeit an Popularität, wurde durchaus auf Schallplatten gepresst, stieß aber in Bezug auf die ebenso beliebte Praxis der Schallkonservierung an technische Grenzen. Mark Katz bringt das Problem auf den Punkt: »[T]he range of sounds that acoustic and early electrical equipment could capture was much narrower than the range of sound that jazz bands produced.«[42] Gerade aufgrund hoher Frequenzen und zu starker (oder zu schwacher) Schallpegel waren vor allem Violine, Kontrabass, Klavier und Schlagzeug schlecht zu konservieren.[43] Somit war klar: »If jazz

---

[37] Vgl. dazu etwa abgedruckte Szenenfotos in Czada/Große, *Comedian Harmonists*, S. 189. Ein Ausschnitt des Films findet sich beispielsweise auf *Comedian Harmonists – Veronika, der Lenz ist da – Montage mit Realfilm*, youtube.com, http://www.youtube.com/watch?v=OlLzMbcmZFA (14.08.2011).

[38] Leipziger Neuste Nachrichten (27.12.1929), zitiert nach Czada/Große, *Comedian Harmonists*, S. 46.

[39] Zur Entstehung des *barbershop-sound* vgl. Frédéric Döhl, »... that old barbershop sound«. Die Entstehung einer Tradition amerikanischer A-cappella-Musik (= Beihefte zum Archiv für Musikwissenschaft, Bd. 65), Stuttgart 2009.

[40] Art. »Shannon Four«, in: *Encyclopedia of Recorded Sound*, S. 986.

[41] Art. »Revelers«, in: *Encyclopedia of Recorded Sound*, S. 920.

[42] Katz, *Capturing Sound*, S. 81.

[43] Vgl. ebd., S. 81–83 und Heldt, »Die Ausdehnung«, S. 109–111.

musicians wanted to record in those early years, they had to come to terms with the peculiar traits of the technology.«⁴⁴ Oder – um diesen Gedanken fortzuführen – sie gründeten ein Jazz-Gesangsensemble.

Daher ist es denkbar, dass die Revelers mit ihrer Idee, ein vokales Jazzensemble zu gründen, zwar an eine bekannte und beliebte Art der Gesangsformation anknüpften, die Instrumente aber weitgehend durch vokale Instrumenten-Imitationen sowie neue Gesangsarrangements ersetzten und so die technischen Defizite umgingen. Denn für Schallplattenaufnahmen war bedingt durch die Aufnahmetechnik ein leises, moderates Singen erforderlich, um kein Übersteuern zu verursachen.⁴⁵ Wie Robert Biberti verdeutlicht, hatte dies unweigerlich Einfluss auf die Arbeit der Musiker sowie auf deren Gesang: »In der Mitte des Raumes stand ein mächtiges Marmormikrophon, darüber hing ein rundes Instrument mit einem großen Zeiger, den man ständig im Auge behalten mußte. Er zeigte die jeweilige Lautstärke des Vortragenden an und man mußte diese ununterbrochen so regeln, daß er nicht über eine deutlich sichtbare Marke ausschlug.«⁴⁶

Mit dem Festhalten an einer Jazzgesangsformation »konservierte« man – trotz steigender technischer Möglichkeiten im Zuge der Entwicklung elektroakustischer Aufnahmeverfahren – ab 1925 einen Gesangsstil, der von den Defiziten der Medientechnologie möglicherweise mit beeinflusst wurde.⁴⁷ Die Comedian Harmonists machten zwar ab 1929 einige Aufnahmen mit Orchesterbegleitung,⁴⁸

---

44 Katz, *Capturing Sound*, S. 73.
45 Vgl. Martin Pfleiderer, »Stimmen populärer Musik. Vokale Gestaltungsmittel und Aspekte der Rezeption«, in: *Musikalische Akustik, Neurokognition und Musikpsychologie. Aktuelle Forschung der Systematischen Musikwissenschaft am Institut für Musikwissenschaft, Universität Hamburg* (= Hamburger Jahrbuch für Musikwissenschaft, Bd. 25), Frankfurt am Main 2009, S. 233–274, hier S. 250f.
46 Robert Biberti, in: Fechner, *Comedian Harmonists*, S. 179f.
47 Jürgen Kesting verdeutlichte bereits die manipulative Kraft der Medien. Es bestehe »kein Zweifel, daß sich der vom musikalischen Verismo geprägte Epochenstil [Carusos, Anm. d. Verf.] durch die Schallplatte auf Jahrzehnte hin fortsetzte; daß er förmlich in der Imitation erstarrte und daß andere, ältere Formen des Singens, geborgen in Aufnahmen von Adelina Patti« in Vergessenheit gerieten. Jürgen Kesting, *Die großen Sänger des 20. Jahrhunderts*, München 1993, S. 9. Mark Katz weist zudem auf das Verschwinden der Zymbal und die wachsende Bedeutung der Klarinette in der Klezmermusik hin, was ebenfalls als Reaktion auf technische Gegebenheiten einzustufen ist. Vgl. Katz, *Capturing Sound*, S. 39.
48 Beispielsweise *Baby, du hast dich verändert* (1929) mit Dajos Béla und seinem Orchester. Vgl. Comedian Harmonists, *Baby du hast dich verändert*, mit dem Orchester Dajos Béla, Musik: Harry Ralton, Text: Fritz Rotter, Odeon O-2870 (1929) und Schmauder, *Irgendwo*, S. 32. Die steigenden technischen Möglichkeiten mit der Entwicklung und allmählichen Durchsetzung der elektroakustischen

diese bildeten aber die Ausnahme. Vielmehr passten sie sich dem von den Revelers vermittelten Prinzip der Klavierbegleitung und dem neuen intimen Singen, auch crooning genannt,[49] an – aus einer Not wurde gewissermaßen eine Tugend. Das Prinzip der Instrumenten-Imitation wurde außerdem auf der Bühne als Extempore eingesetzt und beispielsweise in *Gassenhauer* (1931) filmisch thematisiert. Die Comedian Harmonists sangen dort die Instrumentenstimmen aus dem Off, während die Schauspieler vor der Kamera so taten, als würden sie Instrumente imitieren.

Baby, du hast dich verändert – Fazit

Auditive Speicherungs- und Distributionsverfahren wurden bereits in den 1920er-Jahren (und früher), das heißt relativ schnell nach deren Entwicklung, wirtschaftlich und musikalisch genutzt. Wie es das Beispiel der Comedian Harmonists zeigt, hatte dies unweigerlich eine Beeinflussung musikalischer Inhalte und des musikalischen Schaffens zur Folge. Dies geschah nicht nur aufgrund der Vorteile, welche der technische Fortschritt der Musikkultur zu Beginn des 20. Jahrhunderts brachte, wie der Möglichkeit, spezifische Stimmen zu reproduzieren und diese geografisch und zeitlich ungebunden als Vorbild zu manifestieren.

Wie gezeigt wurde, konnten auch bestimmte technische Defizite zur Bereicherung des musikalischen Repertoires beitragen, denn anfängliche Probleme mit dem konservierbaren Frequenzbereich sowie mit der Kapazität der Medien blieben nicht ohne Auswirkungen auf das Schaffen der Künstler. Die Comedian Harmonists konservierten einen Gesangsstil, dessen Ursprung von technischen Defiziten mitgeprägt war, obwohl sie in einer Zeit steigender technischer Möglichkeiten produzierten. Medien waren also von Beginn an nicht »nur« Mittel zur Reproduktion und Distribution von Musik, sondern inspirierten auch zu spezifischen Ensemblegründungen, beeinflussten (durch Vor- und Nachteile) den musikalischen Inhalt und wirkten konservierend in Bezug auf Stimmen und Stile. »Jazz did not, however, collapse under the weight of these strictures; it in fact thrived in response to the demands and

---

Aufnahme Mitte der 1920er-Jahre, welche im Vergleich zum Trichteraufnahmeverfahren ein intimeres Singen und differenzierteres Abnehmen der Instrumente ermöglichte, darf hierbei nicht überbewertet werden. Zum einen setzte sich die Technik erst allmählich durch, zum anderen war es nach wie vor schwer, Nebengeräusche zu vermeiden. Vgl. Heldt, »Die Ausdehnung«, S. 110 und Katz, *Capturing Sound*, S. 40 und 81–83.

[49] Vgl. Pfleiderer, »Stimmen populärer Musik«, S. 253.

challenges of the technology«[50] – so auch das Fazit von Mark Katz zu den »phonograph effects«.

Wie es das Beispiel der Comedian Harmonists zeigt, besteht der Einfluss von Medientechnik auf Musik aber nicht als Phänomen einer »hoch entwickelten« Audio- und Medientechnologie, sondern setzte nahezu unmittelbar mit der Existenz auditiver Speicherungs- und Distributionsverfahren ein. Wie intensiv die Medien die musikalische Arbeit beeinflussen konnten, machte Robert Biberti deutlich: »Ja, diese Platten waren unsere Richtschnur, sie waren das, was zu erreichen, oder wenigstens teilweise zu erreichen unser höchstes Ziel war. Immer wieder haben wir die Platten auf unseren Proben gehört [...].«[51] Daraus ergaben sich unzählige »phonograph effects«, welche sich seit dem Bestehen auditiver Medien in vielfacher Weise in der Musikkultur bemerkbar machten und die im Fall der Comedian Harmonists, die stark auf Bühnen vertreten waren, vom technisch-auditiven Medium auf die Konzertbühne übertragen wurden.

---

[50] Katz, *Capturing Sound*, S. 84.
[51] Robert Biberti, in: Fechner, *Comedian Harmonists*, S. 151.

Marleen Hoffmann
Ethel Smyth (1858–1944) und die BBC – eine zwiespältige Beziehung

Die englische Komponistin Ethel Smyth erkannte früh die Bedeutung der neuen technischen Entwicklung der Tonaufnahme, die sie erstmals 1916 für Einspielungen von Auszügen aus ihrer Oper *The Boatswain's Mate* nutzte.¹ Am 14. April 1924, bereits anderthalb Jahre nach der Gründung der British Broadcasting Company,² wurde eines ihrer Werke im Rundfunk gesendet.³ Die Aufnahme ihrer Werke auf Schallplatten einerseits und die Liveübertragung ihrer Musik bei einer Rundfunkanstalt mit landesweiter Reichweite andererseits brachte Smyth ihren persönlichen Zielen ein Stück näher – nämlich der Aufführung und Verbreitung ihrer Werke, allen voran ihrer sechs Opern,⁴ und der langfristigen Verankerung ihrer Kompositionen im britischen Repertoire.⁵ Diese Ziele waren nicht leicht zu

---

1   *The Boatswain's Mate*, Rosina Buckman, Frederick Ranalow, Courtice Pounds, Symphony Orchestra, Dirigentin: Ethel Smyth, 7 LP HMV 02697, 04183/4/5, 04281, 03527 1916. Vgl. [Werbung The Gramophone Co., Ltd.], in: *The Times* (21.3.1917), S. 4; *The Boatswain's Mate Overture Part I & Part II*, Symphony Orchestra, Dirigentin: Ethel Smyth, 2 LP HMV 2-0696/7 1916 und [Werbung The Gramophone Co., Ltd.], in: *The Times* (24.10.1917), S. 12. Einige der Aufnahmen sind in der British Library zugänglich: GB-Lbl 1CL0026647, 1CL0026810, 1CL0029106, 1CL0029107, 1CL0029108. Die Aufnahme der Ouvertüre ist im Internet frei verfügbar: http://www.jolyon.com/orchestral.html (22.10.2011).

2   Die British Broadcasting Company wurde 1927 in British Broadcasting Cooperation umbenannt. Vgl. Martin Schnell, »Die Gründung der *BBC* (1922)«, in: *Handbuch der britischen Kulturgeschichte. Daten, Fakten, Hintergründe von der römischen Eroberung bis zur Gegenwart*, hrsg. von Rudolf Beck und Konrad Schröder (= UTB Literaturwissenschaft, Geschichte, Bd. 8333), Paderborn 2006, S. 347–352.

3   14. April 1924, London Call 2 LO, 19.30 Uhr, Symphony Concert, inklusive Ouvertüre aus *The Wreckers*, The Augmented Wireless Orchestra, Dirigent: Dan Godfrey. Vgl. *BBC Programme Records*, Bd. 1: 1922–1926, hrsg. von The BBC Broadcasting House London, London 1970, S. 59 und »Wireless Programme – Monday«, in: *Radio Times* 3/29 (11.04.1924), S. 92.

4   Ihr musikalisches Œuvre umfasst darüber hinaus Kammermusik, Lieder, eine Messe, eine Sinfonie sowie weitere Werke für Chor, Orchester, Orgel und Klavier.

5   Vgl. Ethel Smyth, »Odds and Ends«, in: *Musical Standard* (24.06.1911), S. 394 und Ethel Smyth, *A Final Burning of Boats*, London 1928, S. 54. Smyths künstlerische Ziele und ihr Selbstverständnis als Komponistin werde ich in meiner Dis-

erreichen – zum einen, da sie als Frau im englischen Musikleben benachteiligt wurde,[6] und zum anderen, weil sich die Umstände im englischen Musikleben nach dem Ersten Weltkrieg gravierend verändert hatten. Komponistinnen und Komponisten konnten kaum noch darauf hoffen, Aufführungen ihrer Werke mithilfe der Unterstützung des Adels herbeizuführen. Smyths Messe in D-Dur beispielsweise konnte 1893 nur uraufgeführt werden, weil die französische Exil-Kaiserin Eugénie ihr Kommen zugesagt hatte.[7] Vor 1914 zog noch die Tatsache, dass Werke bereits auf dem Kontinent aufgeführt worden waren, Aufführungen in England nach sich, wie bei Smyths Opern *Der Wald* und *Strandrecht/ The Wreckers*.[8] Da Smyth aber auch nach dem Krieg weiterhin als Komponistin wahrgenommen werden wollte, musste sie sich den neuen Umständen anpassen und somit auf die neu entstandene Institution BBC zugehen, die sich bald zu einer tragenden Instanz im englischen Musikleben entwickeln sollte.

Die Entstehung und Etablierung der BBC

Als am 14. November 1922 um 18 Uhr die erste Sendung der British Broadcasting Company, die von führenden britischen Herstellern von Radiogeräten gegründet worden war, aus dem Marconi House in London übertragen wurde, war die Zuhörerschaft noch recht überschaubar – gerade mal 30 000 Empfangsgeräte gab es zu der Zeit in Großbritannien.[9] Da die damalige Sendereichweite sehr gering war, wurden zunächst viele kleine lokale Stationen mit eigenen Musikdirektoren und selbstständigen Sendeprogrammen aufgebaut.[10] Die BBC bestritt den überwie-

sertation näher erläutern, die derzeit an der Universität Paderborn unter Prof. Dr. Rebecca Grotjahn entsteht.

[6] Den Widerstand und den Unwillen, die ihr entgegenschlugen, wenn es um die Suche nach Aufführungsmöglichkeiten für ihre Werke ging, führte sie selbst zumindest auf ihr Geschlecht zurück. Vgl. zu dieser Thematik Marleen Hoffmann, »›Wie ich Suffragette wurde.‹ Künstlerisches und politisches Selbstverständnis der englischen Komponistin Ethel Smyth (1858–1944)«, in: *Gender* 4/1 (2012), S. 90–107.

[7] Vgl. Ethel Smyth, *As Time Went On*, London 1936, S. 61 und Ethel Smyth, *Streaks of Life*, London 1921, S. 13.

[8] *Der Wald*, UA 9.4.1902, Königliches Opernhaus, Berlin, EA 18.7.1902, Covent Garden, London und *Strandrecht/The Wreckers*, UA 11.11.1906, Neues Theater, Leipzig, konzertante Aufführung Akt 1 und 2: 30.05.1908, Queen's Hall, London, EA 22.06.1909, His Majesty's Theatre, London. Vgl. Jory Bennett, »List of works«, in: *The memoirs of Ethel Smyth*, hrsg. von Ronald Crichton, Harmondsworth/Middlesex 1987, S. 373–381.

[9] Vgl. Schnell, »Die Gründung der *BBC*«, S. 347 und Asa Briggs, *The BBC. The first fifty years*, Oxford/New York 1985, S. 364.

[10] Zur Entwicklung und Bedeutung der lokalen Stationen vgl. ebd., S. 75–82 und 131–

genden Teil ihrer Sendezeit mit Live-Sendungen, anders als die amerikanischen Rundfunkstationen, die vorrangig Schallplattenaufnahmen sendeten.[11] Zu Beginn konnten die Musikdirektoren lokaler Stationen die Entscheidung über die Musikauswahl und über die Interpretinnen und Interpreten eigenständig treffen, weshalb zunächst oft Amateure in die Sendungen eingeladen wurden. Erst nach und nach entdeckten Berufsmusikerinnen und -musiker dieses Betätigungsfeld für sich. Gerade diese standen neben den Theatern sowie den Konzert- und Opernhäusern der neu gegründeten Institution anfangs skeptisch gegenüber, da sie fürchteten, dadurch könne ihr eigenes Publikum wegbleiben.[12] Amateurensembles bildeten auch später noch einen festen Bestandteil im Sendeprogramm, gerade wenn sie im Rahmen von Festivals auftraten (z. B. *Three Choirs Festival*). So wurde die Musikauswahl vom Repertoire dieser Ensembles durchaus mitbestimmt.[13] Das Ziel, die BBC als eine wichtige kulturelle Größe Großbritanniens durch ein anspruchsvolles Programm geprägt durch klassische Musik, Hörspiele, Vorträge, Reportagen, Diskussionen u. Ä. zu etablieren, wurde in der Anfangszeit von John Reith, Ingenieur und erster *General Manager* des Senders, verfolgt.[14]

Die technische Weiterentwicklung, die mit einer künstlerischen einherging,[15] führte Ende der 1920er-Jahre zu einer umfassenden Umorganisation. 1927 wurde die British Broadcasting Company in eine Corporation umgewandelt, erhielt öffentlich-rechtlichen Status und wurde weiter zentralisiert.[16] Im März 1930 wurden viele kleinere Stationen geschlossen bzw. zu regionalen Sendern zusammengefasst, die sich ab dann verstärkt um die lokale Berichterstattung kümmerten, und es entstand der landesweite Sender National.[17] In den 1930er-Jahren war die Hörerschaft der BBC auf über fünf Millionen angewachsen.[18] Die BBC hatte es geschafft, ein völlig neues Publikum zu erschließen, wel-

---

138.
[11] Vgl. ebd., S. 64.
[12] Zu den Konflikten zwischen den etablierten Einrichtungen des britischen Musiklebens und den neuen Institutionen siehe Jennifer Ruth Doctor, *The BBC and ultra-modern music, 1922–1936. Shaping a nation's tastes*, Cambridge 1999, S. 13–21.
[13] Ronald Taylor, »Music in the air: Elgar and the BBC«, in: *Edward Elgar. Music and literature*, hrsg. von Raymond Monk, Aldershot/Brookfield 1993, S. 327–355, hier S. 336.
[14] Vgl. Schnell, »Die Gründung der *BBC*«, S. 348 und Doctor, *The BBC*, S. 25–58.
[15] So wurde das Repertoire um Jazz sowie Filmmusik erweitert. Vgl. ebd., S. 25.
[16] Vgl. Schnell, »Die Gründung der *BBC*«, S. 349. Zur Vorgeschichte und damaligen Diskussion über die Umwandlung vgl. Briggs, *The BBC*, S. 83–96.
[17] Vgl. ebd., S. 81.
[18] Vgl. ebd., S. 109–115, bes. S. 111. Eine anschauliche Tabelle zur Entwicklung der Anzahl von Lizenzen von 1926 bis 1936 liefert Doctor, *The BBC*, S. 20.

ches aufgrund der hohen Preise bisher nie die Möglichkeit gehabt hatte, in Konzerte zu gehen oder sich eine verhältnismäßig teure Schallplatte zu kaufen, sich jedoch die geringe jährliche Rundfunkgebühr und den Erwerb eines Radiogerätes leisten konnte.[19] Die hohe Diversität des Publikums in Bezug auf Alter, Geschlecht und Einkommen bzw. Bildungsstand sowie die landesweite Reichweite des Senders[20] waren ausschlaggebend für seine Akzeptanz in Musikerkreisen, die die BBC als Kooperationspartner und neue Plattform für sich entdeckten. Meist verhandelten Komponistinnen und Komponisten selbst mit dem Music Department der BBC, insbesondere wenn sie als Dirigenten ihrer eigenen Werke engagiert wurden oder Stücke zur Uraufführung im Radio brachten. Im Gegenzug gehörte es zu den Aufgaben der BBC, Geburtstage großer Musikerpersönlichkeiten mit Konzerten oder Festivals zu würdigen.[21]

Smyths Handlungsstrategien im Umgang mit der BBC

Aufschluss über die Zusammenarbeit zwischen Ethel Smyth und der BBC gibt neben den Sendeprogrammen[22] vor allem die umfangreiche Korrespondenz, die Briefe von und an die Komponistin ebenso enthält wie interne Memos und Verträge.[23] In den Radioprogrammen der BBC aus den Jahren 1924 bis 1944 lassen

[19] Die BBC, obwohl als private Aktiengesellschaft gegründet, finanzierte sich von Beginn an überwiegend aus Rundfunkgebühren. Vgl. Schnell, »Die Gründung der BBC«, S. 348.
[20] Vgl. Briggs, *The BBC*, S. 110.
[21] Umfassende Forschungen zu der Zusammenarbeit zwischen der BBC und zeitgenössischen Komponistinnen und Komponisten stehen noch aus. Als ein Beispiel kann auf Edward Elgar verwiesen werden: vgl. Taylor, »Music in the air«, S. 329, 331 und 334.
[22] *BBC Programme Records*, hrsg. von The BBC Broadcasting House London, Bd. 1–9: 1922–1938, London 1970.
[23] Diese Korrespondenz, ca. 700 Archivalien, wurde zwar bereits 1986 für die Öffentlichkeit freigegeben, blieb aber bislang unentdeckt und wird daher erstmals in diesem Artikel und später in meiner Dissertation wissenschaftlich aufbereitet. Die im Artikel genannten Briefe stammen größtenteils aus diesem Konvolut, welches im BBC Written Archives, Reading, Großbritannien aufbewahrt wird, sodass im Weiteren auf die Nennung des Fundortes bei den Nachweisen verzichtet wird, es sei denn, der Brief hat eine andere Provenienz. Bei den namentlich genannten Korrespondenzpartnern von Ethel Smyth handelt es sich um Angestellte der BBC. Die Korrespondenz wird im Archiv unter der Nummer 910 in sechs Heften aufbewahrt: *Ethel Mary Smyth Composer File 1 1933, File 2 1934–35, File 3 1936–44, Ethel Mary Smyth Artist 1929–37, Ethel Mary Smyth Recording, Gen 1938–39* und *Ethel Mary Smyth Talks 1935–40*. Außerdem gibt es ein Heft zur Korrespondenz nach ihrem Tod: *Central Registry Composer. Dame Ethel Smyth File I, June 1944–1962*.

sich 52 Sendungen²⁴ mit ihren Werken nachweisen, was einem Durchschnitt von zwei bis drei Sendungen pro Jahr entspricht. Dabei stechen zwei Ereignisse besonders hervor: zum einen die Sendung der Uraufführung ihrer Oper *Entente Cordiale* am 22. Juli 1925 aus dem Royal College of Music²⁵ und zum anderen das *Ethel Smyth Festival*, dass die BBC Anfang 1934 mit zwei Konzerten und einer Opernproduktion anlässlich des 75. Geburtstages der Komponistin feierte.²⁶

Die Idee des *Ethel Smyth Festival* stammte von Hugh P. Allen, zu dieser Zeit Direktor des Royal College of Music und selbst Dirigent, der gemeinsam mit anderen führenden Persönlichkeiten des damaligen englischen Musiklebens am 4. Mai 1933 einen Leserbrief in der *Times* veröffentlichte. Darin heißt es über

---

24 Die 52 Sendungen setzten sich wie folgt zusammen: Insgesamt 24 Orchesterkonzerte und zwei Kammermusikkonzerte enthielten Werke von Ethel Smyth, die sie elf Mal selbst dirigierte. Ihre Opern und großen Chorwerke wurden insgesamt elf Mal übertragen. Neben sechs Jubiläumskonzerten, eines unter ihrer dirigentischen Leitung, enthielten vier weitere Sendungen ausschließlich Musik von Ethel Smyth. Vier Mal erklang ihre Ouvertüre aus *The Wreckers* in dem Arrangement für Militärkapelle und einmal diente ihre Ouvertüre aus *The Boatswain's Mate* als Vorspiel für das gleichnamige Theaterstück.

25 22. Juli 1925, 22.30–23.40 Uhr, UA *Entente Cordiale* (stud. Produktion), Robert Gwynne, Dunstan Hart, John Buckland, Charles Draper, Gwyneth Edwards, Winifred Burton, Dirigentin: Ethel Smyth, Royal College of Music. Vgl. The BBC (Hrsg.), *BBC Programme*, Bd. 1, S. 142 und »The Programmes. More Speeches From Wembley«, in: *The Times* (22.07.1925), S. 20.

26 3. Januar 1934, National, 20.10 Uhr, *Second Concert of British Music: The Prison*, Doppelkonzert für Violine und Horn, *Hey Nonny No*, Ouvertüre aus *The Wreckers*, Elsie Suddaby, Stuart Robertson, BBC Symphony Orchestra, Philharmonic Choir, Dirigent: Sir Thomas Beecham, Queen's Hall. Vgl. The BBC (Hrsg.), *BBC Programme*, Bd. 5: 1933–1934, S. 165; »Dame Ethel Smyth's Music. A Broadcast Concert«, in: *The Times* (04.01.1934), S. 8 und »Wednesday Programme«, in: *Radio Times* 41/535 (29.12.1933), S. 966 (s. auch S. 938). 6. Januar 1934, London Regional, 21 Uhr, *Chamber Music (Ethel Smyth)*: Sonate a-Moll op. 7, Streichquartett e-Moll, *Variations on Bonny Sweet Robin*, *Two Interlinked French Folk Melodies*, Samuel Kutcher Quartet, Robert Murchie (Flöte), Terence MacDonagh (Oboe), Kathleen Long (Klavier), Broadcasting House. Vgl. The BBC (Hrsg.), *BBC Programme*, Bd. 5, S. 167; »Saturday Programme«, in: *Radio Times* 41/535 (29.12.1933), S. 984 und »Chamber Music«, in: *The Musical Times* 75/1092 (Feb. 1934), S. 173–174. 14. Februar 1934, London Regional, 20.20 Uhr, *The Boatswain's Mate*, Arthur Cox, Ruth Naylor, Sumner Austin, Suzan Turner, Harry Brindle, Dirigent: Sir Thomas Beecham, Sadler's Wells Theatre, Teil I. Vgl. The BBC (Hrsg.), *BBC Programme*, Bd. 5: 1933–1934, S. 184; »Broadcasting. Herr Schnabel At Queen's Hall«, in: *The Times* (14.02.1934), S. 10 und »Wednesday Programme«, in: *Radio Times* 42/541 (09.02.1934), S. 407, s. auch »Notable Music of the Week«, S. 372–373.

Ethel Smyth: »By reason of her distinction, both in music and letters, and the position she holds among the composers of this country, it seems to us that it would be very appropriate if, some time in the latter part of this year, certain of her works could be performed in her honour and on a festival scale.« Im Folgenden wird die BBC sogar direkt angesprochen: »We believe that the British Broadcasting Corporation would be happy to identify itself with a tribute to this very notable personality.«[27] Danach werden Vorstellungen geäußert, wie solch ein Festival aussehen könnte, und konkrete Werke genannt, die zur Aufführung gebracht werden sollten. Es wäre zu vermuten, dass die BBC diesen Vorschlag selbstständig aufgegriffen hat oder Hugh Allen beziehungsweise andere Unterzeichner den Sender angehalten haben, solch ein Festival in die Tat umzusetzen. Dem war jedoch nicht so, denn in der erhaltenen Korrespondenz zwischen Smyth und der BBC wurde der 75. Geburtstag das erste Mal von ihr selbst am 12. Januar 1933 in einem Brief erwähnt. Darin schreibt sie, ihr sei erzählt worden, es gäbe Gespräche über ein Festival, und wenn das stimme, dann wolle sie doch, dass ihr Streichquartett e-Moll sowie die Sonate a-Moll op. 7 aufgeführt würden.[28] Anschließend schlug sie sogar noch die Musiker vor: Das Kutcher String Quartet[29] sei das einzige, das ihr Quartett so spiele, wie sie es intendiert habe,[30] und die Violinistin Jelly d'Aranyi und die Pianistin Adelina de Lara wünsche sie sich für die Aufführung ihrer Sonate.[31] Nach weiteren vier Monaten Korrespondenz und somit kurz nach Erscheinen des Leserbriefes in der *Times* schlug Smyth dem Sender ein detailliertes Konzertprogramm mit Ensembles, Dirigenten und Aufführungsort für ihr Festival vor.[32] Nun schien der Plan für ein Festival konkret genug geworden zu sein und der Druck durch die Öffentlichkeit entsprechend hoch, sodass die BBC agieren musste. Dennoch dauerte es noch über ein halbes Jahr, bis die Konzerte tatsächlich stattfanden und gesendet wurden – und zwar im Jahr 1934 und nicht im eigentlichen Jubiläumsjahr 1933.[33]

---

[27] Hugh P. Allen, Thomas Beecham, Henry Wood u. a., »Dame Ethel Smyth«, in: *The Times* (04.05.1933), S. 13.
[28] Vgl. Brief von Ethel Smyth an Pedro Tillett, 12.1.1933.
[29] Das Kutcher Quartet wurde 1924 von Samuel Kutcher gegründet.
[30] »May I again express my strong wish that the Kutcher Quartett shall play my Quartett in the projected Chamber Music (Jan) Performance of my works? These are the only quartett who could (+ do) play it as I wish it to be played.« Brief von Ethel Smyth an W. W. Thompson, 31.10.1933. Hervorhebung im Original.
[31] Vgl. Brief von Ethel Smyth an Pedro Tillett, 21.01.1933 und Brief von Ethel Smyth an Pedro Tillett, 21.03.1933.
[32] Vgl. Brief von Ethel Smyth an Adrian Boult, 18.05.1933.
[33] Die Konzerte fanden allerdings zumindest noch vor ihrem 76. Geburtstag, den sie am 23. April 1934 beging, statt.

Auf diese Weise gestalteten sich die meisten Korrespondenzen zwischen der BBC und Smyth in Bezug auf die Aufführung ihrer Werke; das heißt, die Initiative zu Tonaufnahmen, Radiosendungen und Aufführungen ihrer Werke in den BBC-Konzerten ging von der Komponistin selbst aus. Wenn Smyth das Gefühl hatte, selbst nichts ausrichten zu können, versuchte sie wie im Falle des Leserbriefes über befreundete Musikerkolleginnen und -kollegen oder – wie folgendes Schreiben von J. Curwen & Sons an die BBC beweist – auch durch ihre Verleger etwas zu erreichen: »Dame Ethel Smyth is very anxious that her works for orchestra in our catalogue should be occasionally broadcast. We gather that she fears they are in danger of being overlooked.«[34] Smyths Zielstrebigkeit reichte sogar so weit, dass sie eine von ihr mit *Suitable works by Ethel Smyth* betitelte Zusammenstellung ausgewählter Werke am 27. März 1934 an die BBC schickte (Abb. 1).

Suitable Works by Ethel Smyth	
Title	Time
The Mass (Chorus and 4 Soli)	55 minutes
The Prison (Chorus and 2 Soli)	55 "
Sleepless Dreams (Chorus and Orch.)	8 "
Hey Nonny No (Chorus and Orch.)	7 "
Spring Canticle (Chorus and Orch.)	8 "
Concerto (Violin and Horn)	26 "
Overture, The Wreckers	10 "
Overture, The Bosun's Mate	6 "
On the Cliffs (Orch. Prelude)	10 "
Two Interlinked Melodies*	5 "
Suite from Fête Galante Ballet*	15 "
Love Scene from the Wreckers (Sop. and Tenor)	25 "
Three Moods of the Sea (High Baritone & Orch.)	9 "
* For small-ish Orchestra	

Abb. 1: *Suitable works by Ethel Smyth*, Anlage zum Brief von Ethel Smyth an Roger Eckersley, 27.3.1934. Typoskript-Abschrift der BBC. Transk. d. Verf.

---

34 Brief von J. Lawrence (Verlag J. Curwen & Sons Ltd.) an Owen Mase, 30.04.1936.

Diese Liste stellt sozusagen ihre ganz persönlichen »Best-ofs« ihres Schaffens dar. Die meisten der Gattungen, in denen sie komponiert hat (Chor- und Orchesterwerke, Auszüge aus ihren Opern, Orchesterlieder), sind in dieser Auflistung ebenso vertreten wie Kompositionen aus ihrem Früh- und Spätwerk (Messe in D-Dur, Kompositionszeitraum 1891, *The Prison*, 1929–30). Da Smyth vor allem darauf hoffte, ihre Werke in den Sinfoniekonzerten der BBC unterbringen zu können, fehlt allerdings ihre Kammermusik. Entweder fand sie diese Auswahl an Orchesterstücken am besten geeignet für das neue Medium Radio oder es handelte sich schlichtweg um die ihr am meisten am Herzen liegenden Werke, bei denen sie der Überzeugung war, dass diese auch beim Publikum am besten ankamen. Gerade die Ouvertüren waren immer wieder bei den BBC Promenade Concerts in der Queen's Hall und die Chorsätze bei diversen englischen Chorfestivals aufgeführt worden. Die Mehrheit dieser Kompositionen hat in den 1920er- und 30er-Jahren in Großbritannien Eingang in das Konzertrepertoire gefunden – wobei die Komponistin auch für Stücke, die lange nicht mehr aufgeführt worden waren, wie zum Beispiel *Sleepless Dreams*, warb.[35]

Indessen ging Smyth über ihren Vorschlag, welche ihrer Werke generell geeignet seien, noch einen Schritt hinaus und schlug der BBC wiederholt Aufführungsvarianten und Versionen vor, um für ihre Stücke zu werben. Da Sendezeit in der Programmplanung einer Radiostation einen wichtigen Faktor darstellte, nahm sie in diesem Kontext Kürzungen vor. Im Falle ihrer Oper *Fête Galante* verwandelte sie die Ballettversion von 22 in eine Suite von 15 Minuten.[36] Mitunter schlug sie vor nur einzelne Teile aufzuführen, wie zum Beispiel bei *The Prison*.[37] Darüber hinaus bot Smyth der BBC Kompositionen, die noch in Bearbeitung waren, als Ur- bzw. Erstaufführung an, so etwa die Suite *Entente Cordiale*.[38]

Die meisten Zugeständnisse machte die Komponistin jedoch an das neue Medium Radio bei der Produktion ihrer Opern als Funkopern. Zwar wurden die Uraufführung ihrer Oper *Entente Cordiale* sowie die Aufführungen von *The Boatswain's Mate* und *The Wreckers* (einzelne Akte) in der BBC übertragen,[39] allerdings handelte es sich dabei noch nicht um für das Radio

[35] Vgl. Brief von Ethel Smyth an die BBC, 26.07.1935.
[36] Vgl. Postkarte von Ethel Smyth an das Programme Committee of Experts, 13.04.1934.
[37] Vgl. Brief von Ethel Smyth an Roger Eckersley, 04.05.1934. Darin rät Smyth dazu, nur den zweiten Teil von *The Prison* aufzuführen.
[38] Vgl. Brief von Ethel Smyth an Adrian Boult, 29.07.1934. Für andere Angebote neuer Werke ihrerseits siehe auch Brief von Ethel Smyth an Pedro Tillett, 21.03.1933.
[39] 1925 *Entente Cordiale*. Vgl. Fußnote 25. 29.04.1926, Cardiff Call 5WA, Swansea

bearbeitete Fassungen. Obwohl die Idee, *The Boatswain's Mate* für den Rundfunk zu adaptieren, bereits seit 1933 in der BBC kursierte, vergingen über acht Jahre bis zur tatsächlichen Sendung. Der Komponist und Dirigent Leslie Heward, tätig bei der BBC in Birmingham, hatte 1935 bereits mit Smyth gemeinsam eine 33-minütige Version von *The Boatswain's Mate* erstellt.[40] Als die Komponistin im September 1938 wieder darauf stieß, schrieb sie ihm: »[P]erhaps, if you still feel like ›it‹, the BBC would, this time permit a broadcast.«[41] Nach einem Gespräch mit dem Music Productions Director der BBC, Stanford Robinson, kürzte Smyth die Oper auf 50 Minuten und passte sie den Gegebenheiten des Rundfunks an. So wandelte sie die Regieanweisungen in Text für einen Ansager um, der vor Teil eins und zwei jeweils eine halbe Minute zu sprechen hat, und strich einige nur bildlich zu realisierende Szenendetails bzw. baute diese in den Dialog ein. Nach Vollendung der Radioversion wurden Fragen zur Besetzung, zum Sendeort und Sendetermin geklärt. Allerdings verhinderte der Zweite Weltkrieg die sofortige Produktion ihrer Funkoper, sodass sie erst 1941 und 1942 gesendet wurde.[42]

> Call 5SX, 20.00 Uhr, *The Boatswain's Mate*, Beatrice Miranda, WM. Michael, Sidney Russell, WM. Anderson, Grace Daniels, The Station Choir, The Station Symphony Orchestra, Dirigent: Warwick Braithwaite. Vgl. »Broadcasting. The Programmes«, in: *The Times* (29.04.1926), S. 22 und »Cardiff Programmes«, in: *Radio Times* 11/135 (23.04.1926), S. 210. 1934 *The Boatswain's Mate*. Vgl. Fußnote 26. 24. September 1931, London Regional, 20.05 Uhr, Akt I *The Wreckers*, Enid Cruickshank, Odette de Foras, Francis Russell, Philip Bertram, Percy Heming, William Michael, Frederick Davies, Marjorie Parry, Dirigent: John Barbirolli, Covent Garden, 29. September 1931, National, 22.15 Uhr, Akt III *The Wreckers*, Covent Garden. Vgl. The BBC (Hrsg.), *BBC Programme*, Bd. 4: 1931–1932, S. 107, 109; »Entertainments. Covent Garden Opera. ›The Wreckers‹«, in: *The Times* (25.09.1931), S. 10 und »Broadcasting. Opera From Covent Garden.«, in: *The Times* (29.9.1931), S. 12. 22.04.1939, Regional, 14.30 Uhr, *The Wreckers*, Edith Coates, John Wright, Morgan Jones, Harry Brindle, Roderick Lloyd, Nora Gruhn, John Hargreaves, Rose Morris, Dirigent: Warwick Braithwaite, Sadler's Wells Theatre, Akt I, 15.40 Uhr Akt II. Vgl. »Broadcasting. ›The Wreckers.‹ Prague Philharmonic Orchestra«, in: *The Times* (22.04.1939), S. 3 und »Saturday Regional«, in: *Radio Times* 63/811 (14.04.1939), S. 76–77.

[40] Vgl. Ethel Smyth, *Catalogue of her compositions, etc.*, 1936–1943, GB-Lbl Add. 49196, S. 31 und 65. Das Autograph des Librettos der gekürzten Fassung befindet sich im Verlagshaus der Universal Edition in Wien.

[41] Brief von Ethel Smyth an Leslie Heward, 25.09.1938, GB-Lbl MS. Mus. 134 A fol. 66.

[42] 17.06.1941, Home Service, 20 Uhr und 20.02.1942, Home Service, 21.35 Uhr, *The Boatswain's Mate*, Leonie Zifado, Jan van der Gucht, Dennis Noble, Dirigent: Stanford Robinson. Vgl. »Broadcasting. Home Service«, in: *The Times*

Jedoch war die Anpassung ihrer Werke an das Radio noch längst nicht alles, was die Komponistin zu den Sendungen beitrug. So studierte Smyth die Partien mit den Musikerinnen und Musikern größtenteils persönlich ein oder wünschte sich für die Aufführung Interpretinnen und Interpreten, mit denen sie bereits zusammengearbeitet hatte. Als sogenannter *composer-conductor* übernahm sie oft selbst das Dirigat, und zwar in BBC-Sendungen nachweislich 14 Mal. Wenn sie nicht selbst dirigierte, legte sie zumindest großen Wert darauf, sich mit dem jeweiligen Dirigenten wie auch mit den Solistinnen und Solisten vor der Sendung mehrmals zu treffen, um ihre Werke in Bezug auf Tempi und Interpretation durchzugehen. Das heißt, sie legte mit ihrer Liste *Suitable works* nicht nur ihren eigenen (BBC-)Werkkanon fest, sondern beeinflusste auch maßgeblich dessen Interpretation.

Diese Interpretation hielt die Komponistin sogar für die Nachwelt fest. 1938 veranlasste sie die Tonaufnahme einiger ihrer Kompositionen, die letztendlich am 3. März 1939 mit einem extra zusammengestellten Orchester aus BBC-Musikerinnen und Musikern unter Adrian Boult gemeinsam mit der Plattenfirma The Gramophone Company realisiert werden konnte.[43] Allerdings kam es dabei zu einem Missverständnis, da die Plattenfirma keine Bereitschaft zeigte, diese Aufnahmen in den eigenen Verkaufskatalog einzutragen. Anscheinend hatte sie geglaubt, es handle sich um ein rein privates Unterfangen der Komponistin.[44] Adrian Boult erläuterte der Plattenfirma, dass Smyth die Tonaufnahme natürlich für das Publikum initiiert habe und auf die Vermarktung ihrer Platten hoffe.[45] Letztendlich lenkte die Plattenfirma zumindest in Bezug auf ein paar der produzierten Aufnahmen ein.[46]

(17.06.1941), S. 6; »Tuesday. Home Service«, in: *Radio Times* 71/924 (13.06.1941), S. 18; »Broadcasting. Home Service«, in: *The Times* (20.02.1942), S. 6; Brief von Stanford Robinson an Ethel Smyth, 27.05.1941; Brief von Ethel Smyth an Stanford Robinson, 23.06.1941; Brief von Stanford Robinson an Ethel Smyth, 05.02.1942 und Brief von Ethel Smyth an Stanford Robinson, 09.03.1942.

[43] »I want to know if some records c^{ld} be arranged this winter if I paid the band ...« Brief von Ethel Smyth an Adrian Boult, 28.10.1938. *The Dance* (nicht veröffentlicht), *Interlude* aus *Entente Cordiale*, *Minuet* aus *Fête Galante* und *Two Interlinked French Folk Melodies*, Light Symphony Orchestra, Dirigent: Sir Adrian Boult, LP HMV DB 3762 1939. Einige der Aufnahmen sind in der British Library zugänglich: GB-Lbl 1LP0010425, 2LP0031784, 1CL0037279, 1CL0037280, 9CL0042275.

[44] Vgl. Brief von Ethel Smyth an Adrian Boult, 25.03.1939.

[45] Vgl. Brief von Adrian Boult an Louis Sterling, 28.03.1939.

[46] Vgl. Brief von Adrian Boult an Louis Sterling, 20.04.1939. Siehe auch Fußnote 44 bezüglich der Angaben der veröffentlichten Aufnahmen.

Eine zwiespältige Kooperation

Trotz oder gerade wegen all der zahlreichen und vielfältigen Bemühungen, ihre Werke bei der BBC unterzubringen, fühlte sich Smyth immer wieder von ihr übergangen und dem Vorwurf ausgesetzt, sie sei immer »zu spät« (»You always tell me I am too late ...«[47]). In zahlreichen Beschwerdebriefen beklagte sich die Komponistin, wenn beispielsweise keines ihrer Werke innerhalb einer Saison in ein BBC-Proms- oder -Sinfoniekonzert aufgenommen worden war,[48] und meinte, dass ihre beiden wichtigsten Kompositionen, das Streichquartett e-Moll und *The Prison*, prinzipiell übergangen würden.[49] Ebenso bedauerte sie die Durchführung von Studiokonzerten ohne Publikum, schlechte Platzierungen ihrer Stücke im Konzert- oder Sendeprogramm,[50] nicht gesendete Konzerte[51] oder stockende Terminplanungen.[52] In einem Brief vom 26. Juni 1934 warf Smyth dem Radiosender sogar einen »Boykott« ihrer Werke vor.[53] Wenn die BBC ihre Werke nicht sende, dann würden auch keine Chöre und Orchester auf ihre Kompositionen aufmerksam gemacht und damit gäbe es auch keine weiteren Aufführungsmöglichkeiten für sie.[54] Sie frage sich, welche Nachhaltigkeit ein *Ethel Smyth Festival* anlässlich ihres 75. Geburtstages habe, wenn ihre Werke danach wieder nicht gesendet würden.[55] Die Verhandlungen mit den Vertretern des Senders verliefen ihrer Meinung nach mühsam, denn so schrieb sie in ihrer Autobiografie *As Time Went On* mit einem ironischen Unterton: »[B]ut nevertheless I cannot refrain from depositing a floral tribute on the steps of Broadcasting House and saying, that never have I received more courteous letters than those in which that Institution year after year signifies its readiness to ›consider this point.‹«[56]

---

[47] Brief von Ethel Smyth an Percy Pitt, 01.10.1929.
[48] Vgl. Brief von Ethel Smyth an Pedro Tillett, 01.10.1929; Brief von Ethel Smyth an Owen Mase, 31.07.1933 und Brief von Ethel Smyth an Owen Mase, 20.08.1936.
[49] Vgl. Brief von Ethel Smyth an Pedro Tillett, 12.01.1933.
[50] Vgl. Brief von Ethel Smyth an W. W. Thompson, ohne Datum, [1930] und Brief von Ethel Smyth an die BBC, 07.01.1935.
[51] Vgl. Brief von Ethel Smyth an Percy Pitt, 24.09.1929; Brief von Ethel Smyth an Pedro Tillett, 01.10.1929 und Brief von Ethel Smyth an Owen Mase, 31.12.1933.
[52] Vgl. Brief von Ethel Smyth an Kenneth A. Wright, 12.12.1929 und Brief von Ethel Smyth an John Reith, 05.06.1933.
[53] Vgl. Brief von Ethel Smyth an Roger Eckersley, 26.06.1934.
[54] Vgl. ebd.; Brief von Ethel Smyth an Roger Eckersley, 21.07.1934 und Brief von Ethel Smyth an Adrian Boult, 08.09.1934.
[55] Vgl. Brief von Ethel Smyth an Roger Eckersley, 21.07.1934. Smyth bezieht sich hier auf das Festival, welches die BBC zu Beginn des Jahres 1934 durchführte. Zu den Details des Festivals siehe weiter oben S. 90–91.
[56] Smyth, *As Time*, S. 300.

Die im BBC-Archiv erhaltenen Briefe, die den Großteil der insgesamt anzunehmenden Korrespondenz darstellen, bestätigen Smyths eigenen Eindruck. Immer wieder erhielt sie die Antwort, dass das Programm der aktuellen und kommenden Saison schon komplett geplant sei.[57] Vage Zusagen, man werde sie in der nächsten Saison berücksichtigen, wurden gegeben, und man könne einfach nicht sagen, ob die entsprechenden Konzerte mit ihrer Musik gesendet würden.[58] Die Ursache für die zähen Verhandlungen sah Smyth in der kollektiven Verantwortung:

> »There, again, you have a mysterious complex composed of various units, a collection of *chefs* who are responsible for England's musical meals; some for the joints, some for the entrees, and some (far the most important people on the staff) for the kickshaws; in short a *Societá Anonima* summed up under the generic term ›Music Director‹ (or in the provinces ›Conductor‹).«[59]

Insgesamt hatte Smyth über 40 Korrespondenzpartner bei der BBC, unter anderem, da sie immer wieder an andere Personen weiter verwiesen worden war.[60] Im Falle ihrer Studiooper *The Boatswain's Mate* gab es aufgrund fehlender Kommunikation innerhalb der BBC regelrechte Missverständnisse.[61] Auch die »Schuld« konnte der entsprechende Korrespondenzpartner an andere abgeben, da er bei der Planung gar nicht dabei gewesen sei oder gar nichts von einem Versprechen wisse.[62] Oft wurde Smyth damit vertröstet, dass ihre Werke erst im Music Board diskutiert werden müssten, bevor man sich dann bei ihr melden könnte[63] – denn niemand arbeite »gegen das Komitee« (»against a committee«).[64] Außerdem sei »man« zwar hilfsbereit, aber immer sehr beschäftigt.[65]

Die tatsächlichen Gründe für die Zurückhaltung der BBC gegenüber Ethel Smyth lassen sich aus der internen Korrespondenz ablesen. Vordergründig beteuerte man sich gegenseitig, viel beziehungsweise zumindest genug für

---

[57] Vgl. Brief von Owen Mase an Ethel Smyth, 24.03.1933.
[58] Vgl. Brief von Kenneth A. Wright an Ethel Smyth, 07.07.1930.
[59] Smyth, *As Time*, S. 293. Hervorhebung im Original.
[60] Vgl. Brief von Ethel Smyth an Kenneth A. Wright, 12.12.1929.
[61] Vgl. Memo von Kenneth A. Wright an W.K. Stanton, 29.11.1938 und Memo von Stanford Robinson an W.K. Stanton, 01.12.1938.
[62] Vgl. Brief von Percy Pitt an Ethel Smyth, 26.09.1929 und Brief von Adrian Boult an Ethel Smyth, 18.01.1933.
[63] Vgl. Brief von Percy Pitt an Ethel Smyth, 03.10.1929.
[64] Brief von Adrian Boult an Ethel Smyth, 18.01.1933.
[65] Vgl. ebd.

Dame Ethel Smyth getan zu haben,[66] denn: »[O]ur motto is ›Service‹ particularly to the poor composer.«[67] Nach Smyths Anschuldigung, es gäbe einen »Boykott« ihrer Werke, gab es jedoch folgende BBC-interne Reaktion darauf:

> »I assure you that the idea that there is or has ever been any ›boycott‹ on her works is a mere figment of Dame Ethel's imagination. […] The trouble, frankly, is that many of her works are rather cumbersome and demand large resources, but are too uninteresting for Public Concerts. […] The works of some composers occur more frequently in our programmes because far more artists have them in their repertoire and like to do them, but you can scarcely tell her this.«[68]

Immer wieder wurden BBC-intern Bedenken geäußert, was die Aufführung ihrer Werke anbelangte.[69] Selbst wenn die Aufführung eines ihrer Werke vom Sender angenommen worden war, schien der Umgang mit der Komponistin selbst noch ein Problem darzustellen:

> »From the time that the programme was fixed to the performance difficulties were caused by (a) her constant interference, alteration of programmes and timing, suggested artists […]; (b) her stupidity in broadcasting among her friends that these programmes were to be given and promising all and sundry that they should be included. We had to dissuade her repeatedly from the most uneconomic suggestions […] I blame her almost entirely for constant interference, change, and general difficulty.«[70]

Der Konflikt beruhte zum einen auf Smyths permanenten Versuchen, ihre Werke im Radioprogramm zu platzieren, und zum anderen schien sie mit den Möglichkeiten und der Funktionsweise der neuen Institution Rundfunk nicht umgehen zu können, zumindest aus Sicht der BBC. Die Zusammenarbeit zwischen Ethel Smyth und ihr verlief alles andere als harmonisch, ungeachtet der

---

[66] Vgl. Memo von Kenneth A. Wright an D.P. (Name unbekannt), 13.01.1930 und Memo von Aylmer Buesst an M.D. (Adrian Boult), 31.05.1934.

[67] Brief von Kenneth A. Wright an Ethel Smyth, 22.08.1935.

[68] Memo von Aylmer Buesst an Roger Eckersley, 18.07.1934.

[69] »We are keeping in mind certain shorter works such as ›Three Moods of the Sea‹, but it is not easy to include them as they are not every-night fare […] Dame Ethel's writing are by no means uniformly excellent.« Memo von Kenneth A. Wright an D.P. (Name unbekannt), 13.01.1930. Vgl. Memo von Adrian Boult an D.P. (Name unbekannt), 12.05.1933; Memo von Owen Mase an Adrian Boult, 18.05.1933; Memo von Owen Mase an Adrian Boult, 29.06.1933 und Memo von Aylmer Buesst an M.D. (Adrian Boult), 31.05.1934.

[70] Memo von Kenneth A. Wright an Cecil Graves, 30.01.1929.

vielen Danksagungen, Beglückwünschungen und positiven Meinungen, die gegenseitig ausgetauscht wurden.[71]

Die BBC – Ethel Smyths Hoffnungsträger?

Im Jahr 1934 war Smyth in massive Geldnot geraten. In dieser Situation wandte sie sich an die BBC mit der Bitte um Unterstützung[72] und erstellte ihre Liste *Suitable works*, um damit noch mehr erreichen zu können.[73] Sie bat sie mehrfach ihre Werke aufzuführen, um ein paar Tantiemen zu erhalten, denn nun sei es eine Frage von »Brot und Butter« (»bread and butter«).[74] Warum Smyth sich in einer solchen Situation an die Rundfunkstation wandte und nicht an andere Institutionen wie Opernhäuser oder Chorfestivals, die ihre Kompositionen ebenso hätten aufführen können, lässt sich aus folgender Äußerung schließen: »[T]he B.B.C. [...], whether we like it or not, set the pace in music today.«[75] Ihrer Ansicht nach war eine Komponistin auf die BBC und damit auch auf das neue Medium Rundfunk, das potenziell die Bevölkerung im ganzen Land erreichen konnte, angewiesen, wenn andere Musikschaffende und Musikliebende auf ihre Werke aufmerksam gemacht werden sollen.[76] Denn Smyth wünschte sich, dass ihre Stücke von vielen Musikerinnen und Musikern gespielt werden würden.[77] Von ihrer eigenen Größe als Komponistin war sie ebenso überzeugt[78] wie davon, dass das Publikum ihre Musik möge,[79] was sich im Falle der Funkoper *The Boatswain's Mate* durch vereinzelte positive Hö-

---

[71] Vgl. Brief von Ethel Smyth an Owen Mase, 04.01.1934.
[72] Vgl. Memo von Adrian Boult an Aylmer Buesst, 03.04.1934; Brief von Ethel Smyth an Roger Eckersley, 26.06.1934; Brief von Ethel Smyth an Roger Eckersley, 21.07.1934 und Brief von Ethel Smyth an Adrian Boult, 29.07.1934.
[73] Vgl. Brief von Ethel Smyth an Roger Eckersley, 27.03.1934.
[74] Brief von Ethel Smyth an Adrian Boult, 29.07.1934.
[75] Smyth, *As Time*, S. 300; ebenso »[E]very thing is now in the hands of the BBC .. at least they set the pace.. and can make or mar (simply by ignoring) a certain kind of musician.« Brief von Ethel Smyth an Adrian Boult, 05.02.1936. Vgl. Brief von Ethel Smyth an Percy Pitt, 24.09.1929 und Brief von Ethel Smyth an Adrian Boult, 29.07.1934.
[76] Vgl. Brief von Ethel Smyth an Roger Eckersley, 21.07.1934 und Brief von Ethel Smyth an Adrian Boult, 29.07.1934.
[77] Vgl. z. B. Brief von Ethel Smyth an Owen Mase, 14.06.1936.
[78] Vgl. Brief von Ethel Smyth an Adrian Boult, 05.02.1936.
[79] Vgl. Brief von Ethel Smyth an Percy Pitt, 24.09.1929; Brief von Ethel Smyth an Pedro Tillett, 01.10.1929; Brief von Ethel Smyth an W. W. Thompson [1930]; Brief von Ethel Smyth an Pedro Tillett, 12.01.1933 und Brief von Ethel Smyth an Adrian Boult, 05.02.1936.

rerbriefe[80] und durch die vergleichsweise hohe Einschaltquote belegen lässt.[81] Ihrer Ansicht nach trug das Radio zu einer angemessenen Verbreitung ihrer Werke bei, die sich in ihren Augen aufgrund ihres Geschlechts und der damit einhergehenden Hindernisse schwieriger gestaltete, als es bei männlichen Komponistenkollegen der Fall war.[82] Die BBC trage generell dazu bei, dass das Publikum sich seine eigene Meinung unabhängig von der Musikkritik bilden könne.[83] Außerdem fördere die Rundfunkanstalt durch öffentliche Aufführungen junge, noch unbekannte Komponisten und damit die britische Musik.[84] Wie anhand der bereits weiter oben dargestellten institutionellen Entwicklung der BBC ablesbar, war Smyths Einschätzung durchaus gerechtfertigt und zutreffend.

Jedoch war die Komponistin, wie einige ihrer Kollegen auch, über die Erfindung des Radios als solches persönlich nicht gerade erfreut, wie aus einem Brief an Adrian Boult hervorgeht: »Unfortunately I do believe that the wireless is killing music – just as I believe that building is destroying the beauty of England. But I don't see how either can be helped.«[85] Trotzdem akzeptierte Ethel Smyth die neue Medienanstalt und nutzte sie für ihre Zwecke, nämlich ihren Werken Gehör zu verschaffen und damit Geld zu verdienen. Am Ende ihres Lebens hatte sie selbst aufgrund ihrer zunehmenden Taubheit allerdings nichts mehr von der Erfindung des Radios, denn: »I hear music all wrong.«[86]

---

[80] Vgl. Brief von Ethel Smyth an Stanford Robinson, 23.06.1941.
[81] Diese betrug statt dem angenommenen Zehntel ein Drittel der Zuschauerzahlen, die sonst bei den üblichen Opernhits wie *Carmen* einschalteten. Vgl. Brief von Stanford Robinson an Ethel Smyth, 21.07.1941.
[82] Vgl. Brief von Ethel Smyth an Adrian Boult, 05.02.1936.
[83] »I pin my faith on the wireless, believing it can but foster that intellectual and moral independence which is the chief, perhaps the one indispensable element, in the make-up of ›true things.‹ Give the wireless time, and presently we shall have our musical experts trotting after the crowd and pointing out the beauties of the scenery to excursionists who have long since been exploring the next valley.« Ethel Smyth, *Female Pipings in Eden*, London 1933, S. 85f.
[84] Vgl. Ethel Smyth, »A chance for the young composer«, in: *Time & Tide* 14/37 (16.09.1933), S. 1088.
[85] Brief von Ethel Smyth an Adrian Boult [1934], Antwort auf Brief von Adrian Boult an Ethel Smyth, 05.10.1934. Hervorhebungen im Original. Vgl. »Dame Ethel Smyth On Modern Music. Massed Vigour And Speed«, in: *The Times* (19.03.1934), S. 12.
[86] Brief von Ethel Smyth an Leslie Woodgate, 12.05.1937. Hervorhebungen im Original. Vgl. Brief von Ethel Smyth an Adrian Boult, 17.10.1934.

Shelina Brown
This is New Media – Zine Culture, Riot Grrrl Punk, and the Tactics of Third-Wave Feminist Cultural Resistance

As a third-wave feminist punk band active in early 1990's Pacific Northwest, Bikini Kill's primary aim was to bring about »revolution grrrl style now« – a social and cultural »revolution« that demanded a radical re-working of the gendered tropes that sustain extant socio-cultural systems. In 1993, Bikini Kill released the quintessential Riot Grrrl anthem, *Rebel Grrrl*, a 7" single featuring the visceral B-side track, *New Radio*.[1] The static-filled scream that declares: »This is new radio!!« marks a strident call for a redefinition of music culture from an empowered feminist perspective. Through songs such as *New Radio*, Bikini Kill sought to insert an angry, noisy and disruptive female voice into the dominant radio airwaves. In the context of the DIY media culture[2] that constituted an integral component of the Riot Grrrl movement, the call for a »new radio« can be interpreted as a demand for a subversive re-conceptualisation of the role of media within music culture – in other words, a call for a »new media« of radical feminist possibilities.

While the early 1990's Riot Grrrl movement marked a feminist appropriation of formerly male-oriented genres of music such as hard-core punk and hard rock, it also marked young girls' move to take control of the means of musical production and consumption. This move to assert autonomy over their music was largely made possible through the circulation of female-oriented music fanzines, or »zines«, that helped forge female-friendly communities of resistance. The Riot Grrrl movement, though often classified as a musical movement, was thus also closely tied to a wider DIY social movement that sought to construct new forms of independent media as a means of uniting underground, anti-establishment feminist communities. An historical examination of the emergence of the Riot Grrrl movement reveals that in many cases, the independently produced political pamphlets, or zines, often preceded the for-

---

[1] »New Radio« on: New Radio/Rebel Grrrl 7", Bikini Kill, Kill Rock Stars, 1993.
[2] DIY, or Do-It-Yourself, refers to anti-consumerist cultural movements that encourage individuals to take control of the means of production in late-capitalist society.

mation of Riot Grrrl bands. As a form of underground media, Riot Grrrl zines thus marked an instance of a new, innovative use of print media enabling the production and consumption of revolutionary music. Bands such as Bikini Kill and Bratmobile[3] were actively involved in zine production, and the dissemination of these political pamphlets was central to uniting their musical fan-base.

The importance of zine circulation within Riot Grrrl culture is a testament to the concerted efforts of both musical producers and consumers to engage in political discussions, and to share private experiences within an accepting, female-friendly socio-cultural space. This female-friendly ethos came to be the 1990's answer to a perceived decline in feminist activism since the 1970's, and the growing misogyny within hard-core punk rock music counterculture. In this paper I will provide an historical account of the rise of Riot Grrrl zine culture as an integral aspect of this counter-cultural music scene. Riot Grrrl zine culture will be considered as a mode of tactical resistance within a late-capitalist socio-cultural context – in the early 1990's, Riot Grrrl zines were a form of independent media that succeeded in forging a communal, anti-capitalist, anti-misogynist safe space for young women within the extant punk rock subculture.

Tactical Resistance – Grrrls Carving Out Their Own Terrain

Before moving to a discussion of specific Riot Grrrl zines that were instrumental in shaping this musical and political movement, I would first like to briefly set up a useful theoretical framework that can be employed to help us analyze the rise of feminist »new media« within Riot Grrrl subculture.[4] Within the western late-capitalist world, Riot Grrrl punk constitutes a kind of »outsider art« – or, in Riot Grrrl historian Maria Raha's words, »female artists working outside major label and corporate censorship«[5]. Indeed, as marginalised figures within punk rock subculture, Riot Grrrls occupied a position of »double outsiders«. In order to overcome their marginal status, Riot Grrrls sought to lay claim to social and cultural agency through uniting young women through the dissemination of independent zines. These zines were a particularly po-

---

[3] Bratmobile were a Riot Grrrl band formed in Olympia, Washington in 1991. In 1993 they released their influential debut album, *Potty Mouth*, on the Kill Rock Stars label.

[4] In this early 1990's context, I will not be referring to new media in the context of new digital media. In this paper, »new media« references a newly emergent potential for feminist cultural resistance through new, innovative uses of media.

[5] Maria Raha, *Cinderella's Big Score. Women of the Punk and Indie Underground*, Emeryville, CA 2005, p. 261.

werful form of media representation for the »outsider« grrrls of punk rock counterculture – for the first time, there was a medium that gave voice to young girls' concerns ranging from body image issues, sexual violence, and marginalisation within the punk community.

As »outsider« media, zines were disseminated according to a kind of »gift economy«. As zine producers were passionate about uniting girls, zines were often distributed at shows as gifts; zine producers seldom profited from disseminating their work. In analysing such an »outsider«, anti-capitalist production-consumption dynamic, a Marxian model proves sorely deficient.[6] Whereas Marx presented a deterministic, centralised, production-oriented view of capitalist society, the often fragmentary late-capitalist socio-musical landscape demands a reconfiguration of this Marxist perspective to account for the growing awareness of consumers as not only »cogs in the wheel« of the capitalist machine, but also as active, often subversive, »outsider« agents working beyond the parameters of the dominant system.

As a theoretical movement, practice theory offers a new perspective on the more deterministic Marxist production-oriented approach. French social theorist Michel de Certeau's conception of »tactical resistance« offers a mode of theorising minority agency within a dominant capitalist social order.[7] De Certeau's influential work *The Practice of Everyday Life* focuses on the ways in which social subjects unconsciously navigate their way through a given social system. Whereas the extant power structure imposes »strategies« of dominance and control, the social subjects in turn respond with »tactics« that allow them to manoeuvre their way through a social terrain. For de Certeau, »a tactic is a calculated action ... [that] must play on and with a terrain imposed on it ...«[8] In case of Riot Grrrl resistance, the immediate terrain imposed upon them was that of early 1990's hard-core punk subculture. Working within this musical milieu, Riot Grrrls sought to carve out a female-friendly space for themselves. Although music fanzines were produced by men within punk subculture, Riot Grrrls appropriated this male-centric medium and used it to transform the very constitution of punk counterculture – inserting a subversive, empowered female voice into a formerly patriarchal music scene. The de Certeausian conception of tactical resistance is thus highly useful for the purposes of theorizing how minority groups navigate through a given »ter-

---

[6] For an elaboration of Marx's production-oriented approach, see Volumes II & III of *Capital*. Karl Marx, *Capital*, New York 1934.
[7] See Michel de Certeau, *The Practice of Everyday Life*, Trans. Stephen Rendall, Berkeley 1984, p. 37.
[8] Ibid., p. 37.

rain« – rather than mere victims of an oppressive system, the possibility of tactical resistance enables us to consider minority subjects as having access to a kind of agency – one that is actualised in the subversive moves agents make within a given social system.

When discussing Riot Grrrl cultural resistance, it is important to interpret tactical resistance in specifically feminist terms. Feminist Riot Grrrl zine scholar Alison Piepmeier chooses to interpret zines as instrumental in forging what she terms a subversive, »embodied community«[9] of female readers. In Piepmeier's view, the transfer of tactile pleasure is key to the dissemination of zines within underground culture. Piepmeier thus treats zines not merely as texts, but as concrete forms – tactile, three-dimensional »bodies« in their own right. Piepmeier theorizes that the »body« of the zine comes to symbolize a subversive female body that seeks to forge a place for itself within a female-friendly, »embodied community«. Bringing together Piepmeier's and de Certeau's perspectives, in my following analysis of zines I would like to consider these pamphlets as modes of women's embodied and communally driven tactical resistance against both the misogynist hard-core punk subculture, as well as the dominant patriarchal, capitalist mainstream media. In effect, zines were young girls' means of reclaiming power over their own self-representation – a power that was denied to the girls of early 1990's punk rock subculture as they were treated as invisible, second-class participants within punk counterculture, and were construed as dis-empowered sexual objects within the mainstream media.

Zines: A Brief History of Grrrl Resistance

In her monograph entitled *Girl Zines: Making Media, Doing Feminism*, Alison Piepmeier argues for the importance of considering zines not merely as texts, but as three-dimensional »text bodies«.[10] As »text bodies«, zines come in various shapes and sizes, and each »body type« offers a unique tactile experience. Zines are often collages of writing, pictures and drawings, thrown together in a markedly amateurish fashion. Piepmeier offers the following definition of a zine: »Zines are quirky, individualised booklets filled with diatribes, reworking of pop culture iconography, and all variety of personal and political narratives. They are self-produced and anti-corporate. Their production, philosophy, and aesthetic are anti-professional.«[11] The DIY aesthetic of zines is

[9] See Alison Piepmeier, *Girl Zines: Making Media, Doing Feminism*, New York/London 2009, p. 78.
[10] Ibid., p. 80.
[11] Ibid., p. 2.

imbued with a postmodern, ironic self-reflexivity. The zine is self-referential in that it always draws attention to its own artifice, its own »text body«. In refusing clean lay-outs, conventional formatting and all types of professional composition, zines offer up a body of literature that resists being co-opted into mainstream media culture. While it is indeed true that no subcultural product is ever immune from being co-opted into mainstream culture, the unique, individual nature of zine production stresses the importance of forging personal bonds between women – giving rise to a kind of gift economy that is set apart from the sphere of mainstream capitalist production and consumption. Adopting an anti-capitalist mode of production and consumption, Riot Grrrl zines often satirize the conventional images of femininity and girlhood that are perpetuated in mainstream media. Characterized by pastiche and parody, Riot Grrrl zines thus may be considered a postmodern mode of feminist self-representation.

The emergence of Riot Grrrl zines can be traced back to late 80's Olympia, Washington, a liberal college town where a strong community of forward thinking women artists emerged around the experimental art school Evergreen State College. By all accounts, Olympia was an unconventional cultural environment in that it was considered to be a »girl's town« – a place where women played a dominant role in the arts community. Olympia gave rise to a unique style of indie music, a kind of twee punk, characterized by a youthful exuberance and charming simplicity. Calvin Johnson's Beat Happening[12] was perhaps the most successful band to come out of Olympia at this time. By the early 90's, K-Records would emerge as one of the nation's leading indie record labels, promoting a highly accessible, amateurish style of anti-mainstream music.

Despite the presence of many women within the arts community of Olympia, there was still a lack of women involved in music-making. One of the first female-oriented zines to emerge at this time was *Chainsaw*, a queer-girl zine that began in 1988. Following *Chainsaw*, Tobi Vail (who was later to become the drummer for Bikini Kill) established *Jigsaw*. In the words of Tobi Vail, her reason for starting up a zine was »to try and meet other girls and express some kind of feminism. [...] I felt like there was a void of females expressing themselves about music«[13]. Vail's quote reflects the marginal position of young

---

[12] Beat Happening were a lo-fi indie/twee pop band formed in Olympia, Washington in 1982.

[13] Vail quoted in Piepmeier, *Girl Zines*, p. 219. Quote taken from Red Chidgey's compilation: Red Chidgey, »Riot Grrrl Writing«, in: *Riot Grrrl. Revolution Grrrl Style Now!*, ed. by Nadine Monem, London 2007, p. 101–102.

women within alternative, punk rock counterculture. For Vail, the zine's purpose was to unite women, to relive the isolation that young women felt within male-dominated music scenes. Prior to the emergence of Riot Grrrl punk bands, female-centred zines began to unite like-minded girls who were passionate about music and social change. Most importantly, this new unified female safe »space« forged by the exchange of zines helped carve out a new terrain for girls within the parameters of the extant punk subculture – a terrain that would soon prove to be a revolutionary site of tactical gendered resistance.

The two prominent Riot Grrrl bands that would spearhead the »Revolution Grrrl Style Now« emerged in 1990 – Bikini Kill and Bratmobile. Bikini Kill was formed when singer and spoken word poet Kathleen Hanna got the attention of drummer and zine publisher Tobi Vail upon her submissions to Tobi Vail's *Jigsaw*. Likewise, Allison Wolfe and Molly Neuman of Bratmobile also began collaborating on a zine before deciding to form a band. In 1990, Molly Neuman of Bratmobile began to construct *Girl Germs* using the xerox machine in her father's office. It is notable that in the case of Bikini Kill and Bratmobile, the need to form a zine and to forge a female-friendly cultural space was coterminous with the desire to make music. Whereas male-centered rock and punk music scenes tended to be driven by a desire to assert the primacy of the »rockstar« or the »guitar hero«, Riot Grrrls were driven by a desire for communal union, an »embodied community« of girls. The exchange of zines often happened through direct interactions between girls at punk shows, and the act of »gifting« the zines reinforced an embodied connection between girls. The emergence of this »embodied community« marked a subversive transformation of extant punk culture.

In 1991, both Bratmobile and Bikini Kill spent a significant amount of time in Washington DC. Uprooted from the safe haven of the ›matriarchal‹ Olympia, these young women encountered the raw energy of a thriving punk mecca in the nation's capital. However, the DC punk scene was heavily misogynist and featured virtuosic, hard-core bands such as Minor Threat.[14] At the hard-core concerts in early 1990's DC, girls were pushed to the sidelines of the mosh pits, and referred to as »coat hangers« – girlfriends whose role was to hold the men's jackets while they »moshed«. In the mid to late 80's, key female figures in the DC punk scene, such as Chalk Circle's Sharon Cheslow had made attempts to address the misogyny in DC hard-core punk scenes. By the early 90's, »angry girl zines« were circulating within DC punk circles. With the arrival of the group of Olympia girls, the DC feminists would find a community of

---

[14] Minor Threat was a hard-core punk band that was active from 1980–1983 in Washington DC.

like-minded women who would help realise their goals of a punk rock girl revolution.

Around this time, according to historians Sara Marcus and Marisa Meltzer, phrases such as »grrrl riot« begin to surface.[15] The »riot« is a reference to the race riots that were breaking out in Washington DC at the time. Given the misogynistic nature of the punk rock scene, young women felt that they needed to bring about a »grrrl riot«, in the same way that the disenfranchised black community in Washington DC had felt the need to break out in riot. Allison Wolfe and Molly Neuman published a zine, *Riot Grrrl*, in 1990, and around this time, »Riot Grrrl« began to emerge as a cultural and musical movement. The young women's zines that emerged began to articulate »manifestos« outlining clear political aims. With the onset of Riot Grrrl punk, zines thus took on the role of expressing and clarifying the politics of the newly emergent movement.

The most renowned Riot Grrrl manifesto was penned by Kathleen Hanna in 1991 and published in her band zine, *Bikini Kill*. Hanna's manifesto was widely adopted by Riot Grrrl communities across the US. The key points of her manifesto read as follows:

> »BECAUSE we must take over the means of production in order to create our own meanings ... BECAUSE we are interested in creating non-hierarchical ways of being and making music, friends, and scenes based on community ... BECAUSE we are angry at a society that tells us Girl = Dumb, Girl = Bad, Girl = Weak ... BECAUSE I believe with my wholeheartmindbody that girls constitute a revolutionary soul force that can, and will change the world for real.«[16]

As can be read in the above quotation, the Riot Grrrl politic, as defined by Kathleen Hanna, is centred on a desire to carve out a safe space, or a terrain, for young women to occupy within a misogynistic punk subculture, and also within the wider patriarchal hegemonic order. Given the misogyny of the times, Hanna recognises the need to secure control over the means of cultural production »in order [for grrrls] to create [their] own meanings«. In the context of Riot Grrrl zine production, then, the formerly male-oriented media of

---

[15] See Sara Marcus, *Girls to the Front. The True Story of the Riot Grrrl Revolution*, New York 2010, p. 46 and Marisa Meltzer, *Girl Power. The Nineties Revolution in Music*, New York 2007, p. 78.
[16] Kathleen Hanna, *Riot Grrrl Manifesto*, http://onewarart.org/riot_grrrl_manifesto.htm (16.06.2011).

the punk fanzine comes to be reinterpreted from a young woman's perspective, as a »new media« of feminist possibility. In adopting a male-dominated media and reinterpreting this media as a means of enacting women's minority agency, Riot Grrrls offer a mode of tactical resistance against the hierarchical, oppressive music culture that formerly denied them a voice. For the Riot Grrrls, gaining a voice was a means of expressing heretofore silenced accounts of young women's personal struggles and the often harsh realities of girlhood within a patriarchal society. The term ›wholeheartmindbody‹ is thus a key concept in Riot Grrrl politics, one that affirms the primacy of embodied, lived experience, and the importance of community building as an integral aspect of cultural production. Above all, it can be said that the aim of Riot Grrrl subculture was to offer a positive definition of what it means to be a girl in contemporary North America, and this was accomplished by uniting young women through new subversive music and media culture.

Conclusion

Riot Grrrl zines were a form of independent print media that helped forge a radical »embodied musical community« of feminist tactical resistance. As a mode of tactical subversion, Riot Grrrls worked within extant models of independent music media – that of the music fanzine – in order to construct a new socio-cultural space for young women. The Riot Grrrls' re-invention of the socio-cultural terrain of punk subculture marked a revolutionary assertion of female agency. Central to the Riot Grrrls reinvention of the socio-cultural terrain of punk rock subculture was a revolutionary assertion of female agency and self-representation. I would conclude with the assertion that the Riot Grrrls' radical production of alterity functions as a powerful mode of feminist critique that refuses to be co-opted into a unified mainstream, thereby establishing a postmodern claim to female agency.

Andreas Heye
Generation iPod. Musik als Wegbegleiter im Alltag – Eine empirische Untersuchung zur mobilen Musikrezeption

Einer repräsentativen Umfrage zufolge besitzen 88% der weiblichen und 80% der männlichen Jugendlichen zwischen 12 und 19 Jahren einen tragbaren MP3-Spieler, der damit nach dem Mobiltelefon, dem bedeutendsten Alltagsmedium für diese Konsumentengruppe, den zweiten Rang belegt.[1]

Dieser Beitrag erörtert neben der Entwicklung und der Bedeutung tragbarer MP3-Spieler die mobile Musikrezeption.[2] Dabei stehen die Rezipienten, die mobilen Hörer, im Untersuchungszentrum. Anhand einer empirischen Untersuchung von 428 mobilen Hörern konnte gezeigt werden, welche auditiven Stimuli während des Zurücklegens von Wegen von einem Ort zum anderen gehört werden, welche Funktionen der Musik zugrunde liegen, was die besondere Audiorezeption, das Hören von Musik über Kopfhörer in der Öffentlichkeit, charakterisiert und welche situativen Faktoren mobile Hörer beeinflussen.[3] Die Untersuchung basiert auf der Triangulation quantitativer und qualitativer Forschungsmethoden. Für den Untersuchungsgegenstand der mobilen Musikrezeption wurde eigens ein Fragebogen (quantitative Methode) entwickelt, der die Aspekte Stimulus, Selektion, Funktion sowie Wirkung und Wahrnehmung erfasste. Halb-strukturierte Interviews (qualitative Methode) wurden mit acht Probanden durchgeführt, die ebenfalls den Fragebogen ausgefüllt hatten. Dieser

[1] Vgl. *JIM-Studie 2010. Jugend, Information, (Multi)Media-Basisstudie zum Medienumgang 12- bis 19-Jähriger in Deutschland*, hrsg. vom Medienpädagogischen Forschungsverbund Südwest, Stuttgart 2010, http://www.mpfs.de/fildeadmin/JIM-pdf10/JIM2010.pdf (19.07.2011).
[2] Mit dem Begriff *MP3-Spieler* sind tragbare Abspielgeräte für Musik gemeint. Der Begriff *mobile Musikrezeption* definiert die Musikrezeption über Kopfhörer in der Öffentlichkeit.
[3] Die Untersuchung wurde im Jahr 2006 an der Keele University, UK durchgeführt. Es wurden 428 Studenten (weiblich: n = 182, 42,5%) zwischen 16 und 34 Jahren (M = 20,5; SD = 2,2) untersucht. Acht der Probanden (weiblich: n = 5) nahmen an halbstrukturierten Interviews teil. Vgl. Andreas Heye, Alexandra Lamont, »Mobile Listening Situations in Everyday Life: The use of MP3 players while travelling«, in: *Musicae Scientiae* 14/1 (2010), S. 95–120.

ausgefüllte Fragebogen der jeweiligen Probanden fungierte als Interviewleitfaden, und die Probanden wurden aufgefordert, ihre Angaben näher zu erläutern.

Entwicklung und Bedeutung tragbarer MP3-Spieler

Mit der Einführung von Sonys Walkman 1972 wurde ein Produkt auf den Markt gebracht, das aus heutiger Sicht als Vorläufer des MP3-Spielers gilt und schon damals eine Vielzahl von überwiegend jungen Musikliebhabern begeisterte. Der Walkman ermöglichte es zum ersten Mal in der Musikgeschichte, die persönliche Musik zu jeder beliebigen Zeit an jedem beliebigen Ort zu hören. Doch neben der Euphorie wurden auch kritische Stimmen in den öffentlichen Medien laut. So schrieb die *Süddeutsche Zeitung* im Mai 1987: »Viele junge Leute wagen sich ohne Kopfhörer kaum mehr ins Freie. Mit nach innen gestülptem Blick stapfen sie beziehungslos durch die Natur. Allgegenwärtiger Lärm hat ihnen Angst vor der Stille gebracht.«[4] Die Wochenzeitung *Die Zeit* ging noch einen Schritt weiter und diagnostizierte: »Autismus macht sich allenthalben breit. Der mit dem Walkman zugestöpselte und abgekapselte Mensch […] ist vielleicht das sinnfälligste Bild für diesen Zustand.«[5] Eine »sozialpsychologische Verelendung« wurde prognostiziert, die in direkten Zusammenhang mit der Nutzung des Walkmans gebracht wurde.[6] Der (laute) Musikkonsum mit dem Walkman wurde zudem mit der Lärmbelästigung in der Öffentlichkeit und der Hörschädigung der Walkmannutzer in Beziehung gesetzt. Fahrgäste in öffentlichen Verkehrsmitteln fühlten sich von dem Restgeräusch (*noise rubbish*) gestört. Diese Art der Lärmbelästigung ist heute weiterhin aktuell. Öffentliche Verkehrsanbieter versuchen beispielsweise durch Plakate, die Fahrgäste mit Walkmans beziehungsweise MP3-Spielern daraufhin zu sensibilisieren. So hing zum Beispiel in Münchens U-Bahnen eine Karikatur von einem Walkmannutzer und einem verärgerten Sitznachbarn mit dem Titel »Aus dem Walkman tönt es grell – dem Nachbarn juckt's im Trommelfell«[7].

HNO-Ärzte und Gesundheitsorganisationen warnen vor irreparablen Hörschäden, die durch tägliches Hören von lauter Musik verursacht werden können. Dabei ist nicht die Lautstärke an sich der alleinige Gefahrenträger, sondern auch die Entfernung von der Geräuschquelle. Bei Kopfhörern, insbesondere bei In-Ear-Kopfhörern, wirkt die Geräuschquelle direkt am beziehungsweise

[4] *Süddeutsche Zeitung* vom 13.05.1987, zitiert nach Rainer Schönhammer, *Der »Walkman«. Eine phänomenologische Untersuchung*, München 1988, S. 12.
[5] *Die Zeit* vom 27.03.1987, zitiert nach Schönhammer, *Der »Walkman«*, S. 12.
[6] Vgl. *Musikpsychologie. Ein Handbuch*, hrsg. von Herbert Bruhn, Rolf Oerter und Helmut Rösing, Reinbek ⁴2002 S. 182.
[7] Schönhammer, *Der »Walkman«*, S. 18f.

im Ohrbereich, sodass der laute Musikkonsum einem Discobesuch oder sogar einem Rockkonzert mit über 100 dB(A) gleichkommt. Nach Aussagen einer Untersuchung der Bundesanstalt für Arbeitsschutz und Arbeitsmedizin überlasten die meisten Jugendlichen ihre Ohren zwar nicht, jedoch zeigt die Umfrage unter 681 Jugendlichen, dass 20% ihr Ohr so weit belasten, dass »dies einem achtstündigen Dauerkonsum von 90 dB(A) und darüber entspricht«[8].

Trotz dieser kritischen Einschätzungen hat sich der MP3-Spieler als Alltagsmedium in unserer Gesellschaft etabliert. Er ist nicht nur ein Jugendmedium, sondern findet auch zunehmend Beliebtheit bei älteren Konsumenten. Wie eingangs erwähnt, sind die meisten Besitzer von MP3-Spielern Jugendliche (84% aller Jugendlichen zwischen 12 und 19 Jahren). Dabei ist die Beliebtheit innerhalb der Altersgruppen, des Geschlechts und des Bildungsabschlusses gleichermaßen hoch. Aktuelle Statistiken über die Medienausstattung älterer Konsumentengruppen in Deutschland sind mir nicht bekannt. Jedoch zeigt eine Erhebung, die unter 3 053 US-Amerikanern durchgeführt wurde, dass im Durchschnitt 43% der Erwachsenen (18+) einen MP3-Spieler besitzen. Zwar nimmt der Anteil mit zunehmendem Alter ab, dennoch ist es noch knapp ein Drittel (28%) der 50- bis 64-Jährigen, die einen MP3-Spieler besitzen.[9] Ich gehe davon aus, dass Jugendliche und junge Erwachsene die Hauptnutzer von MP3-Spielern sind und bleiben, jedoch auch ältere Konsumentengruppen zunehmend erschlossen werden.

Der technologische Wandel sowie speziell die Miniaturisierung und Bedienerfreundlichkeit der Geräte machen den MP3-Spieler zu einem der wirtschaftlich ertragreichsten Geräte der Unterhaltungselektronik, d. h., er ist für fast jedermann erschwinglich, da er heutzutage schon für circa 20 Euro zu haben ist. Die Miniaturisierung und die Bedienerfreundlichkeit möchte ich anhand eines Modells verdeutlichen. Apples iPod ist das Paradebeispiel dafür, wie sich die Größe und das Gewicht der Geräte verringert haben und gleichzeitig die Spezifikationen wie Speicherkapazität oder Betriebslaufzeit erhöht wurden. So misst der iPod Nano 37,5 × 40,9 × 8,78 mm und wiegt lediglich 21 g,[10] bietet dabei jedoch eine Speicherkapazität von 16 GB und hat Platz für etwa 4 000 Musiktitel.[11] Die Betriebsdauer gibt der

---

[8] Hartmut Ising, Charlotte A. Sust, Peter Plath, *Gehörschäden durch Musik* (= Gesundheitsschutz, Bd. 5), Dortmund ¹¹2004, S. 29.

[9] Vgl. Amanda Lenhart u. a., *Social Media & Mobile Internet Use Among Teens and Young Adults*, Washington 2010, http://www.pewinternet.org/~/media//Files/Reports/2010/PIP_Social_Media_and_Young_Adults_Report_Final_with_toplines.pdf (29.09.2011), S. 12.

[10] Vgl. *iPod nano*, http://www.apple.com/de/ipodnano/specs.html (10.01.2012).

[11] Die Berechnung basiert auf einem Schätzwert von 4MB pro Titel und ist immer abhängig von der Komprimierungsrate, dem Komprimierungsformat und der Titellänge.

Hersteller mit 24 Stunden an. Im Vergleich zu den Möglichkeiten des Walkmans ist dies eine kleine Revolution der Musikindustrie, da es heutzutage kein Problem ist, eine gesamte Musiksammlung im Hosentaschenformat mit sich zu führen. Außerdem beinhaltet der technologische Wandel die Entwicklung digitaler Musikformate wie beispielsweise des MPEG-Audio-Layer-III-Formats, kurz MP3, die es ermöglichen, eine größere Anzahl an Musiktiteln in komprimierter Form (auf Kosten der Musikqualität) zu speichern und diese einfach über das Internet oder andere Speichermedien zu distribuieren.[12] Laut einer repräsentativen Studie zum Medienumgang besitzen Jugendliche im Durchschnitt 1 475 Musiktitel auf ihrem MP3-Spieler, wobei männliche Befragte im Durchschnitt im Vergleich zu den weiblichen Befragten (709 Titel) drei Mal so viele Musiktitel (2 176 Titel) speichern.[13] Der aktuelle Stand der Medienausstattung Jugendlicher zeigt deutlich, dass der MP3-Spieler den Status eines Alltagsmediums der Unterhaltungselektronik erlangt hat. Im Folgenden sollen die Nutzung des und der Umgang mit dem MP3-Spieler erörtert werden. Im Vordergrund stehen dabei die Fragen, welche Spezifikationen des MP3-Spielers in welcher Art und Weise von mobilen Hörern genutzt werden und welche Gründe für und gegen die mobile Musikrezeption sprechen.

Musik als alltäglicher Begleiter

Heutzutage hat Musik überwiegend einen begleitenden Charakter in unserer Gesellschaft. Sie weckt uns aus dem Schlaf, unterhält uns auf dem Weg zur Arbeit, spielt, während wir essen, oder unterstützt andere Tätigkeiten (zum Beispiel Hausarbeit, Lesen, Sport etc.). Sloboda u. a. geben einen Überblick über Kontexte, in denen Musik eine Rolle spielt, und fassen diese in sechs Kategorien zusammen (travel, physical work, brain work, body work, emotional work, attendance at live music performance events as an audience member). Die Kategorie »travel (e. g. driving a car, walking, using public transport)« enthält im Vergleich zu den anderen Kategorien am häufigsten Musik. In 90% der Fälle wird Musik gehört.[14]

---

[12] Auf den Einfluss geminderter Musikqualität durch die Datenkomprimierung auf die Musikästhetik möchte ich aus Platzgründen nicht ausführlicher eingehen. Das Gleiche gilt für das (il)legale Downloaden von Musik aus dem Internet. Vgl. hierzu den Beitrag von Katrin Haase in diesem Band.

[13] Vgl. *JIM-Studie 2008. Jugend, Information, (Multi)Media. Basisstudie zum Medienumgang 12- bis 19-Jähriger in Deutschland*, Stuttgart 2008, http://www.mpfs.de/fileadmin/JIM-pdf08/JIM-Studie_2008.pdf (19.07.2011), S. 21.

[14] Vgl. John A. Sloboda, Susan O'Neill, Antonia Ivaldi, »Functions of music in everyday life: An exploratory study using the Experience Sampling Method«, in: *Musicae Scientiae* 5/1 (2001), S. 9–32.

Betrachtet man die Medienbeschäftigung Jugendlicher in ihrer Freizeit genauer, so bleibt unumstritten, dass Musikhören die beliebteste ist, was jedoch durch unterschiedlichste Geräte geschieht (CD-Spieler, Radio, MP3-Spieler, Musikfernsehen, Internet etc.).[15] Der MP3-Spieler als Wiedergabemedium von Musik und anderen Stimuli wie beispielsweise Podcasts, Hörbüchern o. Ä. ist für Jugendliche ein wichtiger Bestandteil während des gesamten Tagesverlaufs (siehe Abb. 1). Am häufigsten kommt der MP3-Spieler auf dem Schul- oder Arbeitsweg zum Einsatz, nämlich bei jedem Zweiten. Neben den Erkenntnissen von Sloboda u. a.[16] ist dieses ein weiterer Beleg für den hohen Stellenwert der mobilen Musikrezeption.

ist mir am wichtigsten …, in %		Fernsehen	Radio	Internet	Handy	MP3-Player
im Tagesablauf	beim Aufstehen	7%	40%	5%	26%	10%
	beim Frühstück	9%	50%	0%	5%	6%
	auf dem Schulweg/ Arbeitsweg	-	9%	0%	20%	50%
	in der Schule/ bei der Arbeit	0%	5%	6%	22%	7%
	in den Pausen	0%	2%	1%	26%	13%
	beim Mittagessen	16%	27%	1%	7%	6%
	beim Lernen	5%	13%	13%	5%	22%
	beim Abendessen	28%	20%	2%	4%	3%
	beim Schlafengehen	20%	9%	5%	10%	23%
in der Freizeit	beim Chillen	15%	9%	13%	13%	43%
	wenn ich allein zu Hause bin	33%	5%	41%	7%	12%
	wenn ich mit der Familie zusammen bin	34%	16%	1%	9%	4%
	wenn ich mit Freunden zusammen bin	9%	4%	13«	27%	24%

Abb. 1: Wichtigkeit elektronischer Medien 2010[17]

[15] Vgl. Sabine Feierabend, Thomas Rathgeb, »Medienumgang Jugendlicher in Deutschland. Ergebnisse der JIM-Studie 2010«, in: *Media Perpektiven* 6 (2010), S. 299–311, hier S. 302.
[16] Vgl. Sloboda/O'Neill/Ivaldi, »Functions«, S. 32f.
[17] Vgl. Feierabend/Rathgeb, »Medienumgang«, S. 302.

Anhand der Abbildung 1 ist jedoch nicht eindeutig ersichtlich, welche Stimuli gehört werden und ob diese in erster Linie allein gehört werden oder ob dabei andere anwesend sind. Die Ergebnisse meiner Untersuchung zeigen, dass während des Fortbewegens Musik gehört wird, die den Musikgenres Rock, Elektronik, geistliche Musik, Pop, HipHop, Metal, R'n'B und klassische Musik zuzuordnen ist.[18] Lediglich fünf (1,1%) der 422 Befragten hörten zum Zeitpunkt der Erhebung einen Podcast oder Radio. Weiterhin wird deutlich, dass die mobilen Hörer ihren MP3-Spieler nur dann nutzen, wenn sie alleine unterwegs sind. Eine Probandin bildet jedoch eine Ausnahme und berichtete, dass sie ihre Musik mit einer Freundin über einen Kopfhörersplitter gemeinsam gehört hat. Man kann einwenden, dass vermehrt mobile Musikhörer mit nur *einem* Kopfhörer im Ohr zu beobachten sind, die sich gleichzeitig unterhalten, oder auch, dass vereinzelt die Musik über den Lautsprecher eines Mobilfunktelefons abgespielt wird. Solche Fälle wurden in der vorliegenden Umfrage nicht erfasst.

Eine der wenigen empirischen Untersuchungen, die die mobile Musikrezeption untersuchen, hat gezeigt, dass die persönliche Musik[19] als Ressource, als eine Art persönlicher Soundtrack, genutzt wird, um die Bedürfnisse nach Kontrolle und Autonomie in der Öffentlichkeit zu erfüllen.[20] Bull befragte über 1 000 Pendler aus (Groß-)Städten in den USA, UK, Dänemark und der Schweiz zu ihrem Umgang mit Musik und schlussfolgert:

> »In der ihn umhüllenden Akustik des iPods bewegt sich der Nutzer durch den Raum in seiner auditiven Seifenblase, in Einklang mit seinem Körper. Seine Welt verschmilzt mit den vom Soundtrack begleiteten Bewegungen und er bewegt sich zum Rhythmus seiner Musik, nicht dem der Straße. Im Einklang mit seinen Gedanken erlaubt die ausgewählte Musik die Konzentration auf die Gefühle und die Bedürfnisse; im Einklang mit seinen Erinnerungen schafft er sich eine auditive Gedächtnisstütze für den Tag mittels einer Playlist auf dem iPod. Ins-

---

[18] Die Musikangaben der Probanden wurden durch den Autor in die o. g. Kategorien zusammengefasst.
[19] *Persönliche Musik* meint die eigene Musik, die die Rezipientin/der Rezipient (un)bewusst in einer spezifischen Situation zum Hören auswählt. Die persönliche Musik hat demnach immer ein gewisses Maß an Vertrautheit und Gefallen.
[20] Vgl. Michael Bull, »No Dead Air! The iPod and the Culture of Mobile Listening«, in: *Leisure Studies* 24/4 (2005), S. 343–355; Ders., »Investigating the Culture of Mobile Listening: From Walkman to iPod«, in: *Consuming music together. Social and collaborative aspects of music consumption technologies*, hrsg. von Kenton O'Hara (= Computer supported cooperative work, Bd. 35), Dordrecht 2006, S. 131–149 und Ders., *Sound moves. iPod culture and urban experience*, London 2007.

gesamt bringt ihn der iPod in Einklang mit seinem Verlangen nach ästhetischer, kognitiver und sozialer Kontrolle, während er sich durch den Alltag bewegt. Die ›Illusion‹ einer absolut privaten Klangwelt ist dabei der paradoxe Preis, den er für einen immer überfüllteren öffentlichen Raum zu zahlen hat und seine Autonomie ist eine abhängige Autonomie.«[21]

Die Schlussfolgerung illustriert die Charakteristik der mobilen Musikrezeption, jedoch wirft sie ebenfalls weitere Fragen auf: Nach welchen Kriterien findet die Musikauswahl statt? Gibt es weitere Musikfunktionen neben der Synchronisierung von Rhythmus und Körper und der Fokussierung auf Emotionen und Gedanken? Welche Gewichtung liegt den Musikfunktionen zugrunde? Im Folgenden werden die Ergebnisse meiner Studie herangezogen, um die Befunde von Bull weiter auszudifferenzieren.

Die Ergebnisse der quantitativen Untersuchung (N = 428) zeigen, dass der Großteil der mobilen Hörer einerseits die Musik randomisiert abspielte und somit die Musikauswahl dem Zufall überließ (Shuffle-Modus = 34,8%) oder andererseits die Musik spezifisch anhand des Musikinterpreten auswählte (Interpret = 30,1%). Die Musikauswahl über eine zusammengestellte Playlist, so wie es viele iPod-Nutzer in Bulls Studie tun, war für die Befragten der vorliegenden Studie untypisch. Lediglich 13,3% der Befragten nutzten Playlists, während sie sich fortbewegten (siehe Abb. 1).

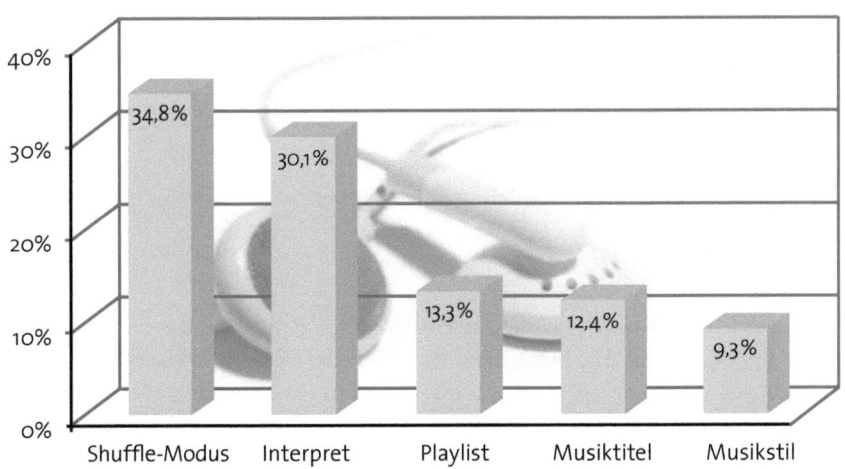

Abb. 2: Relative Häufigkeiten der Musikselektion (N = 428)

[21] Ders., »iPod-Kultur und Alltag. Einige grundlegende Gedanken«, in: *Ästhetik & Kommunikation* 37/135 (2006), S. 49–53, hier S. 52.

Eine Erklärung dafür könnte die zeitliche Dauer sein. Die mobilen Hörer in dieser Befragung legen im Vergleich zu Verkehrsteilnehmern in Großstädten nur kurze Wegstrecken zurück, für die sich eine Playlist womöglich nicht lohnt und der Aufwand, Musiktitel zu einer Playlist zusammenzustellen, höher ist als ihr Nutzen. Der Hörkontext beziehungsweise die Hörsituation hat, wie schon zahlreiche Studien gezeigt haben, einen signifikanten Einfluss auf das Musikereignis, was auch durch die weiteren Ergebnisse bestätigt werden kann.[22] Zu den wichtigsten Musikfunktionen zählen der Unterhaltungswert der Musik, die Zeitüberbrückung, die Stimmungsregulierung mit Musik und das Ausblenden von unangenehmen Umgebungsgeräuschen. Weniger bedeutend sind dagegen die Fokussierung auf die eigene Person und das Musikhören, um dem Gefühl des Alleinseins entgegenzuwirken (siehe Abb. 3).

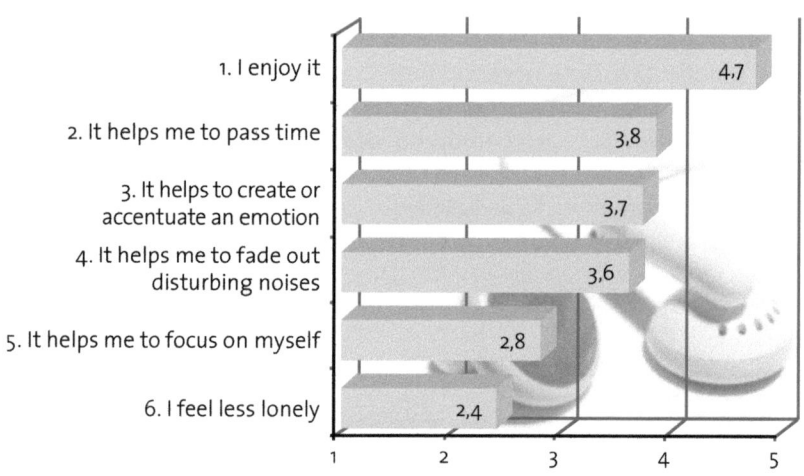

Abb. 3: Durchschnittswerte der Musikfunktionen, gemessen an einer 5-Punkt-Skala von 1 (not at all) bis 5 (very much); (N = 428)[23]

Die Rangordnung widerlegt die Ergebnisse von Bull, der die Musikfunktionen vier bis sechs als die bedeutendsten ermittelt hat.[24] Dieser Widerspruch kann anhand des Hörkontexts erklärt werden. Im Vergleich zu dem urbanen, anonymen Hörkontext befindet sich der Ort meiner Umfrage, der Keele Universitätscampus, in einer ruhigen, ländlichen Gegend und ist durch das

---

[22] Vgl. Heye/Lamont, »Mobile Listening Situations«, S. 110f.
[23] Vgl. ebd., S. 103.
[24] Vgl. Bull, »Investigating«.

Zusammenleben vieler Studenten als ein sozial-kommunikativer Kontext zu bezeichnen. Daher ist es nachvollziehbar, dass in diesem Kontext Musik weniger dazu benutzt wird, um Störgeräusche zu übertönen, und weniger das Bedürfnis besteht, sich von fremden Menschen abzugrenzen.

Bezüglich der verschiedenen Musikfunktionen argumentiert Bull, dass während einer Musikepisode die Musikfunktionen wechseln können. Diese eindimensionale Funktionsweise kann durch die vorliegenden Ergebnisse nicht bestätigt werden, denn es hat sich gezeigt, dass Musikfunktionen simultan auftreten, jedoch mit unterschiedlicher Gewichtung. Diese Tatsache erfordert ein multifunktionales Modell zur Erklärung der Musikfunktionen, welches insbesondere dann zweckmäßig ist, wenn die Hörsituation sich schnell ändert, was bei der mobilen Musikrezeption gegeben ist.[25]

Bezüglich der auditiven Seifenblase, der sogenannten »auditory bubble«[26], bleibt ungeklärt, wie bewusst diese von den mobilen Hörern wahrgenommen wird, wie stark die Aufmerksamkeit auf die Musik im Vergleich zur Umwelt gerichtet ist und wie durchlässig die auditive Seifenblase für die Außenwelt ist. Mit anderen Worten: Sind mobile Hörer autistisch, wie Kritiker meinen, oder liegt eine noch unbekannte »Kommunikationsform« zwischen den mobilen Hörern und ihrer Umwelt vor? In den Interviews beschreiben die Befragten ihr Musikerleben über Kopfhörer mit unterschiedlichen Metaphern, die der auditiven Seifenblase gleichkommen, wie beispielsweise »I'm in my own world«, »just a whole individual unit« oder »my own little cocoon«.[27] Diese Umschreibungen der Musikwahrnehmung zeigen, dass mobile Hörer ihre Musik nutzen, um eine Privatsphäre in der Öffentlichkeit zu erlangen. Die Durchschnittswerte in Abbildung 4 belegen, dass die Aufmerksamkeit erstrangig auf die Musik gerichtet ist, was die Annahme widerlegt, dass die Musik lediglich als seichte Berieselung im Hintergrund fungiert. Statistische Analysen belegen, dass die Aufmerksamkeit für die Musik signifikant höher ist als die Aufmerksamkeit für die Umgebung.[28] Dem methodischen Einwand, Wahrnehmungszustände zu erfragen, muss bei der Interpretation der Ergebnisse Rechnung getragen werden.

---

[25] Vgl. Andreas C. Lehmann, *Habituelle und situative Rezeptionsweisen beim Musikhören. Eine einstellungstheoretische Untersuchung* (= Schriften zur Musikpsychologie und Musikästhetik, Bd. 6), Frankfurt am Main 1994.
[26] Bull, »No Dead Air!«, S. 344.
[27] Alle Interviewbeispiele sind aus der Interviewstudie über die mobile Musikrezeption. Vgl. Heye/Lamont, »Mobile Listening Situations«, S. 106.
[28] Aufmerksamkeit auf die Musik (M = 4,1; SD = 0,817), Aufmerksamkeit auf die Umgebung (M = 3,33; SD = 1,005), T-Test: $t = 13{,}62$, $df = 427$, $p < 0{,}001$).

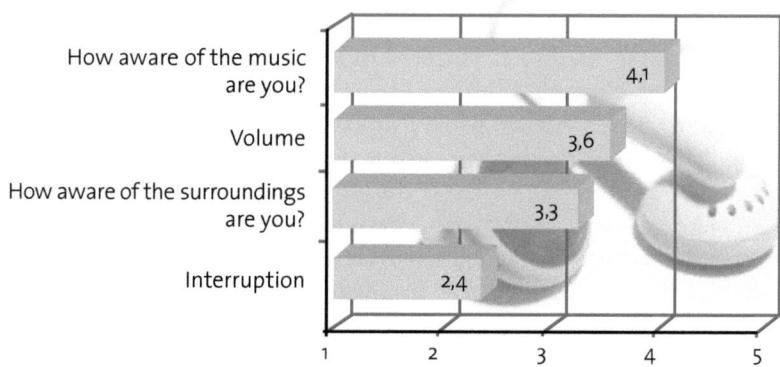

Abb. 4: Durchschnittswerte der subjektiven Einschätzung verschiedener Aspekte der auditiven Seifenblase, gemessen an einer 5-Punkt-Skala von 1 (not at all/gentle) bis 5 (very much/very loud)[29]

Die Sichtweise, dass mobile Hörer durch laute Musik ihre Umgebung nicht ausreichend wahrnehmen, kann anhand dieser Untersuchung nicht bestätigt werden. Statistische Analysen verweisen auf einen positiven Zusammenhang zwischen der Aufmerksamkeit für die Musik und der Aufmerksamkeit für die Umgebung.[30] Dies bedeutet, dass mobile Hörer mit steigender Aufmerksamkeit für die Musik ihr Umfeld zunehmend bewusster wahrnehmen. Ein Interviewpartner begründet dies damit, dass seine Musik ihm ein Gefühl von Sicherheit vermittelt und er dadurch seine Umwelt aufmerksamer inspizieren kann. »I tend to be more aware of what's happening round me because I feel kind of safe enough to have a look around.« In der wissenschaftlichen Literatur wird die Erklärung gegeben, dass die visuelle Wahrnehmung intensiviert wird, sobald der ursprüngliche akustische Klang durch einen anderen, zum Beispiel durch Musik, ausgetauscht wird.[31] Dieses Phänomen ist in Filmen zu erleben, wo das Gefühl entsteht, dass die Filmmusik die Bilder zum Leben erweckt. Diese Spaltung der visuellen und auditiven Wahrnehmung ist zwangsläufig durch das Musikhören über Kopfhörer gegeben, sodass die Musik den Stellenwert eines persönlichen Soundtracks einnimmt (s. o.).

Der Eindruck, dass mobile Hörer in sich gekehrt sind, nicht gestört werden wollen, anderweitig beschäftigt oder sogar ganz von ihrer Umwelt abgeschnit-

---

[29] Vgl. Heye/Lamont, »Mobile Listening Situations«, S. 103.
[30] Bivariate Korrelation: $r = .196$, $df = 427$, $p < .0001$.
[31] Vgl. Bruhn/Oerter/Rösing (Hrsg.), *Musikpsychologie*, S. 184.

ten sind, ist nachvollziehbar und liegt im Wesentlichen darin begründet, dass allein das Tragen von Kopfhörern schon die nonverbale Botschaft der Abwesenheit impliziert. Eine weibliche Interviewpartnerin in der Untersuchung von Bull berichtete, dass sie beim Fahren mit der U-Bahn immer Kopfhörer trägt, auch wenn sie keine Musik hört, um nicht von fremden Passanten angesprochen oder belästigt zu werden.[32] Die erzeugte Privatsphäre in der Öffentlichkeit ist eine Illusion und wird spätestens dann kurzfristig aufgelöst, wenn Personen aus dem Umfeld die auditive Seifenblase durchbrechen und die Privatsphäre dadurch, wenn auch nur kurzfristig, erlischt. Bei der U-Bahn-Fahrerin wäre dies beispielsweise bei einer Fahrkartenkontrolle gegeben. In der vorliegenden Untersuchung wurden die mobilen Hörer direkt angesprochen und gebeten, an der Befragung teilzunehmen, was als ein Eingriff in deren Privatsphäre zu bewerten ist. Die Frage, inwieweit sie die Teilnahme an der Studie als eine Unterbrechung ihrer Tätigkeit empfunden haben, wurde im Durchschnitt mit 2,4 bewertet, was unterhalb der Skalenmitte liegt und als eine geringe Beeinträchtigung der »Privatsphäre« zu bewerten ist (siehe Abb. 4). In den Interviews erklärten die Befragten ihre Angaben damit, dass sie die Kontaktaufnahme nicht überrascht hat: »If I am walking around and someone tries to speak to me, I am not so fussed because I'm out in the open.« Die »Außenwelt« hat grundsätzlich Priorität. Es ist davon auszugehen, dass auch hier der Universitätscampus als Hörkontext zur Erklärung herangezogen werden muss. Auf dem Campus wohnen und leben viele Studenten, die sich gegenseitig kennen und es wahrscheinlich gewohnt sind, von Freunden oder Kommilitonen angesprochen zu werden. Wenn dem so ist, dann wäre die Schlussfolgerung, dass in urbanen Kontexten mit hoher Anonymität die Einschätzung signifikant höher ausfallen würde beziehungsweise die Durchlässigkeit der auditiven Seifenblase geringer ist.

Fazit

Die mobile Musikrezeption stellt ein komplexes Phänomen dar. Ihre Besonderheit liegt in der Musikrezeption über Kopfhörer und in der damit verbundenen Illusion der auditiven Seifenblase (auditory bubble), die bei mobilen Hörern ein Gefühl von Privatsphäre in der Öffentlichkeit erzeugt. Dieses Paradoxon ist dadurch charakterisiert, dass mobile Hörer situationsabhängig zwischen ihrer Innen- und Außenwelt wechseln, wobei Letztere zwangsläufig Priorität hat. Sofern mobile Hörer in ihrer Innenwelt verweilen, ist von einer aktiven Musikrezeption auszugehen, was bedeutet, dass sie bewusst ihre persönliche Musik

---

[32] Vgl. Bull, *Sound moves*, S. 54–60.

aus unterschiedlichen Gründen nutzen (siehe Abb. 3) und diese mit einem hohen Maß an Aufmerksamkeit gehört wird. Welche Einflussfaktoren inwieweit die Aufmerksamkeit auf ihre Musik beeinflussen, wäre eine weiterführende Forschungsfrage. Grundsätzlich muss eingeräumt werden, dass es nur wenige wissenschaftliche Untersuchungen zu diesem Thema gibt und weiterhin Forschungsbedarf besteht. Innovative Erhebungsmethoden sind gefragt, um die Wahrnehmung und den Umgang mit der persönlichen Musik mobiler Hörer adäquat zu erfassen. Ich bin der Meinung, dass die technologische Entwicklung auch für die Musikwissenschaft neue Möglichkeiten eröffnet. Prädestiniert als Forschungsinstrument wäre beispielsweise eine App-Anwendung, bei der mobile Hörer in regelmäßigen Abständen durch ein Programm auf ihrem iPod oder Smartphone zu ihrem Musikerleben befragt würden. Dieser methodische Ansatz ist nicht neu, jedoch durch die technologische Umsetzung innovativ und Gewinn bringend für neue Erkenntnisse zu dem Thema der mobilen Musikrezeption.[33] Der Begriff *mobile Musikrezeption* wird jedoch durch den Trend hin zu Smartphones auf *mobile Medienrezeption* erweitert werden müssen, da dem Smartphone-Nutzer neben der Musik zusätzlich musikbezogene und musikfremde Anwendungen wie beispielsweise mobiles Internet, Casual Games, Apps etc. an jedem Ort zu jeder Zeit zur Verfügung stehen. Dazu noch ein letzter Abschlussgedanke: Die Hightech-Unterhaltungselektronik mit dem Smartphone als Steckenpferd lässt Langeweile und Einsamkeit in den Hintergrund rücken oder gar ganz vermeiden. Als Berufspendler kann ich aus eigener Beobachtung berichten, dass kurze Wartezeiten auf Bus oder Bahn, aber auch die zeitintensive Pendelzeit an sich mit der Nutzungsvielfalt der Smartphones überbrückt wird. So wird jede Sekunde und Minute »sinnvoll« genutzt. Ein kurzes Beispiel: Ich warte auf meinen Zug, der laut Fahrplan in zwei Minuten eintreffen wird. Neben mir steht eine junge Studentin, die ihr Smartphone zückt und anhand der Deutsche-Bahn-App eventuelle Verspätungen überprüft. Zeitgleich hört sie Musik (durch die Lautstärke war diese für das nahe Umfeld gut zu hören). Im Zug wechselt sie ihr Unterhaltungsprogramm und schaut die US-Serie *American Dad*, was jedoch nur zwei Minuten anhält, denn sie bekommt einen Anruf. Nach dem kurzen Gespräch aktualisiert sie ihr Facebook-Profil, um möglicherweise die im Telefonat erhaltenen Neuigkeiten mit anderen Freunden zu kommunizieren, und kehrt zu ihrer TV-Serie zurück. Ob es sich in diesem Beispiel um »sinnvolle« Zeitüberbrückung handelt, möchte ich nicht beurteilen. Jedoch steht außer Frage, dass ihre »Sinne voll« von Eindrücken sind. Es wird Aufgabe der zukünftigen Psychologie- und Kognitions-

---

[33] Vgl. *Experience Sampling Method (ESM)*, in: Sloboda/O'Neill/Ivaldi, »Functions«, S. 11.

forschung sein zu ermitteln, inwieweit sich die permanente auditive und/oder visuelle Dauerstimulation auf das Individuum auswirkt. Smartphone-Nutzer mögen diese vielleicht als angenehm und erholend wahrnehmen, doch unser Körper und Geist erbringen für die Reizverarbeitung Höchstleistung.

Ich für meinen Teil bin froh, die tägliche Pendelzeit im Zug für eine eher verlorene Freizeitaktivität verwenden zu können – dem alleinigen Musikgenuss, ohne dass dabei eine andere Tätigkeit im Vordergrund steht.

Yvonne Stingel-Voigt
Vom Klang virtueller Welten – Eine Skizze zur Bedeutung von Musik im Computerspiel

Sound und Musik begleiten nahezu jedes Computerspiel. Musik dient hier nicht nur als gestalterisches und ästhetisches Element, sondern erfüllt sehr unterschiedliche Aufgaben. Material und Medium lassen sich kaum voneinander abgrenzen. Vielmehr erhalten die virtuellen Welten durch die Programmierung und den Spielprozess verschiedenste Arten der Verklanglichung.

Dieser Beitrag gibt einen kurzen grundsätzlichen Eindruck von der Vielzahl der Möglichkeiten des Einsatzes von Musik in Computerspielen, von ihren potenziellen Funktionen und von ihrem Beitrag zur akustischen Entstehung virtueller Welten. Dass Musik auf vielfältige Weise emotionalisierend und funktional wirkt, steht außer Frage und soll hier nicht diskutiert werden. Vielmehr geht es um die gezielte Implikation bestimmter Wirkungsweisen. Es wird wiederkehrend die Rede von Musik im Computerspiel oder Gamemusik[1] sein. Unter diesen Bezeichnungen sind hier alle Arten von digitalen Spielen zusammengefasst (Konsolenspiele, PC-Spiele, Onlinespiele etc.). Einzelne Titel werden zur Veranschaulichung namentlich erwähnt, aber es wird nicht nach Abspielgeräten differenziert. Reine Musizierspiele wie beispielsweise die Titel *Wii Music*, *Sing Star* oder *Rock Band* bilden eine eigene Gruppierung der Computerspielmusik und werden hier nicht behandelt.

Virtuelle Welten

Zur Darstellung virtueller Welten bedarf es verschiedener Komponenten. Zunächst wird der Schauplatz der Spielrealität rein visuell von der Grafik bestimmt. In der technischen Entwicklung von Computerspielen ist eine Verbesserung der Grafik vom einfachen Atari-Spiel bis hin zu virtuellen Welten, die eine dem Film ähnliche Qualität erreichen, erkennbar. Je detaillierter eine Grafik ausgearbeitet wurde, desto realistischer wirkt sie. Dazu muss sie nicht unbedingt fotorealistisch sein. Auch Fiktion kann vorüberge-

---

[1] Der Begriff Gamemusik soll an dieser Stelle keine Definition darstellen, sondern dient lediglich als Synonym für Musik im Computerspiel.

hend als »Realität« erlebt werden (sofern sich die Spieler dazu entscheiden, Näheres s. u.).

Ein zweites Detail, das die Virtual Reality (VR)[2] entscheidend beeinflusst, ist die Story, ein narratives Element, das die virtuelle Welt erklärt und erläutert. Zahlreiche Spiele sind in eine bestimmte Geschichte und deren Handlung eingebettet, innerhalb der sich die Abenteuer entwickeln. Die Story setzt sich während des Spielvorgangs fort und wird (in einem gewissen Rahmen) durch Entscheidungen und Handlungen des Spielers ausgestaltet.

Des Weiteren ist das Vokabular zu nennen. Wie in einem Fantasy- oder Science-Fiction-Roman gibt es in einigen Computerspielen fiktive Orte, Gegenstände oder Lebewesen. Diese tragen erfundene Namen, die teilweise aus der Literatur übernommen wurden. *Orks* – düstere Lebewesen, die bereits in der Fantasiewelt J. R. R. Tolkiens[3] vorkommen, existieren ebenfalls in zahlreichen virtuellen Welten von Computerspielen (meist aus dem Rollenspiel- oder Fantasy-Genre). Kenntnisse über ein solcherlei spezifisches Vokabular (Orts-, Personennamen o. Ä.) können gruppenbildend beziehungsweise ausgrenzend wirken: Wer das Spiel nicht kennt, wird Verständnisschwierigkeiten haben.

Ein weiteres Kriterium für eine möglichst komplexe VR sind sogenannte Non-Player-Charaktere. Dabei handelt es sich um computergesteuerte Figuren, die in der virtuellen Welt agieren. Hier können sie entweder als Statisten auftreten und so die VR schmücken und beleben oder Freunde beziehungsweise Gegner des Spielers darstellen.[4] Je profunder das Aktions-Reaktions-Verhältnis zwischen den Spielzügen des Users und den darauffolgenden Aktionen der programmierten künstlichen Charaktere ist, desto realistischer erscheint die jeweilige künstliche Welt.

Musik und Sound tragen ebenfalls ihren Teil zur Ausgestaltung der virtuellen Umgebung bei: »Die Orte und Charaktere im Spiel wirken in aller Regel authentischer durch die Musik, sie fördert außerdem einen Spielfluß, in den der

---

[2] Erste Erwähnung fand der Begriff Virtual Reality (VR) bei Jaron Larnier Ende der 1980er-Jahre. Er bezeichnet eine computergenerierte Erlebniswelt und interaktive Mensch-Computer-Schnittstellen. Vgl. Gary Bente, Nicole C. Krämer und Anita Petersen, »Virtuelle Realität als Gegenstand und Methode in der Psychologie«, in: *Internet und Psychologie. Neue Medien in der Psychologie*, hrsg. von Bernard Batinic, Göttingen u. a. 2002, S. 2.

[3] John Ronald Reuel Tolkien, *Der Herr der Ringe*, Stuttgart 1970.

[4] In einem sogenannten Multi-Player-Modus treffen Spieler auf virtuelle Figuren, die von anderen Spielern gesteuert werden, und spielen so mit anderen Menschen. Spielt man alleine, steuert der Computer die Gegner oder Gefährten. Es sind dann »Nicht-Spieler«-Charaktere.

Spieler hineingezogen wird. Ohne Musik würde vieles leblos wirken, es würde eine unnatürliche Stille entstehen.«[5] Das heißt, mit musikalischer Untermalung wird es möglich, den virtuellen Welten ein Stück näher zu kommen. Hier gilt auch der Umkehrschluss: Musik ist das Element der VR, das unmittelbar in die Realität hineinragt, denn sie besteht in beiden Welten gleichzeitig. Die Spieler haben zudem in zahlreichen Fällen die Möglichkeit, die Musik zu beeinflussen, was dann durch das Agieren innerhalb des Spielgeschehens erfolgt. Um einen möglichen Zusammenhang von Musik und virtuellen Welten geht es im Folgenden.

Wechselwirkungen

Ein unmittelbarer Zusammenhang von Musik und Virtual Reality zeigt sich im Spiel *Vib Ribbon*.[6] Dies ist ein Musikspiel, das grafisch durch ein einfaches Strichmännchen und seine ebenso einfach gestaltete virtuelle Umgebung dargestellt ist: Eine Linie, die – gesteuert durch die Musik – einen Hindernisparcours bildet. Ziel des Spiels ist es, diesen Parcours möglichst fehlerfrei zu durchwandern, indem auf dem Eingabegerät bestimmte Tasten gedrückt werden, die dem jeweiligen Hindernis zu dessen Überwindung zugeordnet sind.[7] Das Spiel ist so programmiert, dass die Musik direkt auf die Grafik einwirkt. Charakter und Rhythmus der Musik generieren die Reihenfolge und die Geschwindigkeit der Hindernisse. Eine Besonderheit dieses Spiels ist, dass es einerseits Musik mitliefert, andererseits aber die Möglichkeit bietet, eigene Musik-CDs – je nach musikalischer Präferenz oder Anspruch an den Parcours – einzulegen. Der Spieler entscheidet, wie die virtuelle Welt klingt (Vivaldi oder The Misfits) und trägt so auch zu ihrer grafischen Gestaltung bei.

Bei anderen Spielen ist es wiederum möglich, durch ihre Grafik (sowie durch Klänge, die dieser Grafik zugeordnet sind) Musik zu komponieren. Hierzu gehört die iPhone-Anwendung *Isle of Tune*,[8] die hier als zweites Beispiel des direkt sichtbaren Zusammenhanges von Musik und Grafik dient. In diesem Spiel muss durch die Anordnung von Häusern, Bäumen oder Straßenlaternen

---

[5] Alex Roeder, E-Mail an Yvonne Stingel-Voigt, 13.03.2010, Privatbesitz. Alex Roeder ist Komponist von Gamemusik bei der Firma Dynamedion. Er hat beispielsweise einen Großteil des Soundtracks des Spiels *Drakensang 2. Am Fluss der Zeit* (dtp-entertainment 2010) komponiert.

[6] *Vib Ribbon*, Sony Entertainment 2000.

[7] Je nachdem, ob über die Barrieren gesprungen, gerollt oder gestiegen werden soll, muss eine entsprechende Taste gedrückt werden. Kompliziert wird es dann, wenn Hindernisse (und damit die Eingabebefehle) miteinander kombiniert werden.

[8] *Isle of Tune*, Happylander 2010.

eine Stadt gebaut werden. Jedes dieser Elemente wird vom Spieler mit einem speziellen Sound unterlegt.[9] Abhängig von deren Anordnung erklingt die zu bauende »Stadt« schließlich auf eine eigene Weise und es entsteht eine musikalische Architektur. Ziel des Spiels ist es, im Rahmen dessen, was durch das Programm zur Verfügung gestellt wird, eine Klanginstallation zu erstellen. Die Zahl der wählbaren Klänge ist groß genug, um neben der Produktion eigener Sound- oder Musikstücke auch bekannte Songs nachzuspielen. Auf diese Weise hat ein Spieler den Michael-Jackson-Song *Beat it* kopiert.[10] In *Isle of Tune* besteht somit eine Korrelation auditiver Elemente mit ihrer visuellen Präsenz.

So simpel wie in diesen beiden Beispielen ist der Zusammenhang von Spiel und Musik jedoch selten. Bei komplexeren Shootern[11] oder Abenteuerspielen gibt es nicht diese direkt sichtbaren Wechselwirkungen zwischen Grafik und Musik, sondern die Musik hat eher eine atmosphärische Funktion. Ihre Hauptaufgabe ist hier, die Dramatik der Handlung zu unterstützen, Emotionen zu vermitteln und das gesamte Spielerlebnis zu intensivieren. Zur Hypothese, dass Sound und Musik das Spielerlebnis fördern, gibt es bereits empirische Untersuchungen. In einer Studie von Kristine Jørgensen wurde den ProbandInnen während einer längeren Spielperiode plötzlich und unangekündigt der Sound abgeschaltet. Die Reaktionen darauf sprechen für sich: »Their immediate reaction towards this sudden modification was that they thought playing without sound would be problematic. They felt that they lost control [...]. One of the participants felt that he was being left completely in the dark [...], while another compared it to losing a leg.«[12]

Musik rahmt ein Spiel ein und erfüllt den virtuellen Raum mit einer bestimmten beabsichtigten Atmosphäre. Der Sound bietet neben dem Raumklang zusätzliche »unsichtbare« Informationen. In vielen Spielen übernimmt die Musik beispielsweise eine warnende Funktion, die dafür sorgen kann, dass ein Feind gehört wird, bevor er zu sehen ist. Nicht die Schritte des Feindes, sondern bestimmte musikalische Themen oder Motive sind zu hören. Die Musik

[9] Dies können bestimmte Töne, Klänge oder Geräusche sein.
[10] *Isle of Tune – Beat It*, hochgeladen am 18.12.2010, von audibleobsession, http://www.youtube.com/watch?v=dSZ_Vm_Zc3E (22.11.2011).
[11] Das sind Spiele, bei denen in der virtuellen Welt mit unterschiedlichen Schusswaffen agiert wird. In einem Ego-Shooter geschieht dies in der Regel für den Spieler aus der Egoperspektive. Das heißt, auf dem Bildschirm ist ein virtueller Arm mit einer Waffe in der Hand sichtbar. Die jeweilige Blickrichtung wird durch Bewegungen des Eingabegerätes (z.B. Controller oder Maus) bestimmt.
[12] Kristine Jørgensen, »Left in the dark«, in: *From Pac-Man to Pop Music. Interactive Audio in Games and New Media*, hrsg. von Karen Collins, Cornwall 2008, S. 163–176.

wirkt in diesem Fall affektauslösend auf den Spieler. In der *Gothic*[13]-Spielreihe ist dies gut zu beobachten. Achtet ein Spieler hier auf die Musik und verhält er sich nach einer Warnung durch das musikalische Motiv für Gefahr entsprechend vorsichtig, kann er sein virtuelles Leben schonen. Kämpfe werden häufig durch eine schnelle Musik begleitet. Unter Umständen wechselt ebenfalls die Instrumentation. Bei *Tomb Raider Legend*[14] sind klassische Bläser und Streicher in friedlichen Situationen (zum Beispiel dem Betrachten einer Landschaft) zu hören. In Kampfsituationen erklingen elektronische Instrumente, wie E-Gitarre, E-Bass, Synthesizer und verstärkt Rhythmusinstrumente. Der Sound wird »rockiger«.

In zahlreichen anderen Spielen liefert die Musik Hinweise für den Spielverlauf. Sie kann beispielsweise den Weg weisen (wie in dem Abenteuerspiel *Jolly Rover*:[15] Hier hilft die Musik den Spielern, durch ein Labyrinth zu finden) oder auf versteckte Gegenstände hinweisen (das ist in manchen »Wimmelspielen«[16] der Fall).

Gamemusik läuft nicht linear ab, sondern ist eng mit der Struktur des Spiels, den Spielregeln und dem jeweiligen Spielverlauf verbunden. Technisch funktioniert das so, dass kurze musikalische Motive an bestimmte Gegebenheiten des Spielstandes geknüpft sind. Dieses Verfahren nennt man adaptiv. Das bedeutet, dass Musik in Computerspielen auf Entscheidungen und Handlungen der Spieler reagiert (auch wenn ihr tatsächliches Erklingen innerhalb bestimmter Gesetzmäßigkeiten zufallsgeneriert[17] sein kann). Die Musik orientiert sich an den Spielzügen und an den Ereignissen in der virtuellen Welt.

Die atmosphärische Funktion von Musik im Computerspiel geht über eine *Couleur locale* hinaus und wirkt stellenweise deskriptiv. In Horror-Szenarien,

---

[13] *Gothic 1–3*, Piranha Bytes 2001–2008. *Gothic* ist ein Spiel aus dem Rollenspiel- bzw. Fantasy-Genre. In *Gothic 4* (2010) ist die Musik bereits nicht mehr so deutlich warnend, sondern wirkt eher subtil im Hintergrund.

[14] *Tomb Raider Legend*, Eidos Interactive 2006. Dieses Abenteuerspiel mit dem weiblichen Avatar Lara Croft erlangte seinerzeit große Popularität und wurde 2001 mit Angelina Jolie in der Hauptrolle verfilmt.

[15] *Jolly Rover*, Brawsome 2011.

[16] »Wimmelspiele« sind – oft in eine Handlung eingebettete – Suchbilder, auf denen massenhaft Gegenstände, Tiere oder Menschen abgebildet sind. Aus diesem Gewimmel sollen dann bestimmte Gegenstände oder deren Teile erkannt und angeklickt werden. Mithilfe einer Tipp-Funktion weist ein bestimmter Klang oder ein Aufblinken des gesuchten Gegenstandes auf dessen Position hin.

[17] Zufallsgeneriert bedeutet, dass für bestimmte Gegebenheiten im Spiel (die nicht unbedingt ein Hauptmotiv als Begleitung brauchen) verschiedene Musiken im gleichen oder ähnlichen Duktus zur Verfügung stehen.

wie *Rule of Rose*[18] (je nach Spielsituation erzittert der Spieler gleichsam passend zu den Tremoli der Streicher) oder *Silent Hill*[19] (hier handelt es sich eher um einen Industrial-Sound),[20] spielt sich die Handlung in Welten ab, in denen mystische und irreale Ereignisse möglich sind. Die Musik wird sparsam und meist disharmonisch eingesetzt. Beklemmung und Angst bestimmen die emotionale Atmosphäre innerhalb der Spielhandlung.[21] Auditive Elemente erzeugen hier aber nicht nur Unbehagen, sondern sie können den Spieler andererseits darauf hinweisen, besonders vorsichtig in der virtuellen Welt zu agieren und mit möglichen plötzlichen Gefahren zu rechnen. Zusammenfassend hält Kristine Jørgensen fest: »This means that game music works to support the sense of space and presence in the game environment, or that it helps the player to progress through the game.«[22] Neben dieser warnenden Funktion setzt die *Gothic*-Spielreihe Musik mit stark orientierenden Funktionen ein. So sind bestimmte Orte oder Personen durch ein entsprechendes Erinnerungsmotiv gekennzeichnet.

Musik und Sound sind in modernen Spielen geradezu unabdingbar, damit ein Spiel flüssig gespielt werden kann. Hierbei erfüllt Musik teilweise narrative Funktionen (sie wirkt zum Beispiel beschreibend oder erläuternd) und ist direkt mit den Spielregeln gekoppelt. Im Spielverlauf kann es zu einem »eigenen« Soundtrack kommen, in dem die Musik semantische Bezüge zum visuell Dargestellten erzeugt und (situationsabhängig) in das Geschehen »eingreifen«kann. Andersherum kann auch der Spieler den Soundtrack durch seine Handlungen beeinflussen. Bei dem oben genannten Beispiel der »Gefahr« bedeutet dies: Je nachdem, ob er der Gefahr ausweicht oder durch sie hindurchgeht, ist die entsprechende Musik zu hören. Musik ist also auch situativ veränderbar. Kommt ein Spieler zum zweiten Mal an einen Ort, haben sich hier eventuell (durch vorangegangene Spielhandlungen) die Gegebenheiten verändert. Wurden beispielsweise Feinde besiegt, an deren Erscheinen bestimmte Musik geknüpft war, ist diese nun nicht mehr präsent.

[18] *Rule of Rose*, 505 Game Street 2007.
[19] *Silent Hill*, Konami 1999–2009. *Silent Hill* und *Rule of Rose* sind beides Spiele aus dem Horror-Survival-Genre.
[20] Mit »Industrial« ist experimentelle populäre Musik gemeint, die in den 1970er- und 1980er-Jahren ihren Höhepunkt hatte und als Vorstufe des Techno gesehen werden kann. Sie ist gekennzeichnet durch repetitive Sounds, Synthesizerklänge und die Einbindung von (Maschinen-)Geräuschen. Harmonik und Melodik von Industrial-Musik sind meist düster und melancholisch.
[21] Vgl. Kristine Jørgensen, »On the Functional Aspects of Computer Game Audio«, in: *Proceedings of the Audio Mosty Conference 2006*, Piteå 2006, S. 48-52.
[22] Jørgensen, »Left in the dark«, S. 165.

Mögliche Funktionen von Musik im Game

Neben den oben angesprochenen Wechselwirkungen von Musik und Grafik, der Erinnerungsmotivik und der situativen Abhängigkeit von adaptiv eingesetzter Musik lässt Gamemusik sich in weitere Kategorien klassifizieren, die hier als kurze Übersicht dargestellt werden. Unterschiedliche Bereiche innerhalb eines Spiels weisen differierende Einsatzgebiete und dadurch jeweils bestimmte beabsichtigte Funktionen der dort vorhandenen Musik auf. Bei der Vielzahl unterschiedlicher Spiele, Genres und Zielgruppen wird hier der Versuch unternommen, Bereiche und Funktionen kurz zusammenzufassen. Die folgende Aufzählung erhebt keinen Anspruch auf Vollständigkeit, sondern soll einen Eindruck der Vielfalt des Einsatzes von Musik in Computerspielen liefern. Außerdem ist die jeweilige Funktion stark von spezifischen Beispielen abhängig. Nicht jede ist übertragbar. So ist ein *danger state* (ein Gefahrenmoment) bei *Gothic* klar durch die entsprechende Musik erkennbar. Im Spiel *Dead Space*[23] dagegen simuliert die Musik das Gefühl von Sicherheit und die kommende Gefahr bildet ein Überraschungsmoment. Diese Funktion lässt sich als Signalwirkung beschreiben und wirkt eindringlicher als eine Erinnerungsmotivik, denn häufig ist Gamemusik mit bestimmten Personen, Orten oder Ereignissen verknüpft. In einigen Spielen baut Musik Spannung auf, bevor eine Gefahr auftaucht (*danger state*, s. o.) und vermittelt wiederum Ruhe und Geborgenheit, wenn diese vorüber ist (*safety state*).[24] Ebenso existieren festgelegte Motive für bestimmte Gegenden. Bereits der Klassiker *Super Mario*[25] besitzt unter anderem ein *Underground Theme* (Musik, die in der Unterwelt erklingt) und ein *Castle Theme* (Musik, die im Schloss zu hören ist).

In ihrer übersichtlichsten Form kommt Computerspielmusik in filmischen Zwischensequenzen, sogenannten *cut scenes*, zum Einsatz. Einige Spiele nutzen solche Filme, um die Story zu erläutern oder Zeitabschnitte zu überspringen.[26] Hier gibt es eine enge Verwandtschaft zur Filmmusik. Sie verläuft linear und ist vom Spieler nicht beeinflussbar.

---

[23] *Dead Space*, Electronic Arts 2008. Dieses Spiel könnte als Science-Fiction-Shooter klassifiziert werden.

[24] Die Begriffe *danger state* und *safety state* gehen zurück auf Zach Whalen, »Play Along – An Approach to Videogame Music«, in: *the international journal of computer game research* 4/1 (November 2004), http://www.gamestudies.org/0401/whalen (22.11.2011).

[25] *Super Mario Brothers*, Nintendo 1980. Diese Spiele werden in das Genre Jump-and-Run eingeordnet.

[26] Der Film zeigt dann, was in der Zwischenzeit passiert ist. Während seines Ablaufs steht das Spiel sozusagen still, d. h., der Spieler kann nicht agieren.

Die Musik eines Spiels kann zudem beim Rezipienten verschiedene Stimmungen und Gefühle auslösen und so die emotionale Atmosphäre definieren. In bestimmten Situationen ist diese Atmosphäre direkt beeinflussbar. Dies zeigt sich am Beispiel des Autoradios in *Grand Theft Auto*.[27] Der Spieler kann durch seine individuelle Auswahl aus verschiedenen Sendern die akustische Atmosphäre wählen, die ihm im jeweiligen Moment am meisten zusagt. Es ist eine direkte Interaktion in der virtuellen Umgebung möglich beziehungsweise ein Phänomen der realen Welt (die Auswahl eines Senders im Radio) wird in die VR verlagert, um sie so »als persistente Welt«[28] wirken zu lassen.

Zur *Couleur locale* wiederum trägt Musik bei, wenn sie semantisch an die grafische Kulisse angepasst ist. Dies kann durch emotionale, historische oder ethnologische Anspielungen geschehen: »Zum Funktionieren der Musik gehört auch, dass sie sich etablierten Klischees und bekannten Codes bedient, so dass schon nach den ersten Takten beim Vorspann klar sein kann, um welches Genre es sich [...] handelt, ohne dass die Bilder darüber informiert hätten.«[29] Zugehörig zu derartigen Funktionen von Atmosphäre und *Couleur locale* ist die ästhetische Funktion von Musik und Performance zu nennen. Es existieren zahlreiche Spiele, in denen Musizieren und Musikrezeption (diegetische Musik)[30] dargestellt werden. Tritt in einem Spiel, das im Mittelalter angesiedelt ist, eine Band auf, die mittelalterliche Musikinstrumente benutzt, gehören Performance und *Couleur locale* eng zusammen. Die einzelnen Funktionen von Musik in Computerspielen können Schnittmengen aufweisen. Auch real existierende Musiker, die in Games auftreten, tragen nicht nur zur Atmosphäre bei, sondern suggerieren auch eine vorübergehende Realität. Dazu zäh-

---

[27] *Grand Theft Auto*, kurz: *GTA*, Rockstar North seit 1999. Es handelt sich um ein Actionspiel. In den ersten Spielen dieser Reihe lief in den unterschiedlichen Fahrzeugen unterschiedliche Musik. Das bedeutet: Wer etwas anderes hören will, steigt um. Ab *GTA 3* sind die Sender (wie oben beschrieben) im einzelnen Fahrzeug wählbar.

[28] Erik Fischer und Bettina Schlüter, »The music of Liberty City. Zur Konvergenz realer und virtueller Musikkulturen«, in: *It's all in the Game. Computerspiele zwischen Spiel und Erzählung*, hrsg. von Benjamin Beil u. a., Marburg 2009, hier S. 39–51.

[29] Saskia Jaszoltowski und Albrecht Riethmüller, »Musik im Film«, in: *Handbuch Musik und Medien*, hrsg. von Holger Schramm, Konstanz 2009, S. 149–175, hier S. 168.

[30] Dieser Begriff stammt aus der Filmmusikforschung. Es handelt sich hierbei um Musik innerhalb des Spiels, die auch von den virtuellen Charakteren wahrgenommen und rezipiert wird. Der Gegensatz dazu ist extradiegetische Musik. Diese ertönt aus dem Off und hat eine untermalende Funktion. Sie wird von den virtuellen Figuren nicht wahrgenommen, sondern ausschließlich vom Spieler.

len unter anderem Ozzy Osborne (in *Brütal Legend*)[31], Phil Collins (in *GTA*), David Bowie (in *The Nomad Soul*)[32] oder die Band In Extremo (in *Gothic 1*). Bei dargestellten Konzerten sind dann auch wieder oftmals (diegetische) Musikrezeption und Performance gegeben.

Manchmal hat Musik einen direkten Einfluss auf die »Kulisse«: Im Rollenspiel *Eternal Sonata*[33] ist die Grafik von Ornamenten durchsetzt, die an Notenschlüssel oder -linien erinnern. Die Figuren und Orte tragen zudem Namen, die der Musik entliehen wurden (z. B. Allegretto, Beat, Viola oder Polka). Bei dem bereits angesprochenen Spiel *Vib Ribbon* wird der Hindernisparcours durch Musik gebildet.

Im Spiel *Brütal Legend* ist Musik Kulisse und Spielinhalt zugleich. Grafik, Sound, Story und Charaktere sind durch Rockmusik inspiriert. Die Bands Kiss, Judas Priest und Megadeth haben neben zahlreichen anderen Hard-Rock-Gruppen direkt zum Soundtrack beigetragen. Die virtuellen Charaktere selbst sind Mitglieder der Heavy-Metal-Szene und auch die grafische Gestaltung der virtuellen Welt erinnert an Plattencover des Rock oder Hardrock (zu sehen sind Headbanger, Figuren mit Heavy-Metal-Kleidung wie Stirnband und Lederkluft, Totenköpfe, die den Hintergrund bilden, o. Ä.). Zudem wird im Spiel der Übertritt aus der Realität in die Virtualität thematisiert: Durch einen Zufall landet der Avatar Eddie (ein Roadie) mitsamt seiner E-Gitarre Clementine in einer Welt, die er als »The best Rock Show ever«[34] bezeichnet. Musik und Bilder von musikzugehörigen Motiven weisen hier auf Prozesse der Sozialisierung von populärer Musik (genauer des Heavy Metal) hin. Mit diesem Stil sind gemeinhin bestimmte Attribute verbunden (zum Beispiel Aggression und Brutalität)[35], welche ironisiert werden (unter anderem, wenn Headbanger ihre Feinde zu Tode »headbangen«). Musik kann weiterhin eine spezifische Funktion haben, die hier unter dem Oberbegriff »Musik als Tool«

---

[31] *Brütal Legend*, Electronic Arts 2009. *Brütal Legend* ist ein Actionspiel.
[32] *The Nomad Soul*, Omikron 1999. Hierbei handelt es sich um ein Science-Fiction-Adventure.
[33] *Eternal Sonata*, Namco 2009.
[34] So die wörtliche Rede des Avatars im Trailer von Electronic Arts zum Spiel *Brütal Legend*, vgl. *Brütal Legend Trailer (deutsch)*, hochgeladen am 04.09.2009, von ElectronicArtsDE, http://www.youtube.com/watch?v=xrBPjMDE2vQ (22.11.2011).
[35] Auch wenn sich viele Heavy-Metal-Bands und deren Hörerschaft ausdrücklich gegen Gewalt aussprechen, wurde diese Musikrichtung beispielsweise in der Filmmusik häufig mit Gewalt, Waffengebrauch und auch mit dem Militär verknüpft. Vgl. Jonathan Pieslak, *Sound Targets. American Soldiers and Music in the Iraq War*, Bloomington/Indianapolis 2009. Hier wird darüber hinaus beschrieben, wie Soldaten bewusst schnelle, aggressive Musik hören, um sich auf gewalttätige Handlungen vorzubereiten: »War is Heavy Metal«, Pieslak, *Sound Targets*, S. 52.

zusammengefasst wird. In *Brütal Legend* besitzt der Avatar des Spielers eine Gitarre mit magischen Kräften, die als Waffe zu gebrauchen ist. Im Spielverlauf trifft er auf Headbanger. Diese verteidigen sich durch ihre spezielle Tanzform. Da Tanz als Ausdrucksform unmittelbar zur Musik gehört, agieren Musik und Performance in diesem Fall als Tool.

Im Fantasy-Rollenspiel *The Legend of Zelda. Ocarina of time*[36] dient die Melodie des Musikinstruments als Voraussetzung für den Fortschritt im Spiel. Sie verschafft dem Avatar Zugang zu bestimmten Regionen (Teleportation)[37] oder eröffnet unterschiedliche Funktionen, wie das Heraufbeschwören von Gewitter und Nacht. Im Spiel *Loom*[38] verhält es sich ähnlich. Der Spieler lernt verschiedene Melodien bestehend aus den Tönen der C-Dur-Tonleiter. Die Eingabe der gelernten Melodie hat eine bestimmte Wirkung auf die virtuelle Welt (zum Beispiel wird es hell). Wird die Melodie dann rückwärts eingegeben, kehrt sich auch die Funktion um (es wird wieder dunkel).

Bei dem Musikspiel *Otocky*[39] bedient der Spieler ein virtuelles Raumfahrzeug, dessen Waffe eine Art musikalische Kanonenkugel ist. Sie kann in unterschiedliche Richtungen abgefeuert werden und gibt dabei verschiedene Töne von sich. Die Melodie wird durch die in der Grafik vorhandenen Ziele bestimmt, die von der Kugel getroffen werden sollen (Musik ist also wieder ein Tool oder eine Waffe). Hier bildet nicht der Soundtrack die virtuelle Welt, sondern die VR bestimmt den Sound.

Eintauchen in die künstliche Welt

Der Prozess des Spielens ist bestimmt vom Eintauchen in die künstliche Welt. Ähnlich dem Lesen eines Märchens, kann die Grenze zwischen virtuellem Raum und realem Raum verschwimmen. Die Identifikation mit den Spielinhalten und den Spielregeln ist nötig, um das Spiel gewinnen zu können. Bei psychisch gesunden Menschen ist dieses vorübergehende gefühlsmäßige Eintauchen in die virtuelle Welt nicht besorgniserregend, sondern im Vergleich mit der Rezeption von Büchern oder Filmen ein völlig normaler Zustand. Die Theorie *Willing Suspension of Disbelief* erklärt, dass eine Unterscheidung von Realität und Fiktion in Medien wie Film oder Game im Moment des Erle-

---

[36] *The Legend of Zelda. Ocarina of time*, Nintendo 1998. Das Spiel ist offenbar sehr beliebt und 2011 für den Nintendo 3DS wieder neu erschienen.
[37] Teleportation ist der unmittelbare Transport einer Person von einem Ort zu einem anderen, ohne eine physische Reise anzutreten.
[38] *Loom*, Softgold 1990. Dies ist ein Rollenspiel.
[39] *Otocky*, ASC II Corporation 1987.

bens auch nicht erwünscht ist.[40] Bei der Rezeption verschiedener Medieninhalte nimmt der Mensch manche Informationen nicht wahr oder unterdrückt sie bewusst, »um ein in irgendeiner Weise geartetes Rezeptionserleben zu erreichen«[41]. Bei der Rezeption von Computerspielen ist also anzunehmen: Wenn sich ein Spieler auf Abenteuerreise in virtuelle Welten begibt, entscheidet er, dass er diese Erlebnisse zwar als Spiel (also als Fiktion) begreift, sie aber im Moment des Spielens als Realität der Spielebene wahrnimmt. Dahinter verbirgt sich, »dass der [Spieler], wenn er in das Werk [...] involviert wird, das Beschriebene in seiner Art stehen lassen kann – auch wenn er weiß, dass nichts davon tatsächlich jemals passieren kann oder passiert ist. Der [Spieler] identifiziert sich mit der fiktionalen Welt und tritt quasi für eine Zeit in diese ein.«[42] Ohne diese gefühlsmäßige Anwesenheit ist das Spielgeschehen gefährdet, denn hierfür ist es nötig, dass der Spieler sich so weit mit dem Spiel identifiziert, dass er den Ehrgeiz entwickelt, darin voranzukommen und gewinnen zu wollen. Dadurch erlebt der Rezipient eines Computerspiels Emotionen, die seinen im richtigen Leben auftretenden Emotionen ähneln oder sogar gleichen. Der Rezipient bildet sich mithilfe dieser Akzeptanz des Unmöglichen eine bedeu-

---

[40] Die Theorie *Willing Suspension of Disbelief* hat ihre Wurzeln bei den Philosophen Baruch Spinoza (1632–1677) und René Descartes (1596–1650). Diese beschäftigten sich bereits mit Verstehensprozessen des Menschen und der Akzeptanz von Informationen, wenn auch mit unterschiedlichen Resultaten. Der englische Schriftsteller John Hawkesworth (1715–1773) beschrieb das Phänomen, dass Leser von Romanen deren Inhalte nicht in Frage stellen und Fantastischem keinen Realitätsbezug gegenüberstellen. Der Begriff *Willing Suspension of Disbelief* geht auf den Literaturkritiker Samuel T. Coleridge (1772–1834) zurück und schließt neben dem Erleben gelesener Texte Theaterbesuche mit ein. Norbert Wiley geht grundsätzlich von einer bewussten Unterdrückung der Realität in Filmwelten aus. Vgl. Norbert Wiley, »Movies and the mind: A pragmatic approach«, in: *Interdisciplinary Journal for Germanistic Linguistics and semiotic Analysis* 5 (2000), S. 93–126, zitiert nach Saskia Böcking, Werner Wirth und Christina Risch, »Suspension of Disbelief: Historie und Konzeptualisierung für die Kommunikationswissenschaft«, in: *Rezeptionsmodalitäten*, hrsg. von Volker Gehrau, Helena Bilandzic und Jens Woelke, München 2005, S. 39–57, hier S. 44. Saskia Böcking setzt diese Gedanken 2008 fort. Saskia Böcking, *Grenzen der Fiktion? Von Suspension of Disbelief zu einer Toleranztheorie für die Filmrezeption*, Köln 2008.
[41] Ebd., S. 41.
[42] Böcking/Wirth/Risch, »Suspension of Disbelief«, S. 43. Die eingefügten Wörter stammen von der Autorin, um die Theorie auf Computerspiele anzuwenden. Im Original heißt es: »[...], dass der Leser, wenn er in das Werk eines Dichters involviert wird, das Beschriebene in seiner Art stehen lassen kann – auch wenn er weiß, dass nichts davon tatsächlich jemals passieren kann oder passiert ist. Der Leser identifiziert sich mit der fiktionalen Welt und tritt quasi für eine Zeit in diese ein.«

tungsvolle Medienwelt.[43] Musik kann die entsprechende Nähe herstellen, die ein Eintauchen beziehungsweise Sicheinfühlen in die virtuelle Welt begünstigt. Dies kann diegetisch (innerhalb der VR) als auch extradiegetisch der Fall sein (nur der Spieler nimmt die Musik wahr, virtuelle Charaktere nicht).

Resümee

Es bleibt festzuhalten, dass es im Computerspiel keinen Betrachter (im Sinne einer passiven Betrachtung von außen), sondern einen User (d. h. eine aktive, handelnde Person) gibt. Er navigiert und erkundet den programmierten Raum und treibt durch seine individuelle Aktion die Handlung voran. Hierbei kann ein eigener Soundtrack entstehen.

Alle Eingriffe in die Gamemusik spielen sich im Rahmen der Programmierung ab. Die Anpassung der Musik an einen bestimmten Status im Spiel nennt man adaptiv. Musik im Computerspiel kann einen Soundtrack bilden, der die virtuelle Welt akustisch darstellt und auf diese Weise ein wenig »echter« erscheinen lässt. Das narrative Konzept des Spiels wird akustisch etabliert. Obwohl die Musik eines Spieles nur im vorprogrammierten Rahmen beeinflussbar ist, entsteht eine Art akustische Kommunikation zwischen Mensch und Maschine bzw. Programm, also dem Spiel. Durch die Musik stimuliert, nimmt ein Spieler möglicherweise seine reale Umgebung weniger wahr und kann sich leichter in die virtuelle Welt des Spieles versenken. Computerspiele verfolgen den Zweck, die Spieler zu unterhalten und zu zerstreuen. Musik scheint ihren Teil dazu beizutragen, sodass ein Eintauchen in die fiktiven virtuellen Welten vereinfacht wird. Grundsätzlich gilt: Je mehr Sinne angesprochen werden, desto leichter fällt dieses Eintauchen. Anscheinend ist es jedoch von Vorteil, wenn Spieler sich bewusst darauf einlassen.

Durch Musik entsteht eine Klanglandschaft, ein Soundscape. Musik ist gleichzeitig schmückendes Beiwerk und elementares Detail der virtuellen Welten.

Im Spiel wie auch in der dortigen virtuellen Realität erfüllt Musik viele unterschiedliche Funktionen, die sich nur teilweise verallgemeinern, wohl aber klassifizieren lassen. Musik trägt insgesamt zur Intensivierung des Spielerlebens bei (Spannungsförderung o. Ä.), kann gemeinschaftsbildend wirken (auch bei hier nicht angesprochenen Online-Spielen) und als erwerbbarer Soundtrack eine zusätzliche kommerzielle Ebene bilden.

---

[43] Wiley, »Movies and the mind«, S. 44.

Christofer Jost / Seraina Gratwohl
Populäre Musik in Brasilien im Zeichen des Web 2.0 – Eine Bestandsaufnahme am Beispiel der *música popular brasileira* (MPB)

Populäre Musik in Brasilien ist ein schillerndes Konglomerat, in dem scheinbar problemlos folkloristische Tradition mit klassischen Kompositionstechniken sowie internationale musikalische Einflüsse mit nationaler Identität verknüpft werden. Charakteristisch für brasilianische Populärkultur im Allgemeinen und populäre Musik im Speziellen ist eine ausgeprägte sozial-kommunikative Orientierung. So kooperieren brasilianische MusikerInnen häufig miteinander. Dabei macht es nahezu keinen Unterschied, ob man alt oder jung, bekannt oder unbekannt ist. Daneben ist es von enormer Wichtigkeit, vernetzt zu sein, sich über die eigene Musik und die der anderen auszutauschen.[1]

Gleichwohl bestand auch in Brasilien im Zeitalter analoger Medien eine deutliche Trennung musikalischer Wirkbereiche: auf der einen Seite die Musikindustrie, die RezipientInnen mit Unterhaltungsangeboten versorgte, auf der anderen Seite die zahllosen Amateure, die in Probekellern und auf lokalen Bühnen ihren Vorbildern nacheiferten – und dies nicht ohne Grund. Denn MusikerInnen wurden von den Plattenfirmen als Talente gesucht respektive entdeckt, um dann zu Stars aufgebaut und als solche gefördert und promotet zu werden. Ausschlaggebend für das Wirken dieser »klassischen« Stars sind nicht zuletzt die

---

[1] Populäre Kultur (auch: Populärkultur) und populäre Musik seien hier, in Anlehnung an Hans-Otto Hügel, als Unterhaltungskulturen verstanden. Mit dem Unterhaltungsbegriff kennzeichnet Hügel die »Teilhabe an […] medial vermittelten […] Ereignissen und Artefakte[n]«. Hans-Otto Hügel, *Lob des Mainstream. Zu Begriff und Geschichte von Unterhaltung und Populärer Kultur*, Köln 2007, S. 90. Ästhetische Zweideutigkeit meint in diesem Zusammenhang »das beständige Sowohl-als-Auch von Ernst und Unernst im Angebot«. Ebd. Prinzipiell kann zwischen Unterhaltung als Kommunikationsweise, als soziale Institution, als Funktion der Massenmedien und als ästhetische Kategorie unterschieden werden. Vgl. Hans-Otto Hügel, »Unterhaltung«, in: *Handbuch Populäre Kultur. Begriffe, Theorien und Diskussionen*, hrsg. von dems., Stuttgart 2003, S. 73–82, hier S. 74. Im Folgenden sollen die beiden erstgenannten Aspekte, also die spezifischen sozialen Verständigungsformen, in denen sich populäre Musik als (Teil-)Ordnung von Gegenwartskultur konstituiert, im Vordergrund der Betrachtung stehen.

professionellen Produktionsstandards in den verschiedenen medialen Inszenierungsfeldern (Fernsehen, Film, Tonträger, Radio etc.).

Im Zeitalter des Social Web haben sich die strukturellen Voraussetzungen von Musikproduktion und -rezeption gewandelt, so bieten die sozialen Online-Netzwerke dem ganz »normalen« musikmachenden Menschen ein überaus breites multimodales Kommunikationsspektrum, sich selbst ohne großen Aufwand (cross-)medial zu inszenieren. Die Amateure sind mit dem Web 2.0 und Portalen wie *YouTube* und *Myspace* in die Lage versetzt worden, sich und ihre Musik selbstgesteuert anderen Menschen als ein vielschichtiges Wahrnehmungs- und Identifikationsangebot zu präsentieren. In medienwissenschaftlichen Diskussionen wird die Entwicklung vom konsumierenden hin zum selbst aktiv werdenden und produzierenden Rezipienten seit geraumer Zeit mit dem Begriff des *Prosumer* (ein Neologismus aus den Wörtern *produ*cer und con*sumer*) umschrieben.[2]

Nachfolgend gilt es, Licht in die komplex wirkende digitale Realität der populären Musik in Brasilien zu bringen und das schier unermessliche Reservoir an netzbasierten Musik(er)aktivitäten ein wenig zu ordnen. Besonderes Augenmerk wird hierbei der Frage geschenkt, inwieweit eine mediale Praxis – in unserem Fall das Web 2.0 – eigene Formen der Musikpräsentation und des Kommunizierens über Musik hervorbringt. Dabei verinnerlicht unsere Untersuchung eine gleichermaßen ethnografische und medienanalytische Grundhaltung. Auf der einen Seite wurden MusikerInnen einer Szene in Hinsicht auf ihre Erfahrungen und Vorlieben als künstlerisch Handelnde interviewt (zusätzlich füllten diese Fragebogen aus). Auf der anderen Seite dienten die Web-Präsenzen der MusikerInnen als Auswertungsgrundlage.

Brasilianische Musik und Tradition

Um die hier auszuführenden Untersuchungen der persönlichen Handlungsmotive und webbasierten Selbstpräsentationen von brasilianischen MusikerInnen zu kontextualisieren, ist ein kurzer Exkurs zur bewegten und viel debattierten Geschichte der populären Musik in Brasilien erforderlich. Hierbei geht es vor allem um die 1960er-Jahre, die als Referenz für die heutigen KünstlerInnen besonders wichtig sind. Die Diskussion um populäre Musik in Brasilien drehte sich im 20. Jahrhundert immer wieder um die Frage, was eigentlich authenti-

---

[2] In Ergänzung hierzu siehe die Überlegungen von Don Tapscott zum Begriff *Prosumption*. Vgl. Don Tapscott, *The Digital Economy. Promise and Peril in the Age of Networked Intelligence*, New York 1996, S. 62f.

sche brasilianische Musik sei.³ Tradition wurde über einen langen Zeitraum mit Folklore in Verbindung gebracht; diese bildete den Gegenpol zu den kunstmusikalischen Praktiken und Gattungen europäischer *und* brasilianischer Prägung. In diesem Spannungsfeld fand ein Diskurs um Authentizität statt, der an eine Suche nach nationaler Identität gekoppelt war und deshalb bisweilen auch von den MachthaberInnen für ihre politischen und ideologischen Ziele missbraucht wurde.⁴

Der Diskurs um Authentizität und Tradition wurde in den 1960er-Jahren durch das Aufkommen eines neuen Musikstils, der Bossa Nova, stark intensiviert. Bossa Nova reduzierte und verlangsamte den Sambarhythmus und führte komplexe Harmonien sowie neue anspruchsvolle Melodien und Texte in die brasilianische Musik ein. Diese Neuerungen wurden von einigen prominenten AkteurInnen als Amerikanisierung und Verrat an den traditionellen Formen brasilianischer populärer Musik interpretiert.⁵ Der Konflikt zwischen den nationalistischen HüterInnen der Tradition und den jungen, gut ausgebildeten MusikerInnen der Bossa Nova⁶ bildete zu Beginn der 1960er-Jahre den Ausgangspunkt für eine öffentliche Diskussion darüber, was das Wort »populär« in der vom sozialen, politischen und kulturellen Wandel ergriffenen brasilianischen Gesellschaft zu bedeuten und welche Funktionen populäre Musik zu erfüllen habe.

Der Soziologe und Kulturanthropologe Renato Ortiz hat im Hinblick auf das 20. Jahrhundert zwei Denktraditionen identifiziert, welche die Beziehung der beiden Begriffe »national« und »populär« verhandelten und deren Deutungshoheit in den 1960er-Jahren durch die aufkommende Kulturindustrie

---

3 Siehe hierzu ausführlich Sean Stroud, *The Defence of Tradition in Brazilian Popular Music. Politics, Culture and the Creation of Música Popular Brasileira*, Aldershot 2008.

4 Eine eingehende Untersuchung der politischen Instrumentalisierung von Samba liegt vor in Bryan McCann, *Hello, Hello Brazil. Popular Music in the Making of Modern Brazil*, Durham/London 2004 sowie in Jonathon Grasse, »Conflation and conflict in Brazilian popular music: forty years between ›filming‹ bossa nova in *Orfeu Negro* and rap in *Orfeu*«, in: *Popular Music* 23/3 (2004), S. 291–310. Zur Kritik der MPB siehe Stroud, *The Defence*.

5 Besonders prägend für die Vorstellung von Bossa Nova als Nachahmung US-amerikanischer Musik gelten die von nationalistischem Gedankengut durchdrungenen Arbeiten des Musikwissenschaftlers José Ramos Tinhorão. Vgl. José Ramos Tinhorão, *Historia social da música popular brasileira*, São Paulo 1998, S. 307ff.

6 Der bisweilen amüsante Schlagabtausch zwischen dem Sänger Caetano Veloso und José Ramos Tinhorão ist in Brasilien legendär. Vgl. Marcos Napolitano, »A Invenção da Música Popular Brasileira: Um Campo de Reflexão para a Historia Social«, in: *Latin American Music Review* 19/1 (1998), S. 92–105.

herausgefordert wurde. Die erste Denkschule entstand in den 1920er- und 1930er-Jahren und war nationalistisch-konservativer Natur.[7] Unter »populär« verstand man seinerzeit die Folklore der weitgehend isolierten Landbevölkerung, welche Komponisten wie Heitor Villa-Lobos als »Rohmaterial« für patriotische Kompositionen diente. Während der Präsidentschaft von Getúlio Vargas entwickelte sich die folkloristische Musikkultur gar zu einem Eckpfeiler der politischen Ideologie des *Estado Novo*.[8] Der Samba galt bis dahin als Musik der ungebildeten Unterschicht, wurde unter Vargas jedoch zum authentischen Ausdruck des *povo*, des gesamten brasilianischen Volkes, stilisiert und bewusst als Moment der nationalen Identitätsstiftung genutzt.[9] Kontrastierend dazu entstand in den 1950er-Jahren eine zweite Denkschule mit dem Ziel, populäre Kultur zu politisieren. Im politischen Spektrum links anzusiedeln, versuchten Institutionen wie das *Instituto Superior de Estudos Brasileiros* (ISEB)[10] und später die *Centros Populares de Cultura* (CPC)[11] dem Volk, vor allem den bildungsschwachen Schichten, ein politisches Bewusstsein zu vermitteln.[12] Beide Traditionslinien wurden laut Ortiz nach dem Militär-

---

[7] Inbegriff dieser Denkschule und bis heute höchst einflussreich sind die Schriften des Soziologen Gilberto Freyre. Vgl. Gilberto Freyre, *Casa-Grande & Senzala*, Rio de Janeiro ³⁴1998.

[8] Der *Estado Novo* war faktisch eine Militärdiktatur (1930–1945), die versuchte, in Brasilien einen geeinten Nationalstaat einzurichten und unter dem Begriff des Mestizentums die heterogene brasilianische Gesellschaft zu vereinen.

[9] Siehe hierzu Freyre, *Casa-Grande*.

[10] Übersetzt: »Institut für höhere brasilianische Studien«. Das ISEB wurde 1955 unter Präsident Juscelino Kubitschek als sozialwissenschaftliches Forschungsorgan gegründet. Es besaß Verbindungen zum Ministerium für Bildung und Kultur und verfolgte das folgende Ziel: »[...] creating an ideology that would stimulate Brazil's development«. Es wurde im Jahr 1964 drei Tage nach dem Staatsstreich durch die Militärs aufgelöst. Caio Navarro de Toledo, »ISEB. Intellectuals, the Left, and Marxism«, in: *Latin American Perspectives* 25/1 (1998), S. 109–135, hier S.109.

[11] Inspiriert von der kubanischen Revolution florierten in den frühen 1960er-Jahren unter dem linken Präsidenten João Goulart die sogenannten »Zentren für Populäre Kultur«, die versuchten, durch kulturelle Aktivitäten in Fabriken und Armenvierteln dem Volk politisches Bewusstsein zu vermitteln und dadurch einen radikalen sozialen Wandel herbeizuführen. Die sogenannte *cultura engajada* (die »engagierte Kultur«) entstand in diesem Umfeld; sie führte nach dem militärischen Staatsstreich von 1964 zu einer Spaltung in der populären Musik: Musiker, die nicht politisch engagierte Themen verarbeiteten, wurden als *alienados* (»entfremdet«) bezeichnet. Vgl. Sean Stroud, »Música é para o povo cantar: Culture, Politics and Brazilian Song Festivals, 1965–1972«, in: *Latin American Music Review* 21/2 (2000), S. 87–117, hier S. 105ff.

[12] Ein prominentes Beispiel dieser Bewegung sind die von der »Ästhetik des Hun-

putsch von 1964 jäh unterbrochen und ihre Auslegungspraxis von »populär« wurde durch die vom Militär aktiv geförderte Kulturindustrie (insbesondere dem stark subventionierten Fernsehen) abgelöst: »Populäre« Musik sollte nun zu einem Massenprodukt werden und in der wachsenden brasilianischen Konsumgesellschaft ein möglichst breites Publikum ansprechen. Parallel zu der von den Militärs angestrebten kommerziellen Neuausrichtung fand eine Annäherung an den Vargas'schen Konservativismus des *Estado Novo* statt.[13]

Wöchentliche Musiksendungen sowie die als Wettbewerbe strukturierten Musikfestivals avancierten ab 1965 schnell zu Quotenhits des noch jungen Mediums Fernsehen. Auf den Musikfestivals trafen nicht nur unterschiedliche politische Meinungen aufeinander, sondern auch die drei Auslegungspraxen von »populär«: Das Militärregime erhoffte sich nationalistische und folkloristische Musikbeiträge. Die Studierenden, die den größten Teil des Publikums ausmachten, wollten engagierte, politische Musik hören.[14] Die bei den Studierenden beliebte Bossa Nova war inzwischen auch politisch geworden und wurde *Bossa Nova engajada* (»engagierte Bossa Nova«) genannt. Und schließlich versuchten die TV-ProduzentInnen, welche »populär« im Sinne von »beliebt« oder »bekannt« verstanden, ein möglichst breites und zahlungskräftiges Publikum anzusprechen, womit letztlich die weiße Mittelschicht gemeint war.

Die Festivals sollten insgesamt das moderne, politisch stabile Brasilien repräsentieren. Die Militärregierung hatte aber nicht mit den linken Studierenden gerechnet, welche gleichzeitig die präferierte Zielgruppe der TV-ProduzentInnen waren. Das ausgiebige »Ausbuhen« (die sogenannte *vaia*) bestimmter KünstlerInnen, Stücke oder Performance-Stile durch die jugendlichen ZuschauerInnen wurde zu einem vielkommentierten Merkmal der Musikfestivals[15] und reflektierte die komplexe politische und soziale Situation Brasiliens zu dieser Zeit. Im Jahr 1967 wurden gar alle elf FinalistInnen ausgebuht, mit Ausnahme von Chico Buarque de Hollandas Präsentation seines Stückes *Roda Viva*. Es handelt ironischerweise von der Macht des Publikums, sich einen Künstler buchstäblich einzuverleiben.[16]

gers« geprägten Filme von Glauber Rocha wie z. B. *Barravento* (1962) oder *Deus e o Diabo na Terra do Sol* (1964).
[13] Vgl. Stroud, *The Defence*, S. 135f.
[14] Vgl. Marcos Napolitano, *Cultura Brasileira. Utopia e Massificação (1950–1980)*, São Paulo 2004, S. 37ff.
[15] Aus Angst davor, ausgebuht zu werden, weigerte sich Ella Fitzgerald am internationalen Wettbewerb teilzunehmen. Paul Anka schwor nach seiner Teilnahme im Jahr 1968, nie mehr wiederzukommen. Vgl. Stroud, »Música«, S. 117.
[16] Das Festival ging als *Festivaia* (»Festival des Buhens«) in die Geschichte ein und sorgte für hohe Einschaltquoten. Vgl. Stroud, »Música«, S. 100ff.

Die Zwischenrufe, Unruhen und zerschlagenen Gitarren wurden zu Symbolen eines Bemühens, die brasilianische Identität nach der Machtübernahme durch die Militärs im Jahr 1964 neu zu artikulieren. Da die staatliche Zensur vor 1968[17] im Bereich der populären Musik noch nicht durchgegriffen hatte, entwickelten sich die Festivals zu einer bedeutenden Arena für dieses Anliegen.

In diesem komplexen Umfeld entstand eine Vielzahl neuer Genres, die aber nach Auffassung des Sozialwissenschaftlers Marcos Napolitano zumeist an die ästhetischen Standards des Radioprogramms anknüpften.[18] Protestlieder, besonders die des Sängers Geraldo Vandré, kritisierten in subtiler Weise die politische Situation. Sie griffen auf die ländliche Tradition der *moda-de-viola* zurück, eines regionalen Musikstils, geprägt von ausladenden Narrativen, welche meist von einer zehnsaitigen (fünfchörigen) Stahlgitarre begleitet wurden. Die sogenannte *Jovem Guarda* (»die junge Garde«) adaptierte wiederum die US-amerikanischen Rock-'n'-Roll-Balladen der 1950er-Jahre und machte den Sänger Roberto Carlos, dessen Beliebtheit bis heute anhält, zu einem »populären Phänomen«.[19]

Weithin diskutiert wurde auch die *Tropicália*, eine intellektuelle Bewegung in verschiedenen Künsten, welche einen Bruch mit der von der Regierung propagierten populär-nationalistischen Tradition anstrebte. Die *Tropicália* öffnete die brasilianische Musik für internationale Einflüsse, mit dem Ziel, in Verbindung mit brasilianischen Musikstilen eine neue und eigene »tropicalistische Tradition« zu schaffen.[20] Diese sollte das ästhetische Empfinden des Publikums mit einer kreativen Mischung aus Montagetechniken, Parodien und Fragmentierungen sowie mit der bewussten Verwendung von Kitsch und der Gegenüberstellung von Traditionellem und Modernem herausfordern.[21] Die *Tropicália* versuchte auf diese Weise, die als einengend empfundene nationalistische Ästhetik der Festival-typischen Musik zu unterlaufen.[22]

[17] Die Einführung des neuen Strafrechtsparagraphen AI-5 (*Ato Institucional no. 5*) beendete die Phase des kulturellen Widerstandes gegen das Regime und zwang einige der einflussreichsten Musiker der Zeit ins Exil. Vgl. Stroud, »Música«, S. 89f., 93 und 108ff.
[18] Vgl. Napolitano, *Cultura Brasileira*, S. 58.
[19] Vgl. ebd., S. 55.
[20] Vgl. Lorraine Leu, *Brazilian Popular Music. Caetano Veloso and the Regeneration of Tradition,* Aldershot/Hants 2006.
[21] Bei Stroud heißt dies im Originallaut: »[...] as one of the basic premises of Tropicália was to shock and disorient audiences through a creative melange of artistic methods such as parody, montage, fragmentation, the deliberate use of kitsch, and the juxtaposition of the traditional and the modern.« Stroud, »Música«, S. 102.
[22] Der Auftritt der Tropicalistas auf dem *III Festival de MPB* (1967) des Senders TV Record gilt als prägender Moment für die brasilianische populäre Musik.

Schließlich entstand noch ein weiteres Genre, das seinen etwas spröde anmutenden Namen den Musikfestivals verdankt: die *música populár brasileira* (»die populäre brasilianische Musik«), kurz: MPB. Trotz ihres sehr weit gefassten Namens zeichnete sich die MPB in den 1960er-Jahren durch ein klar konturiertes Set an Eigenschaften aus:

- Zitativität: MPB sollte einen bestimmten rhythmischen oder melodischen Aspekt von Samba oder einem anderen regionalen Musikstil beinhalten.
- Die Songs mussten in portugiesischer Sprache sein und sollten eine soziale oder menschliche Botschaft vermitteln.
- Elektronische Instrumente, vor allem die elektrische Gitarre, waren nicht erwünscht.
- Die große Bedeutung von musikalischer Versiertheit und Technik hatte die MPB von der Bossa Nova geerbt. Wie in der europäischen Kunstmusik und im Werk des bekanntesten klassischen Komponisten Brasiliens, Heitor Villa-Lobos, wurde in der MPB brasilianische Folklore als Rohmaterial verstanden, das durch verschiedene Kompositionstechniken (der Klassik, der Bossa Nova und des Jazz) umgearbeitet werden konnte.[23]

Seit dem großen Publikumserfolg der Musikfestivals sind fünf Jahrzehnte vergangen, in denen die traditionellen Massenmedien wie TV und Printmedien an einer Mystifizierung der MPB mitgewirkt haben.[24] MPB wurde bis zum Beginn des 21. Jahrhunderts zur *época de ouro*, der »goldenen Epoche«, der brasilianischen Musik hochstilisiert, und das, obwohl man sich in Brasilien heute nicht mehr einig ist, was nun genau MPB sei und welche Musiker dem Genre zuzurechnen seien.[25] Eines steht jedoch fest: Die großen Stars des Genres sind heute dieselben, die bereits vor fünfzig Jahren die Musikfestivals bestritten haben.[26] Sie gelten als Referenz für viele brasilianische MusikerInnen, auch für jene, die in den traditionellen Massenmedien nur selten oder gar nicht vorkommen.

Eine eindrückliche Rekonstruktion dieses Ereignisses bietet der Dokumentarfilm *Uma noite em 67* (Video Filmes, Record Entretenimento, BNDES) aus dem Jahr 2010.

[23] Vgl. Napolitano, »A Invenção«, S. 99.
[24] Vgl. Stroud, *The Defence*, S. 39ff.
[25] Eine ausführliche empirische Untersuchung zur Auslegungspraxis von MPB liegt vor in Martha Tupinambá de Ulhôa, *Categorias de avaliação estéticada MPB – lidando com a recepção da música brasileira popular*, http://www.hist.puc.cl/iaspm/mexico/articulos/Ulhoa.pdf (29.11.2010).
[26] Beispiele hierfür sind Chico Buarque de Hollanda, Maria Bethânia, Paulinho da Viola, Gilberto Gil und Edu Lobo.

Myspace

Auf den partizipativen Präsentationsplattformen des Web 2.0 wird das Ungleichgewicht in der medialen Präsenz nivelliert. Ging in der Vergangenheit dem öffentlichkeitswirksamen Auftritt stets das Wohlwollen der Entscheidungsträger in den Plattenfirmen und den etablierten Medieninstitutionen voraus, so sind es heutzutage nur wenige »Klicks«, die die MusikerInnen von einer effektvollen Selbstinszenierung trennen.[27] In der Folge treten in einem sozialen Online-Netzwerk wie *Myspace* professionelle und semi-professionelle MusikerInnen gleichberechtigt nebeneinander in Erscheinung. Das traditionsreiche Genre MPB, das im Folgenden fokussiert werden soll, formiert sich nun im Internet von Neuem.

Gerade *Myspace* – seit 2003 online und von Beginn an äußerst populär unter brasilianischen MusikerInnen – bietet aufgrund seiner offenen, collagenartigen Form viele Freiheiten in Bezug auf die Selbstpräsentation als Musikmachender. Das bedeutet: Auf einem *Myspace*-Profil können unterschiedliche Medienangebote hochgeladen (Audiodateien, Texte, Bilder, Clips), verschiedene Kommunikationsformen gewählt (Blogs, Kommentare u. a. zu den Bildern) und ein individuelles Profil- bzw. Hintergrund-Design kreiert werden. Dies hängt zweifelsohne damit zusammen, dass *Myspace* als Social Network Site angelegt ist. So erhält der User die Möglichkeit, über umfangreiche Darstellungen des Selbst in Kontakt zu anderen Usern zu treten. Während in den frühen Tagen von *Myspace* vor allem die Suche nach alten FreundInnen interessierte, entwickelte sich zunehmend das Ausprobieren in der eigenen Identitätsproduktion zu einer der Hauptaktivitäten der User. Die Möglichkeit der kreativen Selbstpräsentation blieb über kurz oder lang auch Bands und Solo-KünstlerInnen, Amateuren wie Profis, nicht verborgen. Das Zusammentreffen von *Myspace* und Rock- und PopmusikerInnen sollte sich schließlich als eine sehr fruchtbare herausstellen, denn: »Music is cultural currency. [...] Young people follow music and celebrities. Other young people follow the young people that follow music.«[28] *Myspace* wurde durch die Präsenz von etablierten und angehenden Stars als »cool« markiert. Allerdings kann mit Blick auf die aktuelle Situ-

---

[27] Bereits in Zeiten des sogenannten Web 1.0 wurden mit der Website alternative Möglichkeiten der Musikpräsentation geschaffen. Doch war respektive ist auch diese mediale Darstellungsplattform mit gewissen Einschränkungen verbunden. So bedarf es zum Erstellen einer Website entweder eigener Kompetenzen auf dem Gebiet der Informatik oder finanzieller Ressourcen, um Personen mit entsprechenden Kompetenzen dies bewerkstelligen zu lassen.

[28] Vgl. Danah Boyd, »Friendster lost steam. Is MySpace just a fad?«, http://www.danah.org/papers/FriendsterMySpaceEssay.html (06.05.2010).

ation festgestellt werden, dass die hohe Konzentration von musikbezogenen Aktivitäten zu einer Abwanderungsbewegung von nicht musikproduzierenden Usern geführt hat. Es ist anzunehmen, dass sich Letztgenannte von den um Aufmerksamkeit buhlenden KünstlerInnen bedrängt fühlen.[29]

Web-Analyse und Szeneaktivität

Unsere Web-Analysen fokussieren ein Netzwerk von brasilianischen MusikerInnen, von denen wir die meisten bereits vor der Untersuchung persönlich kannten. Untersucht wurden die Profile von 32 MusikerInnen (17 männlich/15 weiblich) im Alter zwischen 25 und 43 Jahren. 16 von diesen MusikerInnen füllten zusätzlich einen qualitativen Fragebogen aus, in dem es darum ging, differenzierte Angaben zu den eigenen Musik- und Internetaktivitäten zu machen. Schließlich wurden einige Fragen in explorativen Interviews vertieft.

Die betreffenden MusikerInnen kennen sich alle persönlich – oftmals haben sie auch schon zusammengearbeitet. Geografisch betrachtet erstreckt sich das Netzwerk über zwei Metropolen: São Paulo und Belo Horizonte. Belo Horizonte hat eine lebendige lokale Musikszene und eine renommierte Musikhochschule. Trotzdem ist es auch für MusikerInnen, die sich bereits regional etabliert haben, schwierig, die nächste Stufe des Erfolges – nationale Anerkennung – zu erreichen. Mit der Hoffnung, Anschluss an den nationalen und internationalen Markt zu finden, sind mittlerweile einige von ihnen nach São Paulo gezogen, was vermuten lässt, dass in Brasilien gerade auch geografische Faktoren ausschlaggebend für den Erfolg sein können.

Die Musik der untersuchten KünstlerInnen haben wir unter der Bezeichnung »zeitgenössische MPB« zusammengefasst. Trotz teilweise markanter musikstilistischer Unterschiede finden regelmäßig musikalische Kooperationen statt. Aufgrund dieses kontinuierlichen kreativen Austauschs kann man durchaus von einer eigenständigen (translokalen) Musikszene sprechen.[30] Interessant ist, dass einige MusikerInnen die Zugehörigkeit zum Genre MPB ablehnen, die-

---

[29] Vgl. Christofer Jost und Klaus Neumann-Braun, »Do-it-yourself-Musikstars oder der Siegeszug von Amateurbildern (Stills) und -filmen (Clips) im Social Web«, in: *A Star Is Born. Fotografie und Rock seit Elvis*, hrsg. vom Museum Folkwang, Göttingen 2010, S. 283–294, hier S. 289.

[30] Diese wurde von den Musikern aus Belo Horizonte auch als *a outra cidade* oder *a nova cena* (»die andere Stadt« oder »die neue Szene«) bezeichnet; sie hat in den letzten zehn Jahren zunehmend feste Strukturen angenommen. Zu den theoretischen Implikationen des Szenebegriffs siehe Richard A. Peterson und Andy Bennett, »Introducing Music Scenes«, in: *Music Scenes. Local, Translocal, and Virtual*, hrsg. von Richard A. Peterson und Andy Bennett, Nashville 2004, S. 1–15.

selben MusikerInnen aber auf ihrem *Myspace*-Profil auch die Stars der MPB unter der Rubrik »Einflüsse« aufführen.[31]

Alle untersuchten MusikerInnen haben in den Jahren 2006 und 2007 auf *Myspace* ein Profil eingerichtet. Die Social Network Site ermöglichte vielen einen ersten koordinierten Internetauftritt. In den Interviews haben die meisten MusikerInnen bestätigt, dass sie dank ihres Profils neue Kontakte zu anderen MusikerInnen aufbauen konnten. Diese Kontakte haben sodann zu einzelnen neuen Projekten in der »Offline-Welt« geführt.

Seit dem anfänglichen Erfolg von *Myspace* hat sich die Internetlandschaft stark verändert, neue Plattformen mit neuen Darstellungsmöglichkeiten sind dazugekommen. Trotzdem hielten die MusikerInnen *Myspace* lange Zeit die Treue, zumindest bis zur Umstellung auf die neue Benutzeroberfläche im Jahr 2010, welche die in aufwändiger Arbeit individuell gestalteten Profile (auf Zwang!) umkrempelte und teilweise unbenutzbar machte.[32] Dazu der Musiker Kristoff Silva: »*Myspace* hat heute eine unübersichtliche Schaufenster-Ästhetik mit verschiedenen Produkten angenommen, wie Popbands; die Seite ist unerträglich geworden.«[33]

In unserer Analyse haben wir nun untersucht, wie sich das Genre MPB angesichts webvermittelter Selbstpräsentation im Web 2.0 in einem Netzwerk von MusikerInnen rekonstituiert. Im Umgang der User bzw. MusikerInnen mit den von *Myspace* zur Verfügung gestellten Funktionen konnten folgende allgemeine Tendenzen festgestellt werden:

Die meistgenutzten Funktionen überraschen kaum – ausnahmslos alle KünstlerInnen nutzen die drei repräsentativen Funktionen Profilfoto, Fotoalbum und Playlist. Diese erfüllen eine grundlegende Voraussetzung für eine erfolgreiche Nutzung des Netzwerks – nach dem Motto: »So sehe ich aus, und so klinge ich.« Auch die Möglichkeit, Videos bereitzustellen, wurde häufig genutzt und sowohl in den Fragebögen als auch in den Interviews explizit als Vorzug von *Myspace* benannt. Hingegen fand die Funktion zur Ankündigung von Shows am wenigsten Verwendung. Die Kommunikation über Live-Shows findet ten-

---

[31] Die Ablehnung kann mit der den MusikerInnen durchaus bewussten diffusen Vorstellung von MPB als Musikgenre begründet werden, teilweise auch mit der Vorstellung von MPB als einem kommerziellen Produkt der Fernsehkultur.
[32] So verschwanden zum Beispiel eingebettete Videos und Fotos oder sie wurden in eine unbrauchbare Seitenspalte verbannt, welche eine rezipientenfreundliche Abspielsituation praktisch unmöglich machte. Des Weiteren dauerte nun das Laden der Seite allzu lange und auch die exponiert platzierte Werbung stieß auf Missfallen.
[33] Kristoff Silva im Interview mit den Autoren (Januar 2011): »Era como uma página simples, com música e vídeo. Agora, ganhou uma estética frenética de vitrine de various produtos, bandas pop, ficou insuportável.«

denziell auf anderen Social Network Sites statt, so z. B. auf *Facebook*, *Twitter* oder der in Brasilien hoch frequentierten Plattform *Orkut* von Google.

Man kann also eine gewisse Ausdifferenzierung nach Funktionen in den verschiedenen Social-Media-Angeboten feststellen. Bei den von uns untersuchten *Myspace*-Profilen scheinen die repräsentativen Funktionen eine Vorrangstellung gegenüber den kommunikativen Funktionen zu genießen. Dies lässt sich auch in Bezug auf die Kommentarfunktion festhalten, denn diese wird heute kaum noch genutzt. In den Interviews mit den MusikerInnen hat sich gezeigt, dass anfänglich aktiv der Austausch mit anderen MusikerInnen über die Kommentarfunktion gesucht wurde. Im Verlauf der Zeit, und nicht zuletzt seit der Umstellung der Benutzeroberfläche im Jahr 2010, blieben die Profile zwar noch abrufbar, aber intensive Kommunikation im Sinne eines anhaltenden Interaktionsgeschehens konnte immer seltener beobachtet werden.

a. Biografische Angaben und Freundeslisten

Bei den untersuchten Biografien konnten wir einen Hang zum Detail feststellen. Der dort betriebene Aufwand bestätigte unsere Annahme, dass für viele MusikerInnen abseits des Star-Systems ein großes Bedürfnis nach Sichtbarkeit besteht. Insgesamt dominiert die portugiesischsprachige Biografie. In einigen Fällen wird diese durch eine englischsprachige Biografie ergänzt, die Offenheit und Interesse am internationalen Markt signalisieren soll. Die englischsprachige Biografie ist aber vor allem ein Merkmal der Distinktion und symbolisiert Professionalität. Die spezielle Kombination von portugiesisch- und englischsprachiger Biografie sowie der Link zur eigenen Homepage konnte stets bei besonders ambitionierten und/oder kommerziell erfolgreichen KünstlerInnen verzeichnet werden.

Eine ähnliche Vermengung von formalen Angaben zur Person und Momenten des Identitätsmanagements findet in den »Freundeslisten« statt, welche zum einen eine Sammlung von Kontakten im virtuellen Netzwerk darstellen, aber zum anderen der Repräsentation des künstlerischen Selbstverständnisses dienen. Die Freundesliste bietet eine Möglichkeit der Imagepflege in der Grauzone zwischen realen und virtuellen Bekanntschaften. Durch die veränderte Bedeutung des Wortes »Freund« auf Social Network Sites wird gleichzeitig das althergebrachte System des Statusgewinnes durch musikalische Kooperationen entkräftet. Was der Begriff vor der *Myspace*-Ära suggerierte, nämlich reale Bekanntschaft und wechselseitige Wertschätzung, muss heutzutage am Einzelfall überprüft werden.

b. Einflüsse

Im Hinblick auf die musikalische Dimension unseres Untersuchungsgegenstandes erwies sich die Rubrik »Einflüsse« als besonders aufschlussreich. In den meisten Fällen konnte eine auffallend ausgiebige Nutzung festgestellt werden. Die genannten Stars, Bands, Stile und Rhythmen verweisen auf die Haltung der MusikerInnen zum nach wie vor aktuellen Traditionsdiskurs. An dieser von *Myspace* vorgegebenen Funktion zeigt sich besonders deutlich, dass sich Musikgenres als medienspezifische Kommunikationspraxis rekonstruieren lassen.

Nachfolgend werden die Nennungen der User zu Gruppen zusammengefasst (dies beinhaltet ausschließlich Mehrfachnennungen). Die entsprechenden Aspekte des Traditionsdiskurses, auf die die einzelnen Gruppen rekurrieren, werden in Klammern gesetzt (Einflüsse national). Dem werden einzelne der genannten Künstlernamen angefügt.[34]

Einflüsse national:
- MPB-»Klassiker« (nationalistische Strömung); Chico Buarque de Hollanda, Edu Lobo
- *Tropicália* (Progressive Strömung); Gilberto Gil, Caetano Veloso
- Bossa Nova (Kompositionstechnik); Antônio Carlos Jobim, João Gilberto
- Sängerinnen (Aufführungs-/Interpretationspraxis); Elis Regina, Clara Nunes
- Avantgarde (Experimentierfreude, musikalische bzw. spieltechnische Versiertheit); Hermeto Pascoal, Egberto Gismonti
- Musik aus dem Bundesstaat Minas Gerais (regionale Identität); Milton Nascimento
- »Poeten« (elaboriert-lyrischer Stil); Vinícius de Moraes, Paulo C. Pinheiro
- Samba und regionale Rhythmen (Folklore); Paulinho da Viola, Baden Powell
- Brasilianische Klassik (Folklore als Rohmaterial für Komposition); Heitor Villa-Lobos

Einflüsse international:
- Komponisten des 20. Jahrhunderts: Maurice Ravel, Claude Debussy, György Ligeti
- Jazz: Miles Davis, Chet Baker, John Coltrane, Richard Bona
- Rock: The Beatles, Radiohead, Genesis, Jimi Hendrix, Yes

Trotz der großen Bandbreite an Künstlernamen gab es interessanterweise bei den nationalen Einflüssen diverse Mehrfachnennungen. Betrachtet man die

---

34 Zweifelsohne können einige der genannten MusikerInnen mehreren Kategorien zugeordnet werden. So wäre Baden Powell durchaus auch der MPB und der Bossa Nova zuzurechnen, er sticht aber besonders durch die Verwendung afro-brasilianischer, d.h. folkloristischer Elemente hervor.

sich herauskristallisierenden FavoritInnen, erscheint das Genre überraschend homogen. Es herrscht ein gewisser Konsens dahingehend, wer als Referenz in Frage kommt und wer nicht. Eine individualistischere Selbstpräsentation wird durch Nennung von eher unbekannten MusikerInnen (oft aus der gleichen lokalen Szene) oder von wenig verbreiteten folkloristischen Rhythmen erreicht. Frühere Konflikte, wie der für die MPB der 1960er-Jahre typische Gegensatz zwischen politisch »engagierter« und »entfremdeter« Musik, scheinen überwunden, denn die MusikerInnen der entsprechenden Lager werden oft zusammen genannt. Nicht nur von der Politik scheint sich die aktuelle MPB emanzipiert zu haben, auch von anderen ideologischen Einschränkungen, die aus dem Streben nach einer verbindlichen nationalen Musikidentität resultierten, fand eine Distanzierung statt. So sind die untersuchten MusikerInnen Erben des sogenannten kulturellen Kannibalismus (*antropofagia*).[35] Sie »verdauen« zwar bei Weitem nicht alles, sind jedoch offener als die Generationen vor ihnen – eine Tendenz, die mit dem leichteren Zugang zu Informationen durch das Internet noch gefördert worden ist. Entsprechend äußert sich der Musiker Mauricio Ribeiro auf die Frage, ob er bestimmte Instrumente oder Produktionsästhetiken ablehne: »Nein. Ich glaube wirklich, dass alles das Musikmachen bereichern kann.«[36]

Eines der wichtigsten Genres der neueren populären Musik, die elektronische Tanzmusik, wird zwar unter »Einflüsse« nicht genannt, in den Interviews wird aber eine grundsätzliche Offenheit gegenüber genretypischen Gestaltungsprinzipien wie dem Programmieren von Sounds artikuliert. Die MusikerInnen scheinen diesem »neuen« Genre nicht ablehnend gegenüberzustehen, ihm wird aber offenbar keine tragende ästhetische Rolle zugedacht. Die Nennung von Heitor Villa-Lobos, dem »Über-Vater« der brasilianischen Kunstmusik, und avantgardistischen Künstlern wie Hermeto Pascoal weist die untersuchten MusikerInnen als musikalisch gebildete Personen aus. Das Kenntlichmachen der eigenen Bildung lässt sich nicht zuletzt als Selbstverortung in einer bestimmten sozialen Schicht (konkret: der Mittelschicht) deuten.[37]

Auch die häufige Nennung klassischer Komponisten bei den internationalen Einflüssen verweist auf einen gewissen Bildungsstand. Viele der MusikerInnen

---

35 Die *Tropicália* berief sich für die Schaffung ihres universellen Sounds auf das Konzept des kulturellen Kannibalismus des radikalen Ikonoklasten Oswald de Andrade. Vgl. Charles A. Perrone und Christopher Dunn, »›Chiclete com Banana‹: Internationalization in Brazilian Popular Music«, in: *Brazilian Popular Music & Globalization*, hrsg. von dens., New York 2002, S. 1–38.
36 Mauricio Ribeiro im Interview mit den Autoren (Januar 2011): »Acho que não. Acredito mesmo que tudo contribui para o fazer musical.«
37 Vgl. Stroud, *The Defence*, S. 47.

haben studiert und kennen sich mit kunstmusikalischen Gestaltungsprinzipien aus. Dass die Wahl dabei vor allem auf Komponisten des 20. Jahrhunderts fällt, ist sowohl als Beleg für das avantgardistische Selbstbild der MusikerInnen als auch als Favorisierung eines intellektuell reflektierten Zugangs zur Welt der Musik zu interpretieren.

Die genannten internationalen Einflüsse von Jazz und Rock lassen einen Anspruch auf Komplexität und »progressive« Distinguiertheit erkennen. Die genannten Stars sind sachkundige InstrumentalistInnen und kompromisslose KünstlerInnen, die die populäre Musik ihrer Zeit jeweils entscheidend bereicherten. Das Ideal der musikalischen Versiertheit, welches durch die MPB in den 1960er-Jahren für die gesamte populäre brasilianische Musik zur Messlatte wurde, bestimmt also auch die Wahrnehmung von internationaler populärer Musik. Die häufige Nennung der Beatles und von Jimi Hendrix knüpft an die internationalen Vorlieben (im Bereich Rock/Pop)[38] der *Tropicália* an. So schrieb Caetano Veloso in seinen Memoiren: »The idea of ›cultural cannibalism‹ fit us, the Tropicalists, like a glove. We were eating the Beatles and Jimi Hendrix.«[39]

Fazit

Das Web 2.0 bietet MusikerInnen eine neue Plattform, um ihrer Arbeit Sichtbarkeit zu verleihen, aber auch um ihre Haltung zu Themen wie Tradition und Authentizität ständig neu auszuhandeln. Angesichts der von Eliten kontrollierten Medienlandschaft Brasiliens vollzieht sich diese Aushandlung im Netz also im Sinne einer partizipativen Kommunikationskultur.

Die Untersuchung hat aufzeigen können, dass die MPB auch heute noch als kohärentes Normsystem in Erscheinung tritt. Auch wenn sich die MusikerInnen im Einzelfall nicht als MPB verstehen, wird eine allgemeine Kontinuität gegenüber den Werten der MPB der 1960er-Jahre sichtbar. Man knüpft weiterhin an nationale Traditionen an, aber die Miteinbeziehung von internationaler Musik gilt heute als ebenso selbstverständlich. Folklore und regionale Rhythmen sind für das künstlerische Selbstbild nach wie vor bedeutungsvoll und auch das Verarbeiten von sozialen Fragen ist weiterhin Teil des Themenkataloges, jedoch ohne die ideologischen und politischen Debatten früherer Jahrzehnte. Am konstantesten ist der Bezug zur musikalischen Spieltechnik – es bedarf einer instrumentalen und/oder vokalen Versiertheit, um in der untersuchten Szene Fuß zu fassen.

---

[38] Auch Tango, Bolero und Mambo wurden von der *Tropicália* weiterverarbeitet. Vgl. Perrone/Dunn, »Chiclete com Banana«, S. 19ff.
[39] Ebd., S. 20.

Neu an der Medienpraxis des Web 2.0 ist nun, dass der Diskurs um Haltungen durch medienspezifische Vorstrukturierungen (Stichwort: »Einflüsse«) bestimmt wird. Die Internetforen schaffen Kommunikationsstrukturen und bestimmen damit die Diskursrichtung. Musikbezogenes Denken und Handeln vollziehen sich innerhalb der spezifischen Rahmenbedingungen der jeweiligen Website. Das Beispiel Web 2.0 kann und muss in der Folge auch vor einem forschungsstrategischen Hintergrund betrachtet werden. Es hebt hervor, dass sich Musikforschung auch als Medien- und Kulturforschung begreifen muss, will sie musikalische Realität in angemessenen Begriffen beschreiben können. Der im vorliegenden Beitrag verfolgte Ansatz, ein Musikgenre als Szeneaktivität (on- und offline) zu untersuchen, ist ein möglicher Weg, dieser Forderung zu entsprechen.

Katrin Haase
Digitale Distribution klassischer Musik

»Das, womit wir heute unser Hauptgeschäft machen, fällt in Zukunft durch den Rost, das ist die CD.«[1]

Klassische Musik wird oft als traditionell und mustergültig aufgefasst. Das Internet und die Digitalisierung hingegen sind höchst moderne Phänomene des späten 20. und 21. Jahrhunderts.[2] Meine Untersuchungen beleuchten, wie sich die Musikindustrie der klassischen Musik mit dem Phänomen Internet arrangiert, welche Chancen und Risiken damit einhergehen und welche Gewinn bringenden Beziehungen zwischen dem Markt der Klassik und dem Internet prinzipiell möglich wären. Dabei beziehe ich mich speziell auf die digitale Verbreitung klassischer Musik im Internet, insbesondere im deutschsprachigen Raum.[3] In diesem Aufsatz werde ich nach einer kurzen Erläuterung digitaler Vertriebsmodelle eine Zusammenfassung meiner Forschungsergebnisse der an der Universität Leipzig absolvierten Magisterarbeit liefern. Die Arbeit mit dem Titel »Digitale Distribution klassischer Musik – eine Analyse der digitalen Mediamorphose« hat die Mediamorphosen-Theorie der Wiener Musiksozio-

---

[1] Dr. Christoph Ferch im Experteninterview, zitiert nach Katrin Haase, *Digitale Distribution klassischer Musik*, Magisterarbeit an der Universität Leipzig, München 2010, S. 84.

[2] 1993 wurde das World Wide Web erfunden. 1995 war das Jahr der erstmaligen Massenverbreitung des Formats MP3 im Internet. Vgl. Golo Föllmer, »Musik im Internet«, in: *Handbuch Musik und Medien*, hrsg. von Holger Schramm, Konstanz 2009, S. 235–275, hier S. 236–238.

[3] Zur Erforschung des Themengebietes absolvierte ich im Jahr 2009 ein Praktikum im Team der digitalen Abteilung *Classics and Jazz* bei der *Universal Music Group*, trat im darauffolgenden Jahr in intensiven Kontakt mit dem Independent-Klassiklabel *Preiser Records* in Wien und führte mit Vertretern beider Label Experteninterviews durch. Stephan Steigleder ist der *Director Digital Media Classics & Jazz* der Universal Music Group, Dr. Christoph Ferch ist der ehemalige Geschäftsführer von Preiser Records Vienna und war verantwortlich für die Digitalisierung des Labelbestandes. Eine darauf basierende Magisterarbeit zum Thema *Digitale Distribution klassischer Musik* habe ich im Herbst 2010 an der Universität Leipzig abgeschlossen. Diese wurde beim Verlag GRIN veröffentlicht.

logen Kurt Blaukopf und Alfred Smudits zur Grundlage[4] und stützt sich auf die These, dass im Zeitalter der digitalen Mediamorphose das Internet einen unumkehrbaren und umfassenden Einfluss auf den Markt der klassischen Musik ausübt.

Digitale Vertriebsmodelle

Sowohl Major- als auch Independent-Labels entwickeln mit Nachdruck Modelle und Strategien der digitalen Distribution, jedoch lässt sich in der Musikindustrie noch kein eindeutiger Trend erkennen, welche Verkaufsstrategie sich durchsetzen wird.[5] Generell lassen sich zwei Vertriebsmodelle unterscheiden: der Abonnement-Dienst und der Download-Shop, welche sowohl seitens der Labels als auch seitens anderer Distributoren im Internet angeboten werden. Im Folgenden erläutere ich beide Strategien und zeige, wie die Labels versuchen, diese umzusetzen.

Der Abonnement-Dienst ermöglicht in Form eines Streaming-Dienstes das Abspielen eines Musiktitels im Internet, ohne dass die Musikdatei auf dem Rechner des Nutzers langfristig gespeichert wird. Die Grundidee lautet, nicht mehr einzelne Musikstücke oder Alben zu verkaufen, sondern lediglich via Flatrate den Zugang zu einer Sammlung von Musik zu gewährleisten. Dahinter steht eine völlig neue Bewertung von Besitz und Eigentum, denn nicht mehr das Erwerben und Sammeln der Musik steht im Vordergrund, sondern deren ständige Erreichbarkeit via Internet. Solange der Kunde zahlt, hat er unbegrenzten Zugang zur Sammlung und kann bei bestehender Internetverbindung Musik hören. Sobald er jedoch die Zahlung einstellt, erlischt der Zugang und er besitzt keine im Abonnement erworbene Musik mehr. Als Beispiele für Abonnement-Dienste der Major-Labels können *MusicNet*[6] und *Pressplay*[7] angeführt werden – beide wurden Ende des Jahres 2001 in den USA online gestellt, um illegalen Filesharing-Systemen ein legales Angebot entgegenzu-

---

[4] Mediamorphosen sind Entwicklungsschübe, welche durch den Einfluss von neuen Kommunikationstechnologien umfassende und unumkehrbare Veränderungen des Kulturschaffens nach sich ziehen. Vgl. Alfred Smudits, *Mediamorphosen des Kulturschaffens. Kunst und Kommunikationstechnologien im Wandel.* Wien 2002, S. 16.

[5] Vgl. Bundesverband Musikindustrie e. V. (Hrsg.), *Musikindustrie in Zahlen 2009*, hrsg. vom Bundesverband Musikindustrie e.V., Berlin 2010, S. 2.

[6] *MusicNet* war ein Gemeinschaftsprojekt von AOL Time Warner, der EMI Group, BMG und RealNetworks.

[7] *Pressplay* war eine gemeinsame Initiative von Sony Entertainment und der Universal Music Group in Zusammenarbeit mit Yahoo und Microsoft.

stellen. Diese Dienste unterlagen jedoch umfangreichen Nutzereinschränkungen durch das *Digital Rights Management* (DRM),[8] wie beispielsweise einem Brennschutz der MP3s[9] oder einer Verweigerung der Übertragungen von MP3s auf mobile Endgeräte. Außerdem beschränkte sich das Repertoire bei *Music-Net* auf circa 100 000 Songs – bei *Pressplay* waren gerade mal rund 70 000 Titel verfügbar. Da die Musikhörer vermutlich nicht bereit waren, die Einschränkungen durch DRM und das geringe Angebot als Alternative zu illegalen Download-Portalen zu akzeptieren, wurde der Betrieb beider Plattformen letztendlich eingestellt.

Im Herbst 2008 startete in England mit *Nokia Comes With Music*[10] das erste große Projekt einer gemeinsamen Initiative aller Major-Labels im Abonnement-Bereich, bei dem der Musikfan für eine Gebühr von 145 Euro ein Jahr lang unbegrenzt Songs aus dem Nokia-Store herunterladen konnte.[11] In Deutschland wurde die *Nokia Comes With Music* Flatrate, die den Abonnenten im ersten Jahr Zugriff auf fünf Millionen Musiktitel ermöglichte, erstmals im Mai 2009 angeboten.[12] Weitere Abonnement-Dienste im deutschsprachigen Raum werden beispielsweise von *Napster*, *eMusik* und *Last.fm* geführt, die alle unter anderem klassische Musik im Angebot haben.

Mit dem Download-Shop wurde ein weiteres Vertriebsmodell entwickelt, das als legale Download-Plattform hauptsächlich MP3s, manchmal auch andere digitale Formate pro Stück oder pro Album zum Kauf anbietet.[13] Dieser Service nennt sich »Music On Demand«, da im Gegensatz zum Abonnement-Dienst einzelne Musikstücke auf Nachfrage käuflich erworben werden können. Auf diesem Modell basierend kam im August des Jahres 2002 ein Download-Angebot namens *Popfile* auf den Markt, dessen Schirmherrschaft Tim Renner, der damalige Geschäftsführer der Universal Music Group, übernahm. Bereits im Dezember 2004 wurde *Popfile* wieder eingestellt – offiziell

---

[8] Bis 2007 gingen von der Musikindustrie Bestrebungen aus, ihre verkauften Musikdateien mit digitalen Codes zu vermerken, damit die Ware wiedererkannt werden konnte und so zu einem handelsfähigen Gut wurde. Allerdings stellte sich heraus, dass die Käuferschaft solche Maßnahmen ablehnte. Die Musikindustrie verzichtet nun weitestgehend auf DRM-Maßnahmen.
[9] Die Abkürzung steht für Moving Picture Experts Group MPEG-1 Layer 3, ein Multimediaformat zur Musikverteilung im Internet.
[10] Daran beteiligten sich die Universal Music Group, Sony Music Entertainment, die Warner Music Group und die EMI Group.
[11] Der Kauf eines Nokia-Handys war an das Angebot gekoppelt, welches im Januar 2011 in Deutschland wieder eingestellt wurde.
[12] Vgl. Bundesverband Musikindustrie (Hrsg.), *Musikindustrie*, S. 61.
[13] Das Kombinationsangebot mehrerer MP3s wird auch als »bundle« bezeichnet.

aufgrund von technischen Schwierigkeiten und Konflikten mit der GEMA, aber auch der Druck seitens des Handels physischer Tonträger könnte zu groß gewesen sein.[14] Letztendlich ging das Projekt dann in den Download-Dienst *Musicload*[15] der Telekom-Tochter T-Online über. Mit dem *Deutsche Grammophon Web Shop*[16] entstand im Jahr 2007 die erste Download-Plattform für klassische Musik in Deutschland und damit nach *Popfile* das zweite von einem Major-Label initiierte Angebot für digitale Distribution. Seit dem Jahr 2008 werden dort neben MP3s und physischen Waren auch FLAC-Dateien[17] zum Download angeboten. Sony BMG entwickelte im Sommer 2008 in Kooperation mit *MyVideo*[18] ein eigenes, nach wie vor bestehendes Download-Portal namens *Musicbox*, in dem ausschließlich die Musik von Sony Music als MP3 und als physisches Gut verkauft wird. Klassische Musik wird darin in einer eigenen Kategorie sowohl als Einzel-Download als auch in Form eines Albums angeboten. Die Universal Music Group errichtete im Herbst 2009 die Download-Plattform *Bravado*,[19] die parallel zu dem bereits existierenden Download-Shop *Umusic*[20] labeleigenes Repertoire verkauft. Unter der Kategorie »Klassik« werden alle bei der Universal Music Group erschienenen Produkte klassischer Musik als physische Ware, Merchandise-Artikel und als MP3-Download angeboten.

Die Nutzung legaler Download-Plattformen durch die Musikindustrie nimmt an Bedeutung zu. Im Jahr 2009 betrug die Zahl der Käufer auf Download-Plattformen 5,6 Millionen,[21] durch die per Online- und Mobile-Downloads sieben Prozent des Gesamtumsatzes der Tonträgerfirmen erwirtschaftet wurden,[22] während jeweils ein Prozent des Gesamtumsatzes Abonnement-Modelle und Streaming-Angebote bildeten. Im Vergleich zu den übrigen Einnahmequellen der Tonträgerfirmen spielte die digitale Distribution eine geringe Rolle, bei der wiederum erheblich mehr Umsatz mit dem Verkauf von Einzeldownloads

---

[14] Vgl. Christian Frahm, *Die Zukunft der Tonträgerindustrie*, Boizenburg 2007, S. 93.
[15] http://www.musicload.de.
[16] Der *DG Web Shop* ist der Onlinevertrieb der Deutschen Grammophon Gesellschaft, welche zur Universal Music Group gehört. Er ist zu finden unter: www.deutschegrammophon.com.
[17] Der Free Lossless Audio Codec ist ein Audio-Format mit verlustfreier Komprimierung und weist somit eine höhere Klangqualität auf.
[18] Dabei handelt es sich um einen Videodienst von den Fernsehsendern ProSieben und Sat1, http://www.myvideo.de.
[19] http://www.bravado.de.
[20] http://www.umusic.me.
[21] Vgl. Bundesverband Musikindustrie (Hrsg.), *Musikindustrie*, S. 10.
[22] Vgl. ebd., S. 13.

als über Abonnement-Dienste erzielt wurde. Da Abonnement-Modelle sich 2009 noch in der Einführungsphase befanden, sind sie noch nicht profitabel. Jedoch lässt sich anhand eines Vergleichs zu den Umsätzen vergangener Jahre der Trend erkennen, dass die Umsätze aus der digitalen Distribution stetig zunehmen.[23] Auch wenn erste Absatzsteigerungen im digitalen Download zu verzeichnen sind und legale Download-Portale immer mehr Nutzer finden, kann noch keines der Geschäftsmodelle für die Tonträgerfirmen als für die Zukunft allein tragfähig bezeichnet werden. Noch immer stehen die Labels vor der Herausforderung, sich den geänderten Rahmenbedingungen der digitalen Mediamorphose anpassen und das traditionelle Tonträgergeschäft auf die veränderten Kundenbedürfnisse ausrichten zu müssen.[24]

Einen eher geringen Anteil des Umsatzes durch digitalen Download erwirtschaftet ein Label auf eigenen Download-Portalen, denn der Großteil der MP3s wird auf Portalen anderer Anbieter wie *iTunes*, *Amazon MP3* oder *Musicload* verkauft. Mit »andere Anbieter« sind Firmen gemeint, die ursprünglich aus externen Bereichen der Musikindustrie oder aus völlig anderen Geschäftsfeldern stammen und sich mit dem Aufbau von Download-Portalen, Streaming-Angeboten oder Ähnlichem *erstmals* im Bereich der Musikindustrie betätigen. Nach Angaben des Verbands Musikindustrie sind zu Beginn des 21. Jahrhunderts rund elf Millionen Musiktitel online käuflich zu erwerben, wofür in Deutschland über 41 legale Distributoren im Internet zur Verfügung stehen.[25] *iTunes*, *Musicload* und *Amazon MP3* kristallisieren sich zu diesem Zeitpunkt als Hauptverkaufsplattformen für MP3s heraus, während für klassische Musik des Weiteren *JPC*, *ClassicsOnline*[26] und der *Deutsche Grammophon Web Shop* relevant sind. Bemerkenswert an der Liste der Spitzenreiter des digitalen Musikangebotes ist, dass sich darunter keine Initiative eines Major- oder Independent-Labels befindet, denn *Amazon MP3* sowie *Musicload* sind Online-Einzelhändler und *iTunes* ist die Erfindung des Hardware-Herstellers Apple. Einzige Ausnahme für den Bereich der klassischen Musik bildet der *Deutsche Grammophon Web Shop*. Die Initiativen der Major- und Independent-Labels sind bei Weitem weniger erfolgreich als die Portale der vormalig branchenfremden Anbieter, denn einige der Download-Portale wie *Amazon MP3* und *iTunes* können aufgrund von Quersubventionierung aus anderen Geschäftsfeldern den Preis der MP3s niedriger halten, als er von den Labels selbst angeboten werden kann.

[23] Vgl. ebd., S. 14.
[24] Vgl. Frahm, *Die Zukunft*, S. 7.
[25] Vgl. Bundesverband Musikindustrie (Hrsg.), *Musikindustrie*, S. 23.
[26] *ClassicsOnline* ist jedoch kein deutschsprachiges Angebot. Diese Website bietet das Repertoire von Naxos und vielen weiteren Independent-Labels an.

Die Strategien von Major- und Independent-Labels variieren nicht so merklich, wie man dies anhand der unterschiedlichen Ausgangsvoraussetzungen vermuten könnte. So nutzten alle im Jahr 2010 das Internet als Verbreitungsweg, sowohl mithilfe eigener Seiten als auch branchenfremder digitaler Distributoren, wobei festzustellen ist, dass bei allen der größere Teil des digitalen Umsatzes durch den Verkauf von MP3s auf labelfremden Portalen wie *iTunes*, *Amazon MP3* und *Musicload* erreicht wurde. Sowohl die Universal Music Group als auch Preiser Records Vienna errichteten eigene Download-Plattformen, jedoch sind diese nicht besonders ertragreich und könnten die Digitalisierung des Musikbestandes nicht rechtfertigen.[27] Web-2.0-Applikationen werden seitens beider Labels noch wenig, aber zunehmend häufiger genutzt, wobei hier ein Unterschied in der Verfügbarkeit von Ressourcen zu erkennen ist, da bei dem Major-Label mehr Arbeitskräfte und Finanzen für die Pflege von *Facebook*, *Twitter*, *YouTube* und anderen Anwendungen vorhanden sind. Des Weiteren verwendet es mehr Gelder für die Entwicklung und Bereitstellung von Werbeaktionen und Special-Download-Aktionen auf anderen Plattformen, auch wenn es die bestehenden Möglichkeiten immer noch nur in geringem Maße nutzt. Sowohl das Major-Label Universal Music Group als auch das Independent-Label Preiser Records Vienna sprechen sich zudem für die Idee eines *gemeinsamen* Klassik-Portals aus,[28] für dessen Realisierung allerdings bisher kein Label die Initiative übernahm. Es scheint sich somit um eine Projektidee zu handeln, über die hypothetisch gesprochen wird, die jedoch schwerlich zustande kommen wird, da sie bisher trotz einiger Realisierungsversuche an Kompetenz- und Rechtsstreitigkeiten der Major-Labels scheiterte.

Chancen und Risiken der digitalen Musik-Distribution

Durch die Erfindung des World Wide Web Ende des 20. Jahrhunderts hat sich das Konsum- und Nutzungsverhalten der Musikhörer verändert, wie anhand der intensiven Nutzung des Internets durch Rezipienten zur Beschaffung von Musik erkennbar ist. Die digitale Mediamorphose leitete in Bezug auf klassische Musik vor allem die zunehmende Kompetenz und Einflusskraft der Hörerschaft ein, was die Verhandlungsmacht der Konsumenten wachsen ließ.[29] So

---

[27] Digitaler Musikbestand von Universal Music Group und Preiser Records: http://www.preiserrecords.at; http://www.universal-music.de/home/klassik; http://www.umusic.me und http://www.bravado.de, Stand: April 2009.
[28] Vgl. Haase, *Digitale Distribution*, S. 98.
[29] Vgl. Jutta Emes, *Unternehmergewinn in der Musikindustrie. Wertschöpfungspotentiale und Veränderungen der Branchenstruktur durch die Digitalisierung*, Wiesbaden 2004, S. 94.

steigerten die neuen Möglichkeiten der Informationsbeschaffung die Souveränität der Konsumenten in Bezug auf Kaufentscheidung, Anspruchsniveau und Preisbewusstsein,[30] da das nächste Kaufportal immer nur einen »Mausklick« entfernt ist und eine Übersicht über verschiedene Angebote leicht zu erhalten ist.

Durch die Etablierung des Internets wurde der weltweite Austausch der Klassik-Interessierten ermöglicht, d. h. sowohl die Kommunikation über Geschmack, Erfahrungen und Tipps wurde erleichtert als auch die Verfügbarkeit von Angeboten klassischer Musik und deren Vergleichbarkeit erhöht. Für den Konsumenten ist diese Situation als Chance zu verstehen, aber auch für den Markt können daraus positive Aspekte resultieren, wenn innovative Geschäftsmodelle entwickelt werden, wie beispielsweise Musikempfehlungssysteme, die sowohl für den Konsumenten als auch für den Anbieter klassischer Musik einen Mehrwert erbringen. Dort kann sich der Klassikfan interaktiv über Musik austauschen, Gleichgesinnte finden und Empfehlungen innerhalb seines Interessengebietes erhalten, während die Labels wiederum detaillierte Informationen über die Vorlieben der Hörerschaft beziehen, Lücken im Repertoire erkennen und zukünftige Veröffentlichungen besser auf die Nachfrage der Kundschaft ausrichten können. Die Digitalisierung des Repertoires ist ebenfalls von beiden Seiten positiv einzuschätzen, da für den Klassikhörer die Erreichbarkeit, Verfügbarkeit und Vergleichbarkeit klassischer Werke bzw. deren unterschiedlicher Interpretationen zunimmt und für Künstler und Labels die Distribution der Werke erleichtert wird. Darüber hinaus ermöglicht der Verkauf der Veröffentlichungen im Internet, sowohl in physischer als auch in digitaler Form, prinzipiell die Unabhängigkeit der Labels von firmenfremden Distributoren und eröffnet somit die Möglichkeit höherer Einnahmen beziehungsweise niedrigerer Preise. Allerdings gilt diese Unabhängigkeit nur prinzipiell, denn faktisch gesehen sind die Labels sehr auf andere Anbieter digitaler Distribution angewiesen, da diese sich auf dem Markt etabliert haben und die Labels selbst noch kein Angebot geschaffen haben, welches mit den etablierten Portalen in direkte Konkurrenz treten könnte.

Für den Klassik-Künstler ist es aufgrund der digitalen Mediamorphose einfacher geworden, sich ohne die Inanspruchnahme eines Labels im Internet zu präsentieren, eigene Produktionen zu verbreiten und mit dem Hörer mithilfe von Web-2.0-Seiten wie *Last.fm*, *MySpace* oder *Facebook* in Verbindung zu treten. Dadurch kann er besser einschätzen, wie viel er wohin und wann verkauft und wer seine Hörer sind, was ihm wiederum hilft, genauer auf die Bedürfnisse und Anregungen der Rezipienten einzugehen. Durch das Internet nehmen Medienkonvergenz und Multimedialität zu, wodurch neue Projekte

---

[30] Ebd.

möglich werden, die verschiedene Medientypen miteinander verbinden.[31] Die Distribution von Musik kann beispielsweise mittels eines Verkauf-Links an eine Hörerrezension angebunden werden, was einerseits dem kaufinteressierten Leser einen Mehrwert bietet, andererseits aber auch für die Künstler und Labels eine lukrativere Positionierung ihrer Ware bedeutet.

Mit den Entwicklungen und Erfindungen der digitalen Mediamorphose gehen für die tradierte Musikwirtschaft und für die Künstler Risiken einher, da die Digitalisierung der Musikstücke die illegale Verbreitung der Werke über das Internet oder über Festplattenaustausch massiv vereinfacht. Auch das Phänomen der Internetpiraterie nahm mit der Erfindung von Tauschbörsen bisher nicht gekannte Ausmaße an. Die Tatsache, dass die Musikindustrie keine erfolgreiche Strategie zur Bekämpfung der Piraterie entwickelte und zu spät mit eigenen Innovationen auf das neue Medium Internet reagierte, stellt immer noch ein Risiko für die angemessene Bezahlung von Künstlern und die Existenz einiger Wirtschaftsbereiche dar. Denn die ausschlaggebenden Innovationen im Internet wurden ohne die Musikwirtschaft entwickelt und umgesetzt: So entwickelte das Fraunhofer Institut die MP3, die Privatperson Shawn Fanning die Tauschbörse *Napster* und Firmen anderer Wirtschaftsbereiche schufen erste legale Download-Portale wie *iTunes*. Das Risiko des Verlustes der Käuferschaft aufgrund von Internetpiraterie besteht vor allem dann weiter, wenn fehlende Alternativen einen Leerraum bilden und die potenziellen Käufer entweder die gesuchte Musik in Distributionsportalen nicht finden oder aufgrund des zu hohen Preises oder des schlechten Services die illegale Beschaffung bevorzugen. Da Musik ein Freizeitgut[32] ist und vor allem impulsiv erworben wird, ist die Spontaneität des Erwerbs ausschlaggebend, d. h., wenn ein gesuchtes Musikstück nicht innerhalb von kürzester Zeit zugänglich ist, wird es entweder langfristig nicht gekauft oder auf andere Weise erworben.[33]

Ein weiteres Risiko, welches mit der digitalen Online-Distribution einhergeht und vor allem von Hörern klassischer Musik diskutiert wird, ist der angenommene Verlust an Qualität. Da die MP3 – das meistverbreitete Format der digitalen Distribution – durch Datenreduktion entsteht, wird bemängelt, dass auch die Klangqualität der Aufnahmen wahrnehmbar reduziert ist. Aus diesem Grund reagieren einige Portale mit dem Angebot des FLAC-Formats, welches die Werke verlustfrei komprimiert und daher von einigen Hörern bevorzugt wird.

[31] Ein Beispiel ist das YouTube Symphony Orchestra, bei dem das Medium Internet zur Bildung eines Orchesters und zur Übertragung von Liveaufnahmen genutzt wird. Kanal des YouTube Symphony Orchestra, http://www.youtube.com/user/symphony.
[32] Vgl. Frank Oepkemeier, *Digitale Musikdistribution. Grundlagen, Potenziale, Strategien*, Saarbrücken 2007, S. 16.
[33] Ebd.

Distributionswege und deren Nutzung

Die Verbreitung von aufgenommener Musik als Wirtschaftszweig der Musikindustrie wurde erst aufgrund von technischen Erfindungen zu Beginn des 20. Jahrhunderts möglich und blieb seitdem stark von technischen Innovationen abhängig, so auch bei der digitalen Mediamorphose. Die Distribution von musikalischen Werken erfolgte stets durch den Handel mit physischen Medien, deren Entwicklung von Abspielgeräten wie dem Phonographen, dem Grammophon und dem Magnettonband über Tonträger wie die Vinyl-Schallplatte, die Musikkassette, die CD und die DVD bis hin zu weiteren digitalen Medien und Formaten verlief. Seit der Erfindung der MP3, durch deren Verkauf die Musikindustrie den Hauptteil des Absatzes im Internet einfährt, haben alle physischen Medien an Bedeutung verloren, auch wenn der CD-Verkauf im Bereich der Klassik nach wie vor das Hauptgeschäftsfeld darstellt.[34] Auf lange Sicht ist somit der Trend zu erkennen, dass sich nicht nur die Haupt-Distributionspartner, sondern auch das Leitmedium von der CD zu trägerlosen, digitalen Formaten hin verschieben wird. Ein solcher Übergangsprozess ist der Musikindustrie nicht unbekannt, da es schon einmal einen umgreifenden Wechsel des Hauptmediums – von der Schallplatte zur CD – gab. Diese Innovation verhalf der Branche zu neuem Wachstum, obwohl mit der CD der Anteil an illegal kopierter Musik zunahm. Im Bereich der Online-Distribution fehlt es zu Beginn des 21. Jahrhunderts aber noch am Durchbruch eines Konzeptes, mit dem Musik im Internet so Gewinn bringend verkauft werden kann, dass die Musikbranche neue Umsatzrekorde generieren könnte.

Trotz des Erfolgs der digitalen Distribution mit einem globalen Wachstum von 940 Prozent seit 2004 brach der weltweite Musikmarkt um 30 Prozent ein.[35] Die neuen Distributionsmöglichkeiten bringen also bis jetzt nicht die Rettung der Musikindustrie,[36] denn seit dem Jahr 1999 sind Umsatzrückgänge zu verzeichnen[37] und somit ist der gesamte Gewinn, den die CD der Industrie gebracht hatte, wieder verloren. Die Ursachen dafür sind nicht erst bei illegalen Peer-to-Peer-Tauschbörsen zu finden, sondern bereits bei der Digitalisierung der Tonträger.[38] Demnach ist der Absatzrückgang schon in der Erfindung

---

[34] Vgl. Bundesverband Musikindustrie (Hrsg.), *Musikindustrie*.
[35] Vgl. International Federation of the Phonographic Industry, *Digital Music Report 2010. Music how, when, where you want it*, London 2010, S. 3.
[36] Vgl. ebd., S. 7.
[37] Vgl. Frahm, *Die Zukunft*, S. 34.
[38] Vgl. Peter Tschmuck, »Vom Tonträger zur Musikdienstleistung – Der Paradigmenwechsel in der Musikindustrie«, in: *Musikrezeption, Musikdistribution und Musikproduktion. Der Wandel des Wertschöpfungsnetzwerks in der Musikwirt-*

der CD begründet, denn die Musikindustrie übersah, dass die technologische Entwicklung der Digitalisierung schnell voranschreiten und weitere, internetbasierte Innovationen folgen sollten. Somit überließen die Major-Labels branchenfremden Firmen wie Apple oder Amazon das neue Geschäftsfeld und verpassten die Chance auf Gewinne durch Innovationen.

Der Aussage Oepkemeiers, der gesamte Online-Musikmarkt sei aufgrund der Auswirkungen der digitalen Mediamorphose zum Zentrum der Geschäftsinhalte geworden,[39] kann ich in Bezug auf den Klassikmarkt aus eigenen Erfahrungen und Recherchen nicht bestätigen. Dort wird nach wie vor die CD-Veröffentlichung als Mittelpunkt des Geschäfts verstanden, was sowohl an der Verteilung der Ressourcen innerhalb eines Labels als auch an den Anteilen des Umsatzes zu erkennen ist.[40] Die CD stellt sowohl für den Gesamtumsatz des Musikmarkts als auch im Spezifischen für die Sparte der Veröffentlichungen klassischer Musik nach wie vor die Haupteinnahmequelle dar. Am Ende der ersten Dekade des 21. Jahrhunderts wendet die Musikindustrie im Netz noch nicht das an, was im Rahmen ihrer Möglichkeiten stünde, z.B. die angemessene Einbindung der Hörerschaft in die Entwicklung neuer Produkte. Innovationen seitens der Musikindustrie sind im Moment ihres Erscheinens oftmals bereits veraltet oder entsprechen nicht den Bedürfnissen der Hörerschaft,[41] da die Labels die Möglichkeiten, ihre Hörer besser kennenzulernen, nicht ausreichend nutzen. Den von mir geführten und eingangs erwähnten Interviews konnte ich entnehmen, dass weder das von mir untersuchte Major- noch das Independent-Label eigene Communities pflegt oder beispielsweise Facebook-Gruppen in die Entstehung neuer Veröffentlichungen einbezieht.

Dabei könnten gerade traditionelle Labels aus ihrer Reputation einen Vorteil gewinnen, denn es lässt sich auch im Internet eine starke Markenbildung beobachten: Je bekannter die Marke einer Plattform ist, desto eher werden dort MP3s gekauft, unabhängig von preislichen Unterschieden zu weniger bekannten Plattformen. Bemerkenswert an der Liste der Spitzenreiter des digitalen Musikangebots ist, dass sich darunter keine Initiative eines Major- oder Independent-Labels befindet, was sich dadurch erklären lässt, dass die Musikindustrie die Notwendigkeit der schnellen Entwicklung von Portalen später erkannt hat als andere innovative Neueinsteiger. Außerdem kooperieren

schaft, hrsg. von Gerhard Gensch, Eva Maria Stöckler und Peter Tschmuck, Wiesbaden 2008, S. 141–162, hier 147f.

[39] Vgl. Oepkemeier, *Digitale Musikdistribution*, S. 10.
[40] Mit Ressourcen meine ich sowohl zur Verfügung stehende Gelder als auch die Anzahl und den Anstellungsgrad der Arbeitskräfte.
[41] Vgl. Tim Renner, *Kinder, der Tod ist gar nicht so schlimm! Über die Zukunft der Musik- und Medienindustrie*, Frankfurt am Main 2004, S. 151.

die Rechteinhaber untereinander nicht hinreichend. So entwickelte jedes der Major-Labels sein eigenes Download-Portal oder eigene Abonnement-Modelle und Streaming-Angebote, statt mit anderen Labels Kooperationen einzugehen. Da ausschließlich die Musik, an der das jeweilige Label die Rechte besaß, verkauft wurde, waren die Angebote für Rezipienten selten lukrativ und somit nicht erfolgreich. Auf den Bedarf an Portalen mit umfassendem Repertoire zu attraktiven Preisen wurde seit den ersten verfügbaren Online-Plattformen kaum eingegangen,[42] obwohl die selbst gesetzte Grenze, ausschließlich das Label-eigene Repertoire auf eigenen Websites anzubieten, am Interesse des Musikkäufers vorbeigeht. Meine Vermutung ist, dass niemand ausschließlich die Musik eines Labels hört, sondern vielmehr ein buntes Gemisch aus verschiedenen Musikrichtungen und Interpreten, die bei verschiedenen Labels unter Vertrag stehen. Somit bieten die Portale der Labels keinen adäquaten Ersatz für die Download-Portale anderer Anbieter, die sich bereits etabliert haben. Seitens der Industrie wird zwar die Idee eines gemeinsamen Klassikportals aller Labels klassischer Musik diskutiert, jedoch scheint die Uneinigkeit der Major-Labels das Projekt derzeit unmöglich zu machen. Einem wirklichen Durchbruch der legalen Distributionsportale stehen somit verzogene Preis-Leistungs-Vorstellungen und fehlende Innovationen im Weg, denn die Preispolitik der Musikwirtschaft ist nach wie vor reaktionär und bildet nicht die Ansprüche der Kunden ab. So bleiben mögliche Synergieeffekte, die durch sinnvolle Kooperationen entstehen und in Form von Preissenkungen umgesetzt werden könnten, bisher ungenutzt.[43]

Aufgrund der Tatsache, dass die Nutzung des Internets schon jetzt alltäglich ist und auch das Einkaufen via Internet immer selbstverständlicher wird, wird der Anteil des Umsatzes der Musikindustrie an digitalen Verkäufen zunehmen und vermutlich den Anteil der CD-Verkäufe auf dem physischen Handelsweg übersteigen. Ob die CD komplett von digitalen Formaten vom Markt verdrängt wird, ist noch nicht abzusehen. Die derzeitigen Verkaufszahlen sind zwar rückläufig, jedoch bildet die CD nach wie vor das Rückgrat der Musikindustrie. Im historischen Vergleich ist in Bezug auf das Erscheinen neuer Medien jedoch zu erwarten, dass die digitalen Formate den Hauptanteil des Verkaufs ausmachen werden und die CD extrem an Relevanz verlieren wird. Die anfangs als »Schreckgespenst« wahrgenommene digitale Distribution wird allmählich ein legaler, Gewinn bringender Vertriebsweg. Dass die digitale Distribution an Relevanz zunehmen und wachsende Einnahmen generieren wird, bedeutet nicht, dass die Piraterie gänzlich bekämpft werden kann, sondern dass ernst-

[42] Vgl. Oepkemeier, *Digitale Musikdistribution*, S. 16.
[43] Vgl. ebd., S. 83.

zunehmende, legale Alternativen entstehen und diese an Akzeptanz gewinnen. Dafür muss der Online-Musikmarkt weiterhin Angebote aufbauen, welche sich hinsichtlich Preissetzung, wettbewerbsfähiger Auswahl von Titeln und umfangreichem Repertoire gegenüber den Substituten positionieren. Digitale Distribution und Web-2.0-Applikationen sind bisher im geringen Maße miteinander verknüpft. Die bereits erwähnte Spontaneität des Musikkaufs lässt vermuten, dass auf Webseiten mit Rezensionen, Communities, Musikempfehlungssystemen, Videoportalen oder Musiknachrichten manche Nutzer gerne spontan eine MP3 oder eine CD erwerben würden, sie dafür aber eine neue Website besuchen müssen, bei der sie sich einloggen und Daten preisgeben müssen. Inhaltlich passende, unkomplizierte Distributionsmöglichkeiten, welche auf Web-2.0-Seiten eingebunden werden, würden vermutlich weitere Verkäufe generieren.

Wie auch Peter Tschmuck komme ich zu der Schlussfolgerung, dass ein legaler Markt digitaler Distribution von klassischer Musik eine Zukunft hat, wenn ein vollständiges, von allen Klassik-Labels gemeinsam geführtes Download-Angebot etabliert wird, auf dem sowohl Spezialisten des Genres als auch neue Zielgruppen eine individuelle Ansprache finden.[44] Dabei sollten sowohl verschiedene Formate angeboten als auch unterschiedliche multimediale Inhalte eingesetzt werden. Außerdem ist die Vernetzung mit weiteren Websites und Web-2.0-Anwendungen notwendig, um neue Käufer zu gewinnen, Vorteile anderer Websites nutzen zu können und jedem eine individuelle Nutzung des Internets als Distributionsmedium für Musik zu ermöglichen. Die Konvergenz zwischen verschiedenen Trägern von Informationsgütern und zwischen multimedialen, digitalen Inhalten wie Musik, Video und Text wird vermutlich in Zukunft zunehmen. Derzeit scheint die erfolgreichste Strategie der digitalen Distribution die des Download-Portals zu sein, bei der man einzelne MP3s und Alben als Bundles erwerben kann. Jedoch vermute ich, dass die Idee des Streamings und des Abonnements in Zukunft an Relevanz gewinnen wird und sich das Konzept der ständigen Verfügbarkeit von Musik durch eine monatliche Bezahlung oder eine Kulturabgabe durchsetzen wird. So könnte Musik im Sinne Gerd Leonhards frei fließen und für jeden frei zugänglich sein – »Music like water«[45].

---

[44] Vgl. Tschmuck, *Kreativität*, S. 98.
[45] Gerd Leonhard, David Kusek, *Die Zukunft der Musik. Warum die Digitale Revolution die Musikindustrie retten wird*, München 2006, S. 15.

Sarah Schauberger

»Broadcast Yourself« – *YouTube* als Medium der Emanzipation im E-Gitarrendiskurs?

Bereits 1970 entwickelte der politische Dichter und Schriftsteller Hans Magnus Enzensberger in seinem *Baukasten zu einer Theorie der Medien* Ideen zu einem emanzipatorischen Mediengebrauch. Vor dem Hintergrund einflussreicher Theorien zu Medien und Demokratisierungsprozessen – wie zum Beispiel der Brecht'schen Radiotheorie aus den 1920er-Jahren oder der Medienkritik der Frankfurter Schule – geht Enzensberger davon aus, dass jedem elektronischen Kommunikationsmedium eine »mobilisierende Kraft« innewohnt, die nur auf »demokratisierende Weise« genutzt werden müsse.[1] Im Zuge einer Medienanalyse stellt er sich Medienformen vor, die besonders geeignet für einen emanzipatorischen Gebrauch wären, und zwar »netzartig[e] Kommunikationsmodell[e], [...] die auf dem Prinzip der Wechselwirkung aufgebaut sind: eine Massenzeitung, die von ihren Lesern geschrieben und verteilt wird, ein Videonetz politisch arbeitender Gruppen usw.«[2].

In diesem Beitrag wird nun die Frage nach dem emanzipatorischen Potenzial in Massenmedien aufgegriffen und am Beispiel des »neuen Mediums« *YouTube* – als einer der prominentesten Internet-Video-Plattformen, die Enzensbergers Vision eines »Videonetzes« zu verwirklichen scheinen – erprobt. Im Fokus dieser Untersuchung stehen exemplarische qualitative Analysen von sogenannten Homevideos auf *YouTube*, die von jungen E-GitarristInnen ins Netz gestellt wurden. Es steht die Frage im Zentrum, inwiefern *YouTube* »marginalisierten« Gruppen tatsächlich eine zu herkömmlichen Medien alternative Artikulationsplattform bieten und dieser Gruppe somit zur Gleichberechtigung im hegemonialen Diskurs verhelfen kann.

---

[1] Hans Magnus Enzensberger, »Baukasten zu einer Theorie der Medien«, in: *Kursbuch Medienkultur. Die maßgeblichen Theorien von Brecht bis Baudrillard*, hrsg. von Claus Pias u. a., Stuttgart ²2000, S. 264–278, hier S. 265.
[2] Ebd., S. 275.

Das Internet als Öffentlichkeit

Mit der digitalen Revolution und Etablierung des Web 2.0 Anfang des 21. Jahrhunderts scheinen die alten Fragen nach dem emanzipatorischen Potenzial in den Massenmedien erneut auf dem Prüfstand zu stehen. Gerade die globale Verbreitung des Internets hat zahlreiche Debatten zu Demokratisierungsprozessen in sogenannten *neuen Medien* ausgelöst, die zunächst eine Erfüllung dieser Prophezeiungen suggerieren. »Das Netz eignet sich hervorragend für eine direkte, bürgernahe Demokratie. Wir wollen eine herrschaftsfreie Welt, in der sich alle am Entscheidungsprozess beteiligen können, in der jeder die Gesellschaft mitgestalten darf«,[3] schreibt die Netzaktivistin Lina Ben Mhenni, die mit ihren Blog-Einträgen und Facebook-Aktivitäten die Proteste in Tunesien – den sogenannten *Arabischen Frühling* 2011 – unterstützt hat.

Nicht nur in diesem politischen Zusammenhang wird der Kulturraum Internet als eine neue Form der Öffentlichkeit begriffen. Bereits 1996 sah Hans Geser im gerade etablierten World Wide Web eine neue Öffentlichkeit geschaffen, die die bislang ungleich verteilten Partizipationschancen demokratisiere: »Erst mit den Computernetzen wird die Vorstellung von einer gleichzeitig maximal öffentlichen und maximal interaktiven Kommunikationssphäre zu einer greifbaren Realität.«[4] Diesen neuen Raum bezeichnet er als »Cyberdemocracy«, in der jede/r prinzipiell einen öffentlichen Status haben könne und in der durch die physische Aufhebung des Raums und Körpers eine gleichberechtigte Kommunikation möglich sei.[5] Auch in aktuellen Überlegungen wird dem Internet ein demokratisierendes Moment öffentlicher Kommunikation zugesprochen. Dies ergebe sich, so Udo Thiedeke, vor allem durch die Dezentralität des Zugangs, Individualität der Beteiligung, Vernetzung der Kontakte, Technizität des Umgangs und Liberalität der Inhalte und ermögliche dadurch eine starke Partizipation für viele.[6] Unter »kalifornischer Ideologie« und der Kultur der

---

[3] Lina Ben Mhenni, *Vernetzt euch!*, Berlin 2011, S. 45.
[4] Hans Geser, »Auf dem Weg zur Cyberdemocracy? Auswirkungen der Computernetze auf die politische Kommunikation«, 1996, http://www.geser.net/intcom/t_hgeser00.pdf (26.06.2012), S. 4.
[5] Ebd., S. 10.
[6] Udo Thiedeke, »Von der ›kalifornischen Ideologie‹ zur ›Folksonomy‹ – die Entwicklung der Internetkultur«, in: *Neue digitale Kultur- und Bildungsräume*, hrsg. von Petra Grell, Winfried Maritzki und Heidi Schelhowe, Wiesbaden 2010, S. 51–60. Richard Barbrook und Andy Cameron bezeichnen die Internetkultur in diesem Zusammenhang sogar als virtuelle Klasse, die der »kalifornischen Ideologie« unterliege. Die »kalifornische Ideologie« beschreibt einen marktliberalen und technikdeterminierten Fortschrittsglauben, der den kalifornischen Traum

»Folksonomy« fasst Thiedeke zwei prominente Mythen zusammen, die dem Internet als Cyberspace anhaften. Der Cyberspace sei in diesen beiden Konstrukten ein neutraler und zu erobernder Raum, in dem »eine evolutionäre Form der Ungleichheiten aufgehoben«[7] sei. In dieser Logik wird eine Auflösung von Ungleichheiten versichert, in der lediglich der Zugang zum Internet und, damit verbunden, auch die Umgangs- und Sprachkompetenz ein Ausschlusskriterium ist. Ricarda Drüeke und Gabriele Winker sehen in ähnlicher Weise im Internet einen Raum für sogenannte »subalterne Gegenöffentlichkeiten« verwirklicht. Gerade Frauenöffentlichkeiten bekämen darin einen anderen Stellenwert.[8] Diesen Thesen folgend, müsste das Internet – also auch *YouTube* – ein geeignetes Medium der Sichtbarkeit und Repräsentation von E-Gitarristinnen sein, die in den hegemonialen Diskursen keine Erwähnung finden.

Allerdings gibt es auch Theorien, die dem Internet diese vermeintlich demokratisierte und demokratisierende Kommunikationsmöglichkeit absprechen. Der Kulturwissenschaftler Alexander Roesler weist zum Beispiel darauf hin, dass »Einmischungsmöglichkeiten« in die Öffentlichkeit nicht unbedingt verbessert würden, sondern lediglich eine andere Form hätten.[9] Manuel Castells wirft in diesem Zusammenhang die Frage nach den Machtverhältnissen auf: »Wegen der historischen Neuheit des Mediums und wegen der relativen Verbesserungen der Verhältnisse im Machtstatus könnte CMC (computer mediated communication) traditionell untergeordneten Gruppen wie Frauen eine Chance bieten, die traditionellen Machtspiele im Kommunikationsprozess umzukehren.«[10] Doch auch Castells kommt zu dem Schluss, dass die CMC – also auch das Internet – vorhandene soziale Muster nicht ablösen kann.[11]

---

expandiert. Richard Barbrook und Andy Cameron, »Wiedergeburt der Moderne?«, 05.02.1997, http://www.heise.de/tp/artikel/1/1007/1.html (29.02.2012).

[7] Vgl. Thiedeke, »Von der ›kalifornischen Ideologie‹ zur ›Folksonomy‹«, S. 58.

[8] Vgl. Ricarda Drüeke und Gabriele Winker, »Neue Öffentlichkeiten durch frauenpolitische Internet-Auftritte«, in: *Virtuelle Räume – neue Öffentlichkeiten. Frauennetze im Internet*, hrsg. von Christina Schachtner und Gabriele Winker, Frankfurt am Main/New York 2005, S. 31–49.

[9] »Gerade für proletarische oder andere Gegenöffentlichkeiten bietet das Internet eine kostengünstige und effektive Möglichkeit, sich gegen die herrschende öffentliche Meinung Gehör und Aufmerksamkeit zu verschaffen.« In: Alexander Roesler, »Bequeme Einmischung, Internet und Öffentlichkeit«, in: *Mythos Internet*, hrsg. von Stefan Münker, Frankfurt am Main 1997, S. 171–192, hier S. 184 und S. 190.

[10] Manuel Castells, »Die Kultur der realen Virtualität. Die Integration der elektronischen Kommunikation, das Ende des Massenpublikums und die Entstehung der interaktiven Netzwerke«, in: Ders., *Das Informationszeitalter*, Bd. 1: *Aufstieg der Netzwerkgesellschaft*, Opladen 2003, S. 375–425, hier S. 411.

[11] »Die neuen elektronischen Medien lassen die traditionellen Kulturen nicht hinter

E-Gitarristinnen im hegemonialen Diskurs

Die E-Gitarre ist zu einem kulturellen Phänomen avanciert und wird von einem männlichen Diskurs begleitet, der den Gitarristen zum kulturellen Helden stilisiert und die Frau an der Gitarre allerdings ausschließt. Studien zur geschlechtsspezifischen Instrumentenwahl und Untersuchungen zu Gender und Musikgenre, wie beispielsweise von Simon Frith und Angela McRobbie vorgelegt, bestätigen die männliche Konnotation von Rockmusik und, im Zusammenhang damit, der E-Gitarre.[12] Im Rahmen eigener Forschungen stellte ich heraus, dass der Diskurs um die E-Gitarre auch im Kontext der »hegemonialen Männlichkeit« (Raewyn Connell) zu lesen ist – und dieser sogar vorrangig dient.[13] Vor allem in Printmedien – also den klassisch zentral gesteuerten Massenmedien – wie zum Beispiel in Büchern zur Geschichte der Gitarre, Gitarrenfachmagazinen, CD-Covern oder Sammelbänden – ist eine Kanonisierung von Gitarristen vorzufinden. Sogenannte Rankinglisten der »besten« Guitar Gods/Heroes treiben diese Kanonisierung auf die Spitze.[14] Die Repräsentanz von E-Gitarristinnen ist in diesem Diskurs verschwindend gering. Am häufigsten lassen sich Frauen als leicht bekleidete Models neben einer Gitarre in Werbebildern wiederfinden – objektifiziert und nicht als Akteurinnen dargestellt. In diversen Werken zur Popmusikgeschichte oder in E-Gitarren-Fachmagazinen gibt es hin und wieder Artikel, die E-Gitarristinnen oder Frauen in der Rockmusik als Sonderphänomen hervorheben – wie beispielsweise der Beitrag »Guitar-Girls and -Ladies. Ein Blick in die Subkultur weiblicher Gitarrenmusik« von Sascha Krüger.[15] Als

---

sich – sie absorbieren sie.« Ebd., S. 423. Auch der Medientheoretiker Lev Manovich, der mit seinem Buch *Language of New Media* eine Medientheorie zu den neuen Medien entwickelt, sieht das Internet in der Funktion als Interface nur als einen Ausdruck bestehender gesellschaftlicher Verhältnisse. Vgl. Lev Manovich, *The Language of New Media*, Cambridge/London 2001.

[12] Vgl. Simon Frith und Angela McRobbie, »Rock and Sexuality«, in: *On Record. Rock, Pop & the Written Word*, hrsg. von Simon Frith, Reprint, New York 2000, S. 371–389.

[13] Sarah Schauberger, *Die Männlichkeit der E-Gitarre. Eine genderanalytische Studie*, Magisterarbeit masch., Universität Paderborn 2010 und u. a. Robert W. Connell, *Der gemachte Mann. Konstruktion und Krise von Männlichkeit*, übersetzt von Christian Stahl, hrsg. von Ursula Müller, Opladen 1999.

[14] Um den Rahmen dieses Artikels nicht zu sprengen, verweise ich auf die bereits zitierte Magisterarbeit *Die Männlichkeit der E-Gitarre. Eine genderanalytische Studie*, in der eine Diskursanalyse vorgenommen worden ist, durch die die Exklusionsmechanismen und Marginalisierungsvorgänge von Frauen im Gitarrendiskurs aufzeigt wird.

[15] Vgl. Sascha Krüger, »Guitar-Girls and -Ladies. Ein Blick in die Subkultur weibli-

erste explizit feministische Gegenwehr zum Androzentrismus in der Punk- und Rockkultur entstand die sogenannte Riot-Grrrl-Bewegung in den 1990er-Jahren.[16] Riot Grrrls haben die symbolische Aufladung der Rockmusik und der E-Gitarre umgekehrt und sich dadurch ermächtigt. Was ist aber mit den zahlreichen E-Gitarristinnen, die keiner politischen Bewegung angehören und nicht in den erwähnten Gitarrenfachmagazinen abgedruckt werden?

YouTube als Öffentlichkeit

Mit der Entwicklung der Videoplattform *YouTube* im Jahr 2005, die als eine besondere Form der CMC bezeichnet werden kann, scheint Enzensbergers Forderung von der Beschaffenheit eines emanzipatorischen Mediums endgültig in die Realität umgesetzt worden zu sein. Spätestens seitdem die Plattform 2006 von Google übernommen wurde, gilt sie als eines der erfolgreichsten Internet-Videoportale. Aus diesem Grunde steht sie im Zentrum dieses Beitrags.[17] Schätzungsweise benutzen sie weltweit 320 Mio. Menschen[18] – pro Minute werden ca. 35 Stunden Videomaterial hochgeladen.[19] Auf dem Prinzip des User Generated Content aufgebaut, bestimmen vor allem Privatpersonen das Profil der Seite. Somit ist diese Videoplattform ein riesiges Speichermedium mit hoher Vernetzungsmöglichkeit für die UserInnen. Allerdings ist *YouTube* kein klassisches »Massenmedium«,[20] sondern lässt sich dem Terminus »New Media« zuordnen. Durch die Möglichkeiten des einfachen Hochladens von Clips, der Kommentarfunktion sowie Verlinkungsmöglichkeiten von Clips wird eine wechselseitige Kommunikation möglich. Dadurch bietet *YouTube* eine Plattform für eine *Participatory Culture*, die nach Jean Burgess und Joshua Green vor allem von »creative, empowered consumers« – auch »Prosumers« genannt – gesteuert wird.[21]

---

cher Gitarrenmusik«, in: *Guitar Dreams* 2 (03/04 2010), S. 48–89.

[16] Vgl. Melanie Groß, »Riot Grrls und Ladyfeste – Angriffe auf die heterosexuelle Matrix«, in: *Krasse Töchter. Mädchen in Jugendkulturen*, hrsg. von Gabriele Rohmann, Berlin 2007, S. 71–81 und den Beitrag von Shelina Brown in diesem Band.

[17] Neben *YouTube* gibt es noch andere Videoportale wie z.B. *MyVideo*, *Clipfish*, *Sevenload*, *Vimeo* und *Youku*.

[18] Vgl. u.a. o.A., »*YouTube*: Über 1 Milliarde Videoabrufe pro Tag«, 11.10.2009, Heise Zeitschriften Verlag, http://www.heise.de/newsticker/meldung/YouTube-Ueber-1-Milliarde-Videoabrufe-pro-Tag-821259.html (29.02.2012).

[19] Ebd.

[20] Z.B. nach Gerhard Maletzke, *Massenkommunikationstheorien*, Tübingen 1988. Demnach ist Massenkommunikation öffentlich, indirekt durch technische Verbreitungsmittel, für ein zerstreutes Publikum, aber vor allem einseitig gesteuert.

[21] Vgl. Jean Burgess und Joshua Green, *YouTube. Digital Media and Society Series*,

YouTube fördert aber nicht nur eine interaktive Kommunikation, sondern ist nach Richard Grusin ein *Divergence Medium*, das hochgradig individualisiert ist und viele verschiedene, anstatt wenige ausgewählte Standpunkte anbietet.[22] *YouTuberInnen* hätten sogar Mitbestimmungsmöglichkeiten im Gestaltungsprozess der Seite.[23] Auch die Musikwissenschaftler Christofer Jost und Klaus Neumann-Braun gehen von einer hohen Autonomie für die User auf *YouTube* aus und folgern, dass hier ein »freies Spiel der Kräfte und Interessen möglich«[24] sei. Dies bewirke sogar eine »Emanzipation der Produktion und Rezeption von populärer Musik von den Marktstrukturen der Musikindustrie«[25]. Aus diesen Beschreibungen wird also deutlich, dass *YouTube* mit ähnlichen Vokabeln beschrieben wird wie das Internet insgesamt, *YouTube* also ebenso als neue Öffentlichkeit begriffen wird, die als hochgradig demokratisiert verstanden wird und eine hohe Autonomie für die Einzelnen verspricht. Wie nutzen nun E-Gitaristinnen diesen neuen Raum bei *YouTube* für sich?

E-Gitarristinnen auf YouTube

Bei der Suche nach E-Gitarristinnen im Internet kann *YouTube* eine wahre Fundgrube darstellen. So lassen sich beispielsweise historische Videos aus den 1930er-Jahren mit den ersten E-Gitarristinnen und Gitarristen überhaupt finden.[26] Neben offiziellen Musikvideos von Bands mit E-Gitarristinnen und von Solo-Künstlerinnen gibt es Fan-Zusammenschnitte der Art »Die 10 besten E-

---

Cambridge/Malden 2009.

[22] »*YouTube* produces a divergence of audience and message, temporally and territorially, fostering multiple points of view rather than the small number of viewpoints represented by broadcast television.« Richard Grusin, »*YouTube* at the End of New Media?«, in: *The YouTube Reader*, hrsg. von Pelle Snickars und Patrick Vonderau, Stockholm 2009, S. 61–67, hier S. 66.

[23] Vgl. Snickars/Vonderau, *The YouTube Reader*, Stockholm 2009.

[24] Christofer Jost und Klaus Neumann-Braun, »Do-it-Yourself-Musikstars oder der Siegeszug von Amateurbildern (Stills) und -filmen (Clips) im Social Web«, in: *A Star is Born. Fotografie und Rock seit Elvis*, hrsg. vom Folkwang Museum Essen, Essen 2010, S. 283–294, hier 288f.

[25] Ebd., S. 284.

[26] Vgl. Mary Osborne im Jahr 1958, zu sehen in: »Art Ford's Party (09 18 1958): Part 1 – The Roundtable«, hochgeladen am 27.10.2009 von MisterStereo, http://www.YouTube.com/watch?v=J6ISf5f15Og (29.02.2012) und Sister Rosetta Tharpe im Jahr 1964, zu sehen in: »Sister Rosetta – Tharpe Didn't It Rain«, hochgeladen am 15.07.2011 von 180boring, http://www.YouTube.com/watch?v=TotnhoxeDzw (29.02.2012).

Gitarristinnen der Welt«.[27] Vor allem aber bietet *YouTube* eine Fülle an Videomaterial, das sonst meist nicht veröffentlicht wird oder nur in herkömmlichen Archiven zu finden ist. Hierzu zählen neben Amateuraufnahmen in Form von Mitschnitten von Konzerten, Workshops auf Messen oder in Musikgeschäften insbesondere Aufnahmen von Gitarristinnen selbst, die Tutorials, Coverversionen oder eigene Songs online stellen. Diese ähneln dem sogenannten V-logging – eine Art des Bloggings in Form von selbstgefilmten Videos, in denen die Userin immer auch als private Person in Erscheinung tritt. Patricia G. Lange hat hierzu bislang eine einmalige Studie erhoben, in der sie einzelne Frauen nach der Motivation, aber auch der Auswirkung des V-logging als feministischen Akt gefragt hat.[28] Sie sieht darin eine Form der Selbstermächtigung, indem junge Frauen ein Sprachrohr zur virtuellen Öffentlichkeit finden. Es stellt sich die Frage, inwiefern diese Selbstermächtigung ein Schritt auf dem Weg zur Überwindung von Geschlechtergrenzen in der Gitarrenmusik sein kann. Kann *YouTube* also »emanzipatorisch« wirken und den hegemonialen Diskurs der E-Gitarre aufbrechen?

Im Folgenden werde ich anhand von ausgewählten Videos aufzeigen, inwiefern *YouTube* als Rezeptionsdokument und -quelle verwendet werden kann, und gleichzeitig das emanzipatorische Potenzial auf den Prüfstand stellen. Der Begriff Emanzipation[29] bezieht sich hier also auf die Frauenemanzipation im Kontext des kulturellen Phänomens E-Gitarre. Was ändert der Medienwandel wirklich?

[27] Vgl. z.B. »Best female guitarists in the world«, hochgeladen am 20.06.2011 von CarmenWaterslaeghers, http://www.*YouTube*.com/watch?v=ryEdMLtvDB0 (29.02.2012).
[28] Patricia G. Lange, »Videos of Affinity«, in: Snickars/ Vonderau (Hrsg.), *The YouTube Reader*, S. 70–88.
[29] Definition: »[...] auf die Bestrebungen von Frauen, aus der traditionellen Frauenrolle mit allen Beschränkungen der aktiven Teilnahme am öffentlichen, gesellschaftlichen und kulturellen Leben auszubrechen und volle Gleichberechtigung sowie soziale Unabhängigkeit zu erlangen.« Heike Kahlert, »Emanzipation/Emanze«, in: *Metzler-Lexikon Gender Studies, Geschlechterforschung. Ansätze – Personen – Grundbegriffe*, hrsg. von Renate Kroll, Stuttgart u. a. 2002, S. 80–81, hier S. 80.

Kelly Rosenthal

Die *YouTube*-Nutzerin *KellyIsMusical* hat im November 2009 den Clip *Beat it Solo Cover* hochgeladen.[30] Hinter *KellyIsMusical* verbirgt sich die 1992 geborene Kelly Rosenthal aus New York. Sie verfügt über einen eigenen Channel, auf dem sie regelmäßig neue Videos von sich mit zahlreichen anderen Cover-Songs und Tutorials veröffentlicht. Bei diesem speziellen Video handelt es sich um ein Cover des Gitarrensolos von Eddie Van Halen aus dem Michael-Jackson-Song *Beat it* (1983) – eines der bekanntesten Soli überhaupt.[31] In dem 1.28-minütigen Video sitzt Kelly Rosenthal in einem privaten Raum und inszeniert sich und ihr Gitarrenspiel im Sinne des »Broadcast Yourself«. Sie spielt das Solo des Songs mit ihrer an einen Verstärker angeschlossenen E-Gitarre, während im Hintergrund ein Halb-Playback zu hören ist. Bei der Performance fokussiert sie die Kamera mit ihrem Blick. Neben der Inszenierung und der musikalischen Performance stellen vor allem die Kommentare und die Videobeschreibung interessante Quellen dar.

> »This is me playing Michael Jackson's Beat It on the guitar. The solo is by the amazing Eddie Van Halen. I never play metal, and this is pretty much the first time I've ever experimented with tapping, pinch harmonics, and all that jazz. Michael Jackson is such an inspiration though, and this is such an epic song that I figured I had to at least give the solo a try! So my sweet video transitions got messed up through *YouTube* too. A little bummed about that haha. Any guitar you are hearing in this song was recorded by me; both backup and lead. By the way, this is worth noting. My camera records the video, my mic records the sound. I get both onto the computer where I put them together. Sometimes the syncing is less than perfect. So, sorry for the parts that are slightly out of sync. This is neither pre-recorded, nor is it playback. And, of course, it is not fake.«[32]

In der Videobeschreibung lässt sich nachvollziehen, wie Rosenthal sich selbst auf *YouTube* und vor allem im E-Gitarren-Diskurs einordnet. Hier erklärt

---

[30] »Beat it Solo Cover«, hochgeladen am 22.11.2009 von KellyIsMusical, http://www.*YouTube*.com/watch?v=DuqOcD_Vers (300 640 Clicks am 09.01.2011; 536 802 Clicks am 18.11.2011; 653 763 Clicks am 23.05.2012).

[31] Die Albumversion enthält ein sehr markantes E-Gitarrenriff, eingespielt von Steve Lukather, sowie ein E-Gitarrensolo, eingespielt von Eddie Van Halen. Vgl. o. A., »Michael Jackson – Beat it«, in: *Guitar*, 9/06, Nr. 76, S. 101–107, hier S. 101.

[32] Interessant ist ebenfalls, dass sie den Satz: »After seeing Orianthi, a fellow female guitarist, rock this song, I was inspired to learn this.« seit meiner letzten Sichtung ihres Videos November 2011 aus der Profilbeschreibung entfernt hat.

sie, wie sie das Video gemacht hat und warum sie das Solo ausgewählt hat. Sie bekräftigt zum einen ihre Expertise, zum anderen aber auch die Authentizität ihres Videos. Dieses Video hat insgesamt 3 935 Kommentare (Stand: 23. Mai 2012) von anderen Usern, die aufschlussreiche Rezeptionsdokumente darstellen. Hier wird deutlich, wie die Gitarristin wahrgenommen wird. Es gibt Begeisterungsäußerungen ebenso wie Ablehnungen. Vor allem aber wird die Echtheit des Videos in Frage gestellt. Von Beginn der ersten Kommentare 2009 bis 2012 wird immer wieder unterstellt, Rosenthal habe das Solo gar nicht selbst gespielt – Hintergrund dafür ist wohl, dass die Tonspur leicht versetzt zum Bild ist. Auffällig ist jedoch, dass in sämtlichen Beiträgen zum Video Aussagen dominieren, die sich auf Kelly Rosenthals »Frau-Sein« beziehen:

> »Evreyone[sic!] who says it's fake, probably never touched a guitar, I play guitar myself and I approve that this isn't fake!« (von guitarzzowns, April 2012)
>
> »or their just jealous. I mean this girl has great looks and hot guitar skills. Everything about this video is steamy, why wouldn't you be jealous« (von MrJoxio, Mai 2012)
>
> »you look better than you play :P« (von Generalbas 1972, März 2012)
>
> »This is guitarists porn...« (von Lespaulcoolie, Januar 2012)
>
> »I like the way she_ [sic!] looks at the camera as if to say: ›I know that you are wanking right now for at least two reasons, 1st I can play better than you, 2nd you'd like to play me too‹.« (von miononnoincarriola)[33]
>
> »Tell me what's hotter than a woman rocking with a guitar... TELL ME!!!« (von Bptrelos)
>
> »you are the first girl i ever saw who can play guitar and look good too. xD wow :D 133 can't play the solo !« (Marcel3540)
>
> »Amazing guitar playing!!!btw your really hot lol :-)« (von YankieManiac97)
>
> »Seriously, i really appreciate your smile!!!!! wish the female nurses were more friendly and feminine like you !!!! from a married MALE nurse who appreciate REAL WOMEN !!!!!« (von ywillbirn)

Die Kommentare spiegeln Denkweisen und Fantasien wider, die wiederum Aufschluss über Geschlechterkonstruktionen geben – und hier im Besonderen über Genderkonstruktionen im Zusammenhang mit dem Instrument E-Gitarre.

---

[33] Dieser Kommentar hatte am 29.02.2012 bereits 70 Zustimmungen von anderen NutzerInnen.

Kelly Rosenthal wird primär nicht als Instrumentalistin wahrgenommen, sondern als eine sexualisierte Frau an der E-Gitarre. Aus der Videostatistik lässt sich schließen, dass ein Großteil der angemeldeten NutzerInnen, die sich dieses spezielle Video angeschaut haben, Männer sind.[34]

Somit lassen sich diese Kommentare – die wiederum nur von angemeldeten NutzerInnen getätigt werden können – vor dem Hintergrund einer heteronormativen Sichtweise deuten. Eine solche sexualisierende Sprache in Bezug auf weibliche Gitarristinnen – z. B. »hot chick« – ist oft auch in Gitarrenfachmagazinen vorzufinden.[35] Frauen werden dadurch marginalisiert und als etwas »anderes« – jenseits vom »eigentlichen« Diskurs – markiert. In diesem Zusammenhang ist es auffällig, dass Rosenthal vorwiegend mit weiblichen Gitarristinnen, beispielsweise Jennifer Batten und Orianthi Panagaris, verglichen wird. In den zitierten Beispielen sind die weiblichen Markierungen vermutlich nicht als Degradierungen gemeint, sondern drücken vielmehr Verwunderung bzw. Begeisterung aus; dennoch lassen sie sich als Platzzuweisung und Marginalisierung von Frauen im Gitarrendiskurs deuten.

Interessant für die Verortung des Videos auf *YouTube* sind vor allem auch die Tags, die Kelly Rosenthal für dieses Video gesetzt hat und mit denen sie dafür sorgt, dass das Video in einem bestimmten Kontext mit bestimmten Suchbegriffen gefunden wird. Die Tags weisen auf den *Beat-it*-Diskurs hin – vor allem aber zeigen sie auch, wie Kelly Rosenthal sich selbst darin einordnet, um gefunden zu werden:

> »beat – it – solo – michael – jackson – eddie – van – halen – evh – mj – kelly – rosenthal – guitar – orianthi – panagaris – cover – girl – guitarist – fall – out – boy – john – mayer – with – female – lesson – tutorial – music – video – lyrics – dance – moonwalk – live – this – is – thriller – kellyismusical – fight – kiss – learn – how to – play – on – believe – and – moon – walk – chords – hero – world – tour – beatit – urwantet – bat – jennifer – batten.«

So kennzeichnet sie dieses Video mit »female« und »girl«. In vergleichbaren *Beat-it*-Solo-Cover-Clips von männlichen Gitarristen habe ich keinen Clip gefunden, der mit »male« oder »boy« gekennzeichnet ist.[36]

---

[34] Videostatistik »Zielgruppen«: »Am liebsten sehen dieses Video: Geschlecht: Männlich, 35–44 Jahre; Männlich, 13–17 Jahre; Männlich, 45–54 Jahre« (Stand: Juli 2012). Auf: »Beat it Solo Cover«, hochgeladen am 22.11.2009, von KellyIsMusical, http://www.*YouTube*.com/watch?v=DuqOcD_Vers (03.07.2012).

[35] Vgl. Sascha Krüger, »Guitar-Girls and -Ladies«.

[36] Vgl. z.B. »Michael Jackson – Beat it (Solo Cover)«, hochgeladen am 23.08.2011, von slash4897, http://www.youtube.com/watch?v=74NLDXawhR8 (26.06.2012);

David Heywood

Ein Vergleich mit dem Clip des gleichaltrigen männlichen Gitarristen David Heywood gibt weitere Einsicht in die Geschlechterkonstruktionen und Exklusionsmomente im Diskurs um die E-Gitarre auf *YouTube*. In dem Video *Beat it solo – Eddie van Halen (Cover)* präsentiert Heywood alias *judaspriestrock* sein Gitarrenspiel in ähnlicher Weise wie Kelly Rosenthal.[37] Er sitzt in einem privaten Raum auf einem Bett oder einer Couch und nimmt sich selbst mit einer digitalen Kamera auf. Sein Gesicht ist dabei kaum zu erkennen, weil es teilweise vom Bildrand abgeschnitten ist und von seinen lockigen Haaren verdeckt wird. Das Video an sich scheint zunächst völlig unspektakulär für diesen Zusammenhang. Jedoch heißt es in der Videobeschreibung: »Old video of me playing Beat It solo. I'm NOT a girl… i might look like a girl in this video?? LOL, i don't in my others (i hope :P) [sic!]« An dieser Stelle ist bereits die explizite Betonung seiner Geschlechtsidentität auffällig. In den Kommentaren des Videos lässt sich dann ablesen, warum Heywood in seiner Videobeschreibung unbedingt herausstellt, dass er ein »Mann« ist. Das häufigste Thema ist hier, ob Heywood eine Frau oder homosexuell sei.

»Looks like a girl« (von goodyearrex, August 2011)

»damn your gay as hell……this is a guy. HAHAHAHA« (360TRiiCKZ, August 2011)

»you should be in the kitchen not playing the guitar« (von evopunter, November 2011)

»pretty good solo, but you need a hair-cut, and then maybe people will leave you alone« (von sandcut1, Oktober 2011)

»You play well…… For a girl :-)« (von 7Anonymou, September 2011)

Der Kommentar »Am I the only one who knew he was a guy?« von aPandorasboxofmusic (Oktober 2011) gehört dabei zu den sogenannten »besten Kommentaren«[38]. Dass eine unklare Geschlechtsidentität Irritation, Unbeha-

---

[ ] »beat it solo«, hochgeladen am 08.07.2009, von charlieparradelriego, http://www.youtube.com/watch?v=p2VVidPp57c&feature=fvwp (26.06.2012); »Beat it Solo Cover«, hochgeladen am 29.03.2012, von sportguitars, http://www.youtube.com/watch?v=SStHUrBAQ8k&feature=related (26.06.2012).

[37] »Beat it solo – Eddie van Halen (Cover)«, hochgeladen am 28.09.2006, von judaspriestrock, http://www.*YouTube*.com/watch?v=xsLuuUOs3RA&feature=related (29.02.2012).

[38] Beiträge, die anderen NutzerInnen gefallen, erscheinen unabhängig von ihrem

gen oder sogar Angst bei vielen Menschen auslösen kann, ist an dieser Stelle keine neue Erkenntnis. Ein weiterer Kommentar verdeutlicht hingegen, dass das Insistieren vieler NutzerInnen auf seinem weiblichen oder jungenhaften Erscheinungsbild in einem direkten Zusammenhang mit dem heterosexistischen männlichen Diskurs um die E-Gitarre stehen könnte:

> »kinda have a joe perry thing goin on. haha, dude, the only thing bad about being a pretty guy is that some people may question your sexuality. but playing the guitar evens it out with badassness. i am a guitarist too and i am also told i am pretty. alot of chicks dig it. [sic!]« (Von aydooknow, August 2011)

»Abweichungen« vom vorherrschenden Geschlechterdiskurs in Bezug auf die E-Gitarre sind sowohl in Rosenthals als auch in Heywoods Fällen »Frauen« und homosexuelle »Männer« – und diese Abweichungen werden in den benannten Kommentaren sanktioniert. Dieses Video unterstützt die These, dass der Diskurs um die E-Gitarre vor allem heteronormativ männlich strukturiert ist und »Weiblichkeit« per se ein Ausschluss- oder Abwertungskriterium sein kann.

YouTube als Selbstvermarktungsplattform: Jacqueline Mannering

Die 19-jährige Jacqueline Mannering gehört im Gegensatz zu Kelly Rosenthal und David Heywood zu den sogenannten »*YouTube*-Stars«. *Shredding* der Userin zählt mit 8 176 912 Klicks zu einem der meist geklickten Gitarrenvideos auf *YouTube* überhaupt.[39] Die dazugehörige Beschreibung listet 38 Preise auf, die sie bereits für dieses Video erhalten hat. Im Channel *Jacqueline* lassen sich zahlreiche Videos mit eigenen Songs, Tutorials oder Cover-Songs mit der E-Gitarre finden. Dieser Channel wurde im November 2011 von insgesamt 105 642 *YouTube*-UserInnen abonniert, d. h., diese Personen erfahren jegliche Änderungen und Neuerscheinungen, die von Jacqueline Mannering vorgenommen werden, und können Kommentare an der Pinnwand hinterlassen. Neben wenigen Live-Auftritten sind dort vorrangig selbst gedrehte Homevideos, in denen sie Gitarrensoli spielt, zu finden. Es sind nicht nur Kontaktdaten angegeben, sondern ebenso Links zum kostenpflichtigen Download von Songs der Musikerin und zu einer externen Homepage. So lässt sich auch nachvollziehen, dass sie bereits seit 2006, als die Plattform gerade erst etabliert war, aktiv bei *YouTube* Videos hochgeladen hat, also im Alter von 14 Jahren. Besonders

---

Erstellungszeitpunkt direkt unter dem Video.
[39] »Shredding«, hochgeladen am 06.03.2010, von Jacqueline 92, http://www.YouTube.com/user/Jacqueline92#p/u/o/uNxBeJNyAqA (29.02.2012).

interessant ist, dass die Userin in jedem ihrer 25 Videos jegliche Kommentarfunktion unterbunden hat. Es ist also niemandem möglich, die Videos direkt zu kommentieren. Die interaktive Qualität – eines der wichtigsten Merkmale eines emanzipatorischen Mediums – ist damit nicht gegeben.

Wie Kelly Rosenthal »taggt« Mannering ihre Videos ebenfalls mit deutlich geschlechtlicher Markierung, wie dieses Beispiel zeigt:[40]

> »jacqueline – mannering – dean – guitars – shredder – search – 2008 – vote – here – girl – guitarist – female – guitar – player – shred – shredding – rock – lead – solo – finger – tapping – sweep – picking – fender – teen – jacqueline92 – london – strat – stratocaster – youtube – partner – metal – music – fast«.

Doch insbesondere durch die fehlende Kommentarfunktion bleiben sexualisierte oder sexistische Äußerungen gegen die Musikerin aus. Dieser professionell gestaltete Channel lässt sich als ein Ort der Selbstinszenierung und -vermarktung verstehen, in dem Mannering den Diskurs im Rahmen der Möglichkeiten von *YouTube* selbst bestimmt. Die erst 19-jährige Jacqueline Mannering konnte allein durch *YouTube* eine breite internationale Öffentlichkeit erreichen und zu einem der sogenannten *YouTube*-Stars werden. Dies lässt sich nicht nur an den zahlreichen Auszeichnungen ihrer Videos ablesen, sondern ebenso an der Klickzahl und der Vernetzung der Userin.[41]

Fazit und Ausblick

In der Tat eröffnet *YouTube* einen »scheinbar« gleichberechtigten Ort der Repräsentanz als eine neue Form der Öffentlichkeit. Zugleich wird auf der Plattform ein riesiges Archiv zur Verfügung gestellt, auf das Suchende relativ einfach zugreifen können.[42] Dadurch erhöht sich die Sichtbarkeit von bislang unbe-

---

[40] »Shredding Solo Jacqueline Mannering age 16«, hochgeladen am 03.07.2008 von Jacqueline92, http://www.*YouTube*.com/watch?v=ZzWdzAMBGCI&feature=relmfu (18.11.2011).

[41] Der User Fret12Admin zum Beispiel veröffentlicht in seinem Channel kleine Features über »today's most prominent artists«, wie er selbst in seinem Profil beschreibt. In diesem Channel interviewt er berühmte KünstlerInnen wie z. B. Mark Tremonti, Leslie West oder Zakk Wylde – und eben auch Jacqueline Mannering. Vgl. »Jacqueline Mannering Talks About Taking Guitar Lessons«, hochgeladen am 16.06.2010, von Fred12Admin, http://www.YouTube.com/watch?v=XjETXjMJiNw (18.11.2011).

[42] Die Frage ist hier, »welche Frauen in welcher Weise sichtbar werden, auf wen

kannten E-GitarristInnen, zumindest »on-demand«, erheblich. Im Hinblick auf Erinnern/Vergessen, auf die Konstruktion eines kollektiven Gedächtnisses, auf Exklusion und Inklusion im Geschichtsbewusstsein bieten digitale – wenn auch labile – Archive wie *YouTube* interessantes Untersuchungspotenzial.

Die beiden jungen Gitarristinnen Kelly Rosenthal und Jacqueline Mannering nutzen die Videoplattform bereits seit ihrer Entstehung und konnten eine breite Internetöffentlichkeit erreichen. Mit Bezug auf Patricia G. Lange ließe sich sicherlich bestätigen, dass *YouTube* in irgendeiner Form ein Selbstermächtigungsmedium für die beiden genannten Userinnen darstellt. Insbesondere Jacqueline Mannering nutzt die Plattform erfolgreich als Selbstvermarktungsort. Darüber hinaus lässt sich Christofer Josts und Klaus Neumann-Brauns These bestätigen, dass »Amateure« es leichter haben, Aufmerksamkeit zu erlangen und dominante musikwirtschaftliche Strukturen umgehen können. Es lässt sich aber bereits ohne Fallbeispiel mutmaßen, dass ein »freies Spiel der Kräfte« gemäß einer neoliberalen Agenda vorhandene gesellschaftliche Ungleichheiten nicht einfach aufhebt.[43]

Die exemplarische Analyse der Kommentare des *Beat-it-Solo-Cover*-Clips hat gezeigt, dass Kelly Rosenthal vor allem in Bezug auf ihre Weiblichkeit wahrgenommen und darüber hinaus sexualisiert wird. Viele E-Gitarristinnen kennzeichnen sich selbst im Titel der Clips oder wie Rosenthal und Jacqueline Mannering mit der Tag-Funktion als »female guitarists«, wodurch sie wieder markiert und abseits des unmarkierten, männlichen Diskurses stehen.[44] Somit wird hier ein hegemonialer Geschlechterdiskurs reproduziert. Das emanzipatorische Potenzial entfaltet sich offensichtlich nicht allein durch eine wechselseitige Kommunikation und die Möglichkeit zur Sichtbarmachung. Ebenso kritisch zu betrachten ist die in den benannten Theorien eher randläufige oder fehlende Erwähnung des »Participation Gap«.[45] Der Zugang zum Internet stellt bereits eine Vorselektion dar, die das Internet als neue demo-

---

und welche sich das Scheinwerferlicht richtet, wem wie ein Platz im Aufmerksamkeitsraum eingeräumt wird«. Sabine Hark und Paula-Irene Villa, »Ambivalenzen der Sichtbarkeit – Einleitung zur deutschen Ausgabe«, in: Angela McRobbie, *Top Girls. Feminismus und der Aufstieg des neoliberalen Geschlechterregimes*, übersetzt von Carola Pohlen, hrsg. von dens., Wiesbaden 2010, S. 8.

[43] Vgl. Angela McRobbie, die mit Blick auf den Backlash gegen den Feminismus herausstellt, dass sich Geschlechterhierarchien in Medien unter der neoliberalen Agenda nicht nur perpetuieren, sondern sogar verstärkt werden. McRobbie, *Top Girls*, S. 78.

[44] Vgl. Schauberger, *Die Männlichkeit der E-Gitarre*.

[45] Vgl. Henry Jenkins, *Confronting the Challenges of Participatory Culture. Media Education for the 21th Century*, Chicago 2006, S. 3.

kratisierte Öffentlichkeit – als verbesserte Öffentlichkeit – bereits negiert.[46] So kann *YouTube* ein Medium der Selbstermächtigung allenfalls für diejenigen sein, die den Zugang zu dieser Plattform, die Kompetenzen und technischen Möglichkeiten haben und diese Form der Artikulation und Sichtbarmachung auch als Akt der Selbstermächtigung begreifen.

Die Überwindung von Geschlechtergrenzen in der Gitarrenmusik kann scheinbar nach wie vor nicht ohne eine politische Bewusstwerdung und explizite Artikulation der Ungleichheit im Geschlechterverhältnis erreicht werden. Feministische Bewegungen wie die Riot Grrrls nutzen zwar auch das Netz, aber daneben immer noch alternative Printmedien wie die Fanzines, die jenseits von populären Massenmedien stehen. Die feministische Elektropunk-Band Le Tigre äußert mit dem Songtitel *Get off the Internet, get on the streets!* eine Position zu politischer Protestkultur, die in diesem Falle nicht digital stattfinden soll.[47] Jean Baudrillard hat wohl wenig gemeinsam mit den Riot Grrrls, äußerte aber im Kern seiner Kritik an Enzensbergers Baukasten zu einem emanzipatorischen Mediengebrauch einen ähnlichen Gedanken. Er erklärte, dass allein die Straße der einzige Ort der Subversion sein könne.[48] Castells', Roeslers und McRobbies Einwände, neue Medien reproduzieren nur vorherrschende gesellschaftliche Verhältnisse, ließen sich damit in diesen ausgewählten Beispielen bestätigen – und auch die Skepsis, die sich bereits beim frühen Enzensberger findet:

»Wer sich Emanzipation von einem wie auch immer strukturierten technologischen Gerät oder Gerätesystem verspricht, verfällt einem obskuren Fortschrittsglauben; wer sich einbildet, Medienfreiheit werde sich von selbst einstellen, wenn nur jeder einzelne fleißig sende und empfange, geht einem Liberalismus auf den Leim, der unter zeitgenössischer Schminke mit der verwelkten Vorstellung von einer prästabilisierten Harmonie der gesellschaftlichen Interessen hausieren geht.«[49]

[46] Laut des Wikipedia-Artikels vom 29.02.2012 ist *YouTube* in folgenden Ländern nicht freigegeben: Türkei, China, Pakistan, Marokko, Thailand, Iran und Libyen. Vgl. Wikipedia, »*YouTube* – Zensur«, http://de.wikipedia.org/wiki/YouTube#Zensur (29.02.2012).
[47] Auf: Le Tigre, *Le Tigre*, CD, Mr. Lady Records, New York 2000.
[48] »[D]ie Straße ist [die] alternative und subversive Form aller Massenmedien, denn anders als jene ist sie nicht objektiver Träger von Botschaften ohne Antwort, sondern Freiraum des symbolischen Austauschs der ephemeren und sterblichen Rede, einer Rede, die sich nicht auf der platonischen Bildfläche der Medien reflektiert.« Jean Baudrillard, »Requiem für die Medien«, in: *Kursbuch Medienkultur. Die maßgeblichen Theorien von Brecht bis Baudrillard*, hrsg. von Claus Pias u. a., Stuttgart 2000, S. 279–297, hier S. 290.
[49] Enzensberger, »Baukasten«, S. 274.

Personenregister

A

Adorno, Theodor W.   13, 14, 18
Aich, Arnt von   24
Albert, Heinrich   41, 43–45
Allen, Sir Hugh P.   90f.
Anders, Günther (siehe Stern, Günther)
Andrade, Oswald de   146
Anka, Paul   138
Aranyi, Jelly d'   91

B

Barbirolli, John   94
Barbrook, Richard   162f.
Batten, Jennifer   170
Baudrillard, Jean   161, 175
Bazin, Jean-Paul   56, 58
Beat Happening   105
The Beatles   145, 147
Beecham, Sir Thomas   90f.
Beer, Axel   53
Beethoven, Ludwig van   14
Béla, Dajos   83
Benjamin, Walter   12, 14, 20, 129
Bethânia, Maria   140
Biberti, Robert   75f., 79, 83, 85
Bikini Kill   101f., 105–107
Blaukopf, Kurt   14f., 150
Böcking, Saskia   132
Bona, Richard   145
Bootz, Erwin   74f., 79, 80
Boüin (Drucker)   52
Boult, Adrian   91, 93, 95–100
Bourdieu, Pierre   62, 64
Bowie, David   130
Braithwaite, Warwick   94
Bratmobile   102, 106
Brecht, Bertolt   161, 175
Brednich, Rolf Wilhelm   25, 32f., 36f.
Breitkopf, Johann Gottlob Immanuel   51
Buckland, John   90
Buckman, Rosina   86

Bull, Michael   114–117, 119
Burgess, Jean   165f.
Burton, Winifred   90

C

Cameron, Andy   162f.
Carlos, Roberto   139, 145
Castells, Manuel   163, 175
Certeau, Michel de   103f.
Chalk Circle   106
Charell, Erik (Erich Karl Löwenberg)   75
Cheslow, Sharon   106
Coleridge, Samuel T.   132
Collin, Erich   75, 79
Collins, Phil   125, 130
Coltrane, John   145
Comedian Harmonists   74–85, 182
Comedy Harmonists   76
Connell, Raewyn   164
Cycowski, Roman   75, 80f.

D

Dach, Simon   43
Danuser, Hermann   32, 35
Davis, Miles   145
Debussy, Claude   145
Denis, Pietro   55f., 58f.
Descartes, René   132
Destinn, Emmy   66
Draper, Charles   90
Drüeke, Ricarda   163

E

Edwards, Gwyneth   26, 90
Elgar, Edward   88f.
Enzensberger, Hans Magnus   161, 175

F

Fanning, Shawn   156
Faulstich, Werner   26, 33
Fechner, Eberhard   75–77, 79–81, 83, 85
Ferch, Christoph   149

Fischer-Lichte, Erika   17, 22
Fitzgerald, Ella   138
Forster, Georg   24f., 28–30
Fouchetti, Giovanni   56f.
Freyre, Gilberto   137
Frith, Simon   164
Frommermann, Harry   75, 78–80

G

Gauß, Stefan   69–71
Genesis   145
Gervasio, Giovanni Battista   52, 58
Geser, Hans   162
Giesecke, Michael   23, 26f., 32f.
Gilberto, João   137, 140, 145
Gil, Gilberto   140, 145
Gismonti, Egberto   145
Giuliano, Giuseppe   58
Goulart, João   137
Green, Joshua   166
Greflinger, Georg   39–41, 43–45, 180
Großmann, Rolf   17, 21
Grusin, Richard   166
Gucht, Jan van der   94
Gutenberg, Johannes   23, 50, 183
Gwynne, Robert   90

H

Halen, Eddie van   168, 171
Hanáček, Maria   21
Hanna, Kathleen   106f.
Hart, Dunstan   90
Hawkesworth, John   132
Hempel, Frieda   70
Hendrix, Jimi   145, 147
Heward, Leslie   94
Heywood, David   171f.
Hickethier, Knut   46f., 59
Hiebler, Heinz   17
Hofhaimer, Paul   25, 29
Hollanda, Chico Buarque de   140, 145
Hortschansky, Klaus   53
Hügel, Hans-Otto   134

I

In Extremo   130
Isaac, Heinrich   25

J

Jackson, Michael   125, 168, 170
Jäger, Ludwig   28
Jobim, Anônio Carlos   145
Johnson, Calvin   105
Jolie, Angelina   126
Jørgensen, Kristine   125, 127
Jost, Christofer   6, 8, 134, 142, 166
Judas Priest   130

K

Katz, Mark   63, 74f., 80, 82–85
Kesting, Jürgen   83
Kiss   130
Kittler, Friedrich   14
Krämer, Sybille   16, 22, 36, 47, 123
Krüger, Sascha   165, 170
Kubitschek, Juscelino   137
Kutcher, Samuel   90f.

L

Lachenmann, Helmut   11
Lange, Patricia G.   167, 174
Lara, Adelina de   91, 126
Larnier, Jaron   123
Leone, [Gabriele]   55f., 58
Leonhard, Gerd   160
Leschnikoff, Asparuch   75, 79
Lessing, Gotthold Ephraim   39
Le Tigre   175
Ligeti, György   145
Lindmayr-Brandl, Andrea   23, 29
Liszt, Franz   49
Lobo, Edu   140, 145
Long, Kathleen   90
Louis-Philippe II. Joseph de Bourbon, Duc de Chartres   56
Lukather, Steve   168
Luther, Martin   30

M

MacDonagh, Terence 90
Malm, Krister 18
Mannering, Jacqueline 172–174
Manovich, Lev 164
Marcus, Sara 107
Marx, Karl 103
Mayer, John Clayton 5, 8, 61
Mazzola, Guerino 47
McLuhan, Marshall 19
McRobbie, Angela 164, 174
Megadeth 130
Melody Makers 75
Meltzer, Marisa 107
Mhenni, Lina Ben 162
Minor Threat 106
The Misfits 124
Moraes, Viníciuis de 145
Mozart, Leopold 53
Murchie, Robert 90

N

Napolitano, Marcos 136, 138–140
Nascimento, Milton 145
Neuman, Molly 106f.
Neumann-Braun, Klaus 142, 166
Nielsen, Asta 79
Noble, Dennis 94
Nonnenmann, Rainer 11–13, 18
Nunes, Clara 145

O

Oepkemeier, Frank 156, 158f.
Öglin, Erhard 23f., 30
Ong, Walter J. 28, 31
Ortiz, Renato 136f.
Osborne, Ozzy 130, 166

P

Paech, Joachim 32f.
Panagaris, Orianthi 170
Papenburg, Jens Gerrit 21

Pascoal, Hermeto 145f.
Patti, Adelina 83
Petreius, Johannes 29
Petrucci, Ottaviano 24
Piepmeier, Alison 104f.
Pinheiro, Paulo C. 145
Playford, John 53f.
Pohlmann, Hansjörg 44
Pounds, Courtice 86
Powell, Baden 145
Pross, Harry 34

Q

Quantz, Johann Joachim 53

R

Radiohead 145
Raha, Maria 102
Ranalow, Frederick 86
Ravel, Maurice 145
Regina, Elis 145
Reith, John 88, 96
Renner, Tim 151, 158
The Revelers/Revellers 5, 74, 78–84
Ribeiro, Mauricio 146
Robertson, Stuart 90
Robinson, Stanford 94f., 97, 100
Rocha, Glauber 138
Roeder, Alex 124
Roesler, Alexander 47, 163
Rosenthal, Kelly 168–174

S

Schmauder, Andreas 74, 76f., 80, 83
Schnell, Ralf 19f., 86–89
Schöffer, Peter 23f., 30
Schulze, Holger 21
Schwindt, Nicole 24f., 30
Senefelder, Alois 51
Shannon Four 82
Silva, Kristoff 143
Sloboda, John A. 112f., 120
Smudits, Alfred 15, 150

Smyth, Ethel   5, 86f., 89–100, 182
Spinoza, Baruch   132
Steigleder, Stephan   149
Sterne, Jonathan   68f., 71
Stern, Günther (auch Anders, Günther)   67, 79
Stroud, Sean   136–140, 146
Suddaby, Elsie   90

Y

Yes   145

T

Tapscott, Don   135
Thiedeke, Udo   162f.
Tinhorão, José Ramos   136
Tolkien, John Ronald Reuel   123
Toscanini, Arturo   14, 19
Tremonti, Mark   173
Tropicalistas   139
Tschmuck, Peter   17, 77, 157,f., 160

V

Vail, Tobi   105f.
Vandré, Geraldo   139
Vargas, Getúlio   137f.
Veloso, Caetano   136, 139, 145, 147
Villa-Lobos, Heitor   137, 140, 145f.
Viola, Paulinho da   56, 130, 140, 145
Vivaldi, Antonio Lucio   124
Voigtländer, Gabriel   41, 43

W

Walsh, John   51
Weichmann, Johann   41
West, Leslie   173
Wicke, Peter   16, 71, 180
Wiley, Norbert   132f.
Wilke, Thomas   80
Winker, Gabriele   163
Wiora, Walter   31f.
Wolf, Werner   27
Wolfe, Allison   106f.
Wylde, Zakk   173

Autorinnen und Autoren

SUSANNE BINAS-PREISENDÖRFER, geb. 1964 in Berlin, studierte Musik- und Kulturwissenschaft in Berlin, Promotion bei Prof. Dr. Peter Wicke. Nach ihrer Zeit als aktive Musikerin im Ost-Berliner off-ground initiierte sie in den 1990er-Jahren Kultur- und Kunstprojekte in Berlin. Sie arbeitete als Autorin, Dozentin (VW-Habilitationsprogramm, Philip-Morris-Kunstförderung, L4 – Institut für digitale Kommunikation), Geschäftsführerin (Berliner Kulturveranstaltungs GmbH) und kulturpolitische Beraterin (u.a. Sachverständige der Enquete-Kommission »Kultur in Deutschland« des Deutschen Bundestages). Seit 2005 lehrt und forscht sie als Professorin für Musik und Medien an der Universität Oldenburg mit den Schwerpunkten: Theorie und Geschichte mediatisierter Musik- bzw. Kulturformen, Musik und Globalisierung, Musik- und Kreativwirtschaft, Jugendkulturen und populäre Musik, Kultur- und Kunstpolitik. Ehrenamtliche Tätigkeiten übt sie aus u.a. im Beirat der Bundesakademie für kulturelle Bildung Wolfenbüttel, bei music media park Berlin und im Kuratorium des Institutes für Kulturpolitik Bonn.

SHELINA BROWN absolvierte 2003 ihren Bachelor of Arts in Musik und vergleichender Literaturwissenschaft an der University of Alberta und spezialisierte sich dabei auf japanische Literatur. Ihren Master of Arts erwarb sie in vergleichender Literaturwissenschaft ebenfalls an der University of Alberta (2007). Nach ihrem Studium arbeitete sie von Januar bis April 2008 als Lehrkraft für moderne japanische Literatur am Department of East Asian Studies der University of Alberta. Seit September 2009 ist sie im Ph.D.-Programm am Department of Musicology an der University of California, Los Angeles. Hier arbeitet sie als Lehrkraft und promoviert zu dem Thema Yoko Onos experimentelle Vokalwerke.

ASTRID KERSTIN DRÖSE, geb. 1983 in München, studierte von 2002 bis 2008 Deutsche Philologie, Geschichte und Musikwissenschaft an der Ludwig-Maximilians-Universität München und machte das Staatsexamen für Lehramt Gymnasium. Von 2009 bis 2010 war sie Mitarbeiterin im DFG-Sonderforschungsbereich *Autorität und Pluralisierung in der Frühen Neuzeit*. Seit Februar 2010 ist sie Kollegiatin am IDK Textualität in der Vormoderne der LMU München im Rahmen des Elitenetzwerks Bayern mit dem interdisziplinären Dissertationsprojekt *Georg Greflinger und das weltliche Lied im 17. Jahrhundert*.

SERAINA GRATWOHL, geb. 1984 in Aarau (CH), schloss 2011 ihr Studium in Musikwissenschaft und Medienwissenschaft an der Universität Basel ab, wo sie auch als Hilfsassistentin am Seminar für Medienwissenschaft arbeitete und ein Praktikum im Bereich der audiovisuellen Produktion bei der VISAVISTA AG absolvierte. Von 2002 bis 2008 nahm sie Unterricht in Gesang, Gehörbildung und Harmonielehre. Sie war bereits in verschiedenen Formationen in der Schweiz, Deutschland, Frankreich und Brasilien als Sängerin aktiv. Im Zuge längerer Aufenthalte in Brasilien setzte sie sich intensiv mit der brasilianischen Musikkultur auseinander, nahm an Kursen der Escola Portátil de Musica (Rio de Janeiro, BR) teil und absolviert seit 2012 den multidisziplinären Masterstudiengang Cultura e Sociedade der Universidade Federal da Bahia in Salvador da Bahia (BR). Ihre Arbeitsschwerpunkte sind Musikethnologie, Musik und Medien, Populäre Musik sowie Dokumentarfilme.

NILS GROSCH, geb. 1966 in Münster, studierte Musikwissenschaft, Geschichte und Germanistik in Bochum und Freiburg i. Br. Promotion an der Universität Freiburg mit einer Arbeit über *Die Musik der Neuen Sachlichkeit*, Habilitation an der Universität Basel mit einer Arbeit über *Lied, Medienwechsel und populäre Kultur im 16. Jahrhundert*. Seine Arbeitsschwerpunkte sind Musik und Medien, Musik der Frühen Neuzeit und des 20. Jahrhunderts, Lied- und Jazzforschung, Populäres Musiktheater, Musik im Exil, Lateinamerikanische Musik. Er ist Mitherausgeber von *Lied und populäre Kultur/Song and Popular Culture* und *Veröffentlichungen der Kurt-Weill-Gesellschaft Dessau*. Grosch war 1999 bis 2012 am Deutschen Volksliedarchiv tätig, das er vorübergehend auch leitete. Lehrstuhlvertretungen an der Hochschule für Musik in Freiburg i. Br. (2000/2001) und an der Hochschule für Musik, Theater und Medien Hannover (2010/2011). Weitere akademische Lehrtätigkeiten an Universitäten in Freiburg i. Br., Basel, Detmold/Paderborn und Zürich. Seit 2012 ist Nils Grosch Universitätsprofessor für historische Musikwissenschaft an der Universität Salzburg.

KATRIN HAASE, geb. 1985 in Erfurt, studierte 2004 bis 2011 Musikwissenschaft, Ethnologie und Journalistik auf Magister an der Universität Leipzig und 2007 in Ljubljana/Slowenien. Von 2005 bis 2007 arbeitete sie als Redakteurin im Nachrichten- und Musikressort bei Radio mephisto 97.6 in Leipzig und absolvierte ebenso ein Praktikum bei dem Label Loobmusik in Berlin. Von 2007 bis 2008 war sie Mitorganisatorin des Festivals studentischer Kultur in Leipzig StuRa CultuRa. Seit 2008 arbeitete sie an verschiedenen Projekten, u. a. als Journalistin am Praxisworkshop *Next Generation* zum Benefizkonzert *Dudamel & Friends* in Ludwigshafen, als Medienresonanzanalystin bei META Communication International in Leipzig und als Praktikantin im Digital Team Classics & Jazz der Universal Music Group in Berlin. Seit 2010 ist sie als freiberufliche Journalistin tätig und arbeitet unter anderem für das Label GENUIN classics und die Deutsche Grammophon.

ANDREAS HEYE, geb. 1979 in Tübingen, studierte von 2000 bis 2004 Musiktherapie an der Fachhochschule Heidelberg. Von 2005 bis 2006 war er in verschiedenen klinischen Einrichtungen als Musiktherapeut tätig. Seinen Master of Science in Music Psychology absolvierte er 2006/2007 an der Keele University, England. Von September 2007 bis März 2008 arbeitete Andras Heye als Praktikant und von März bis Oktober 2008 als wissenschaftliche Hilfskraft am Institut für Begabungsforschung in der Musik (IBFM) der Universität Paderborn. Seit März 2009 ist er wissenschaftlicher Mitarbeiter am IBFM und Doktorand der Universität Paderborn.

MARLEEN HOFFMANN, geb. 1981 in Berlin, studierte Kulturwissenschaften und ästhetische Praxis an der Universität Hildesheim. 2006 schloss sie ihr Studium mit *Untersuchungen zum Liedrepertoire des deutschen Männerchores (1850–1950)* (Diplomarbeit in Zusammenarbeit mit dem Sängermuseum Feuchtwangen) ab. Nachdem sie 2007 bis 2011 die geschäftsführende Leitung am Musikwissenschaftlichen Seminar Detmold/Paderborn unterstützte, arbeitet sie seit Februar 2011 als wissenschaftliche Mitarbeiterin an der Ethel-Smyth-Forschungsstelle, um im Rahmen ihrer Dissertation über das künstlerische Selbstkonzept von Ethel Smyth ein umfangreiches Quellenverzeichnis zu erstellen und ein Ethel-Smyth-Archiv aufzubauen. Von Oktober 2008 bis Januar 2011 war sie im Vorstand des Dachverbands der Studierenden der Musikwissenschaft e. V. (DVSM) tätig.

JOACHIM IFFLAND, geb. 1983 in Lich, arbeitete seit 2003 als freiberuflicher Tontechniker und begann sein Studium der Musikwissenschaft an der Goethe-Universität Frankfurt am Main. Von 2007 bis 2010 absolvierte er die Studienfächer Musikwissenschaft und Geschichte im Zwei-Fach-Bachelor Kulturwissenschaften an der Universität Paderborn mit einer Abschlussarbeit zu den Comedian Harmonists und mediengeschichtlichen Aspekten des Gesangsensembles. Seit 2010 studiert er Master Musikwissenschaft am Musikwissenschaftlichen Seminar Detmold/Paderborn und ist dort seit Juli 2009 als studentische Hilfskraft, unter anderem zur Unterstützung der Mitherausgeberin der *Musikforschung,* Prof. Dr. Rebecca Grotjahn, tätig.

CHRISTOFER JOST, geb. 1977 in Rüsselsheim, ist Privatdozent am Seminar für Medienwissenschaft der Universität Basel. Von 1997 bis 2002 studierte er die Fächer Musik und Englisch für das gymnasiale Lehramt an der Johannes Gutenberg-Universität Mainz. In den Jahren 2007 und 2008 erfolgten das Zweite Staatsexamen in Frankfurt am Main sowie die Promotion an der Universität Mainz zum Thema Populäre Musik und schulische Bildung. Von 2005 bis 2008 arbeitete er als Musiker mit dem ehemaligen Kraftwerk-Mitglied Wolfgang Flür zusammen. Seit 2007 gibt er weltweit Konzerte für das Goethe-Institut (u.a. in den Ländern USA, Kanada, Australien, China, Georgien und Belarus). In 2011 erfolgte die Habilitation an der Universität Basel im Fach Medienwissenschaft. Seine Schwerpunkte in Lehre und Forschung sind Populäre Musik, Musikdidaktik und Medienbildung.

FLORIAN MAYER, geb. 1984 in Groß-Umstadt, studiert seit 2006 Soziologie, Psychoanalyse, Politologie und Musikwissenschaft an der Goethe-Universität Frankfurt am Main. Von Oktober 2008 bis März 2011 forschte er als Mitglied der Forschungsgruppe Wissenschaftssoziologie (Universität Frankfurt) zur Transformation des wissenschaftlichen Feldes durch die europäische Exzellenzinitiative. Seit Oktober 2010 ist er als Tutor für Grundlagen und Methoden der Soziologie und als studentische Hilfskraft am Institut für Grundlagen der Gesellschaftswissenschaften der Universität Frankfurt beschäftigt. Von April 2010 bis Dezember 2011 arbeitete er im Forschungsprojekt *Frau und Technik in der Frühzeit der Phonographie* als studentischer Mitarbeiter bei Prof. Dr. Marion Saxer.

STEFANIE RAUCH absolvierte ein Studium der Musikwissenschaft, Historischen Hilfswissenschaften und Anglistik/Linguistik an der Philipps-Universität Marburg, das sie im Jahr 2004 mit einer Arbeit zur Dodekaphonie nach 1945 abschloss. Von 2005 bis 2008 war sie Stipendiatin der Konrad-Adenauer-Stiftung sowie der Avenir Foundation und wurde im September 2008 mit einer Arbeit zur Arbeitsweise Arnold Schönbergs an der Philipps-Universität Marburg promoviert. Im Jahr 2009 war sie wissenschaftliche Mitarbeiterin im Akademieprojekt *OPERA – Spektrum des europäischen Musiktheaters* mit Sitz an der Universität Bayreuth. Seit Oktober 2009 ist sie Akademische Rätin am Musikwissenschaftlichen Seminar Detmold/Paderborn und arbeitet an ihrer Habilitation zur Entstehung der Laienmusik. Weitere akademische Lehrtätigkeiten an Universitäten und Hochschulen in Marburg, Köln und Würzburg. Sie ist Landesmusikleiterin des Bundes Deutscher Zupfmusiker Hessen und Jurorin bei Jugend musiziert.

SARAH SCHAUBERGER, geb. 1985, studierte Musikwissenschaft, Medienwissenschaft und Erziehungswissenschaft an der Universität Paderborn und der UCLA. 2011 schloss sie ihr Studium mit der Magisterarbeit *Die Männlichkeit der E-Gitarre. Eine genderanalytische Studie* ab. Nach wissenschaftlichen Tätigkeiten am Musikwissenschaftlichen Seminar Detmold/Paderborn sowie dem Zentrum für Geschlechterstudien/Gender Studies der Universität Paderborn während des Studiums arbeitete sie 2011 als wissenschaftliche Mitarbeiterin am Lehrstuhl Soziologie der Universität Paderborn für das Projekt *Geschlecht und »Exzellenz«*. Seit 2012 ist sie als wissenschaftliche Hilfskraft am Musikwissenschaftlichen Seminar Detmold/Paderborn im Projekt *Die Musik der Höheren Tochter* tätig. Promotionsthema: *Guitar Heroines: Konstruktion von Gender im E-Gitarren-Diskurs* (Arbeitstitel).

YVONNE STINGEL-VOIGT, geb. 1975 in Homberg/Kassel, absolvierte 2007 den Magister in Musikwissenschaft an der Humboldt-Universität und in Neuere Deutsche Philologie an der Technischen Universität in Berlin mit der Arbeit: *Der Zusammenhang von Mündlichkeit und Schriftlichkeit am Beispiel des deutschen Minnesangs*. Im Jahr 2008 wirkte sie u. a. im Bereich PR am Kongress *5th Sound and Music Computing Conference SMC08* am Institut für Audiokommunikation der TU Berlin mit und arbeitete als Produktionsassistentin der Hörkunst-Oper *starshipUtopia* mit Ohrpilot und David Moss in Berlin zusammen. Seit 2009 ist sie Vertretungslehrerin für das Fach Musik im Berliner Schuldienst. Seit Oktober 2009 promoviert sie an der Freien Universität Berlin zum Thema *Musik in Computerspielen*.

ELISABETH TREYDTE, geb. 1986 in Güstrow, studiert seit 2007 Musikwissenschaft, Germanistik und Romanistik an der Goethe-Universität Frankfurt am Main und ist seit Januar 2010 Fachschaftssprecherin des musikwissenschaftlichen Instituts. Seit April 2010 ist sie als studentische Mitarbeiterin von Prof. Dr. Marion Saxer im Projekt *Frau und Technik in der Frühzeit der Phonographie* beschäftigt. Nach einem Auslandssemester an der Universität Wien von September 2010 bis März 2011 organisierte sie maßgeblich die zweiten Bundesfachschaftstage Musikwissenschaft, die vom 20. bis 22. Mai 2011 in Frankfurt am Main stattfanden. Seit Januar 2011 ist sie im Vorstand des Dachverbands der Studierenden der Musikwissenschaft e. V. (DVSM) tätig.